2015-2016年中国信息化发展蓝皮书

The Blue Book on the Development of Informatization in China（2015-2016）

中国电子信息产业发展研究院　编著

主　编/卢　山

副主编/杨春立

人民出版社

责任编辑：邵永忠
封面设计：佳艺时代
责任校对：吕　飞

图书在版编目（CIP）数据

2015-2016年中国信息化发展蓝皮书 / 卢　山　主编；

中国电子信息产业发展研究院　编著 . — 北京：人民出版社，2016.8

ISBN 978-7-01-016515-8

Ⅰ.① 2… Ⅱ.①卢… ②中… Ⅲ.①信息化进程—研究报告—

中国— 2015-2016 Ⅳ.① G203

中国版本图书馆 CIP 数据核字（2016）第 174768 号

2015-2016年中国信息化发展蓝皮书
2015-2016NIAN ZHONGGUO XINXIHUA FAZHAN LANPISHU

中国电子信息产业发展研究院　编著
卢　山　主编

人 民 出 版 社 出版发行
（100706　北京市东城区隆福寺街 99 号）

北京市通州京华印刷制版厂印刷　新华书店经销

2016 年 8 月第 1 版　2016 年 8 月北京第 1 次印刷
开本：710 毫米 × 1000 毫米　1/16　印张：15
字数：245 千字

ISBN 978-7-01-016515-8　定价：79.00 元

邮购地址　100706　北京市东城区隆福寺街 99 号
人民东方图书销售中心　电话（010）65250042　65289539

代　序

在党中央、国务院的正确领导下，面对严峻复杂的国内外经济形势，我国制造业保持持续健康发展，实现了"十二五"的胜利收官。制造业的持续稳定发展，有力地支撑了我国综合实力和国际竞争力的显著提升，有力地支撑了人民生活水平的大幅改善提高。同时，也要看到，我国虽是制造业大国，但还不是制造强国，加快建设制造强国已成为今后一个时期我国制造业发展的核心任务。

"十三五"时期是我国制造业提质增效、由大变强的关键期。从国际看，新一轮科技革命和产业变革正在孕育兴起，制造业与互联网融合发展日益催生新业态新模式新产业，推动全球制造业发展进入一个深度调整、转型升级的新时期。从国内看，随着经济发展进入新常态，经济增速换挡、结构调整阵痛、动能转换困难相互交织，我国制造业发展也站到了爬坡过坎、由大变强新的历史起点上。必须紧紧抓住当前难得的战略机遇，深入贯彻落实新发展理念，加快推进制造业领域供给侧结构性改革，着力构建新型制造业体系，推动中国制造向中国创造转变、中国速度向中国质量转变、中国产品向中国品牌转变。

"十三五"规划纲要明确提出，要深入实施《中国制造2025》，促进制造业朝高端、智能、绿色、服务方向发展。这是指导今后五年我国制造业提质增效升级的行动纲领。我们要认真学习领会，切实抓好贯彻实施工作。

一是坚持创新驱动，把创新摆在制造业发展全局的核心位置。当前，我国制造业已由较长时期的两位数增长进入个位数增长阶段。在这个阶段，要突破自身发展瓶颈、解决深层次矛盾和问题，关键是要依靠科技创新转换发展动力。要加强关键核心技术研发，通过完善科技成果产业化的运行机制和激励机制，加快科技成果转化步伐。围绕制造业重大共性需求，加快建立以创新中心为核心载体、以公共服务平台和工程数据中心为重要支撑的制造业创新网络。深入推进制造业与互联网融合发展，打造制造企业互联网"双创"平台，推动互联网企业构建制造业"双创"服务体系，推动制造业焕发新活力。

二是坚持质量为先，把质量作为建设制造强国的关键内核。近年来，我国制造业质量水平的提高明显滞后于制造业规模的增长，既不能适应日益激烈的国际竞争的需要，也难以满足人民群众对高质量产品和服务的热切期盼。必须着力夯实质量发展基础，不断提升我国企业品牌价值和"中国制造"整体形象。以食品、药品等为重点，开展质量提升行动，加快国内质量安全标准与国际标准并轨，建立质量安全可追溯体系，倒逼企业提升产品质量。鼓励企业实施品牌战略，形成具有自主知识产权的名牌产品。着力培育一批具有国际影响力的品牌及一大批国内著名品牌。

三是坚持绿色发展，把可持续发展作为建设制造强国的重要着力点。绿色发展是破解资源、能源、环境瓶颈制约的关键所在，是实现制造业可持续发展的必由之路。建设制造强国，必须要全面推行绿色制造，走资源节约型和环境友好型发展道路。要强化企业的可持续发展理念和生态文明建设主体责任，引导企业加快绿色改造升级，积极推行低碳化、循环化和集约化生产，提高资源利用效率。通过政策、标准、法规倒逼企业加快淘汰落后产能，大幅降低能耗、物耗和水耗水平。构建绿色制造体系，开发绿色产品，建设绿色工厂，发展绿色园区，打造绿色供应链，壮大绿色企业，强化绿色监管，努力构建高效清洁、低碳循环的绿色制造体系。

四是坚持结构优化，把结构调整作为建设制造强国的突出重点。我国制造业大而不强的主要症结之一，就是结构性矛盾较为突出。要把调整优化产业结构作为推动制造业转型升级的主攻方向。聚焦制造业转型升级的关键环节，推广应用新技术、新工艺、新装备、新材料，提高传统产业发展的质量效益；加快发展3D打印、云计算、物联网、大数据等新兴产业，积极发展众包、众创、众筹等新业态新模式。支持有条件的企业"走出去"，通过多种途径培育一批具有跨国经营水平和品牌经营能力的大企业集团；完善中小微企业发展环境，促进大中小企业协调发展。综合考虑资源能源、环境容量、市场空间等因素，引导产业集聚发展，促进产业合理有序转移，调整优化产业空间布局。

五是坚持人才为本，把人才队伍作为建设制造强国的根本。新世纪以来，党和国家深入实施人才强国战略，制造业人才队伍建设取得了显著成绩。但也要看到，制造业人才结构性过剩与结构性短缺并存，高技能人才和领军人才紧缺，基础制造、高端制造技术领域人才不足等问题还很突出。必须把制造业人才发展摆在更加突出的战略位置，加大各类人才培养力度，建设制造业人才大军。以提高现代经营管理水平和企业竞争力为核心，造就一支职业素养好、市场意识强、熟悉国内外经济运行规则的经营管理人才队伍。组织实施先进制造卓越工程师培养计划和专业技术人才培养计划等，造就一支掌握先进制造技术的高素质的专业技术人才队伍。大力培育精益求精的工匠精神，造就一支技术精湛、爱岗敬业的高技能人才队伍。

"长风破浪会有时，直挂云帆济沧海"。2016 年是贯彻落实"十三五"规划的关键一年，也是实施《中国制造 2025》开局破题的关键一年。在错综复杂的经济形势面前，我们要坚定信念，砥砺前行，也要从国情出发，坚持分步实施、重点突破、务求实效，努力使中国制造攀上新的高峰！

工业和信息化部部长　苗圩

2016 年 6 月

前　言

　　2015 年，我国信息化取得突飞猛进的发展。以云计算、大数据、物联网、移动互联网为代表的新一代信息技术创新应用快速深化，信息资源成为重要生产要素和社会财富；信息基础设施进入宽带普及提速的新时期，成为经济社会发展的关键基础设施；智能制造、精准农业、智慧城市不断向深层次发展，引领产业优化升级，孕育新的经济增长点；信息化深入发展推动形成全要素、高效率、跨时空的网络空间，网络社会、网上政府、数字化生活初具雏形；"互联网＋"蓬勃发展，引发经济社会结构、组织形式、生产生活方式重大创新变革，对我国经济社会发展产生战略性和全局性影响。信息化正在以前所未有的影响力、渗透力、创新力，引领我国经济社会全面迈入转型发展新时代。

　　本书主要跟踪梳理我国信息化发展最新趋势，内容涵盖信息网络建设、新一代信息技术产业、两化融合、电子政务、社会信息化、农业农村信息化、智慧城市、信息消费、网络安全等领域。在此基础上，总结归纳 2015—2016 年我国信息化主要进展，并对未来我国信息化面临的形势和发展趋势进行研判。

　　由于时间和水平有限，错误和疏漏之处在所难免，恳请读者批评指正。

目 录

领 域 篇

发　展　篇

政 策 篇

热 点 篇

展望篇

附　录

综 合 篇

第一章 2015年中国信息化发展现状

第一节 推进信息化的战略政策密集发布

2015 年，国家相关部门密集出台多项信息化相关政策，为信息化创新发展注入强大活力。李克强总理在第十二届全国人大上的政府工作报告中提出，要制定"互联网 +"行动计划，实施"中国制造 2025"，坚持创新驱动、智能转型、强化基础、绿色发展，加快从制造大国转向制造强国。1 月，国务院印发《关于促进云计算创新发展培育信息产业新业态的意见》，提出到 2017 年，云计算在重点领域的应用得到深化。2 月，国务院办公厅发布《国务院办公厅关于促进电子政务协调发展的指导意见》，提出要全面建成统一规范的国家电子政务网络。同月，国务院印发的《关于加大改革创新力度加快农业现代化建设的若干意见》中多处提及农村信息化建设。3 月，工信部印发《关于开展 2015 年智能制造试点示范专项行动的通知》，聚焦制造关键环节，重点部署 6 类试点示范。3 月，国务院办公厅印发《关于发展众创空间推进大众创新创业的指导意见》，对加快推动大众创业万众创新、营造良好创业创新环境做出重点部署。这些文件的实施，将进一步促进我国信息化快速发展。7 月，国务院办公厅印发《关于运用大数据加强对市场主体服务和监管的若干意见》，要求充分运用大数据、云计算等信息技术，通过建设社会信用体系、政府信息公开和数据开放，提高政府服务水平，促进市场公平竞争，释放市场主体活力，进一步优化发展环境。7 月，国务院印发《关于积极推进"互联网 +"行动的指导意见》，提出涵盖创业创新、现代农业、智慧能源、普惠金融、协同制造、电子商务、高效物流、便捷交通、益民服务、绿色生态、人工智能等 11 项具体行动。9 月，国务院发布《关于印发促进大数据发展行动纲要的通知》，通过部署推动政府数据开放共享、推动产业创新发展、强化安全保障等 9 项任务全面推动数据强国建设。9 月，国务院办公厅印发《三网融合推广方案》，要求加快在全国全面推进三网融合，推动信息网络基础设施互联互通和资源共享。9 月，国务院办公厅发布《关于推进线上线下互动加快商贸流通创新发展转型升级的意见》，通过部署 11 项工作任务，推进线上线下互动，促进实体店发展工作。

第二节　信息基础设施建设取得实质进展

"宽带中国"战略加速推进。工信部发布了《关于实施"宽带中国 2015"专项行动的意见》，39 个城市（城市群）被确定为 2015 年度宽带中国示范城市。光纤接入用户净增 5140.8 万户，总数达 1.2 亿户，占宽带用户总数的 56.1%，比 2014 年提高 22 个百分点；4G 用户数呈爆发式增长，达到 3.56 亿户，比 2014 年底增加 2.59 亿户。宽带提速效果日益显著。2015 年全国平均接入速率达 17.8Mbps，是 2014 年底的 2.7 倍，网间宽带扩容 600G。8M 以上、20M 以上宽带用户总数占宽带用户总数的比重分别达 69.9%、33.4%，比 2014 年分别提高 29 个、23 个百分点；20Mbps 及以上宽带用户总数占宽带用户总数的比重达 27.5%，比 2014 年末增加 17.1 个百分点。

全国各地"提速降费"取得阶段性成效。2015 年 5 月，国务院下发《关于加快高速宽带网络建设推进网络提速降费的指导意见》，要求加快推进宽带网络基础设施建设，进一步提速降费，提升服务水平。为贯彻落实国务院部署的宽带"提速降费"相关部署，工信部自 5 月至今，连续四次督促提速降费。各地纷纷制定宽带"提速降费"方案，确保政策意见落到实处。河南省发布《关于加快"宽带中原"建设推进网络提速降费的意见》，提出 2015 年 50M、100M 宽带资费分别下调 20%、30% 以上，全省固定宽带资费低于全国平均水平 10%，2015 年底移动流量资费降至全国平均水平。江西省发布《关于加快高速宽带网络建设推进网络提速降费的实施意见》，提出 2015 年底前将具备网络条件的 4Mbps 以下铜缆用户接入速率免费提升到 4Mbps—8Mbps，光纤接入用户免费提速至 8Mbps 以上，下调百兆光纤接入网费。青海省出台《推进网络提速降费工作实施方案》，2015 年，信息通信行业宽带青海建设投入超过 50 亿元，并将具备网络条件的 4Mbps 以下铜缆用户接入速率免费提升到 4Mbps—8Mbps，下调百兆光纤接入网费；通过定向流量优惠、闲时流量赠送等多种方式降低流量资费水平，推出流量不清零、流量转赠、套餐匹配等服务。三大电信运营商积极响应，通过开展"光进铜退""闲时流量套餐""夜间流量套餐""流量转赠""流量不清零"等多项举措提升网络速率，调低流量资费水平。在网络降费方面，三家企业推出了面向所有用户的套餐内流量当月不清零等多项优惠措施，取消了京津冀漫游费和长途费，降低了热点国家国际漫游资费。

第三节　在线政府建设开辟施政新渠道

政务服务在线渠道整合拉开帷幕。在载体融合方面，电子政务输出通道由 PC 端向手机、平板、可穿戴设备等移动终端迁移，政务微博、微信及 APP 等新媒体与政府网站以信息互通、服务互补加速发展。据腾讯研究院发布的《2015 微信政务民生白皮书》显示，政务微信成为政府施政的新平台，截至 8 月底，全国政务民生微信公众号的总量超过 8.3 万个，其中经认证的账号占总量的 62.6%，涵盖公安、医疗、党政、人社、司法等 54 个领域。在省级政务民生微信排名中，浙江、广东、山东分列前三名。同时，政府在线服务与云服务、电子商务、网络支付等社会平台级应用不断集成，大幅提升政务服务的便捷度和安全性。例如，浙江省与阿里云、支付宝开展合作，整合了全省 100 多个部门、地市和县区的政务服务资源，实现了省市县数据直连，方便市民像在淘宝购物一样在网上办理所需的政务服务。

行政审批网上办理创新政府管理服务模式。李克强总理在 2015 年第一次国务院常务会议上提出要"推进行政审批网上办理"。作为新时期政府施政新平台，行政审批网络化是有效解决"审批难""审批多"现象的有力抓手。在党中央强力号召与政府自我改革的双重驱动下，互联网思维加速深化行政审批改革，多数审批事项实现网上办理，"浙江政务服务网""i 厦门一站式政务服务平台""上海政府网""北京政务服务网"等网上服务中心，以横向贯通各部门、纵向连接基层农村的一体化网上行政审批体系，推动政务服务模式由多门向一门、由网下分散服务向网上集中服务转变，实现了权力运作的有序、有效、"留痕"，为企业和群众提供了无缝对接的全流程政务服务。

全民参与式治理树立政府治理现代化新风尚。随着电子政务服务质量的日益提升，公众参与式社会治理逐步成为电子政务主旋律。2015 年，铜陵市铜官山区朝阳社区通过开展"加强网格楼栋建设"社区参与式治理项目，引导各网格楼栋独立自主地开展居民自治活动，在社区范围内形成"大社区、小网格、微自治"的创新社会治理体系。河北省推出"药安食美"社会共治平台，群众通过安装"药安食美"APP 软件，实现对食品药品进行点评、投诉和举报等操作。江苏省盱眙县、山东新泰市、广州市越秀区等地网格化社会管理与服务平台，充分动员出租车司机、三轮车主、保洁员、送奶工、自行车看管员等上万名信息员，参与到社会治安管理事务中，构筑了网格化社会综合治理新模式，使政府社会问题处置能力和人民群众对社会治安满意度都得到显著提升。

第四节 "互联网 +"打造现代农业发展升级版

"互联网 +"农业相关政策密集落地。2015 年 5 月，自"互联网 +"提出后，商务部首个发布《"互联网 + 流通"行动计划》，明确提出要推动电子商务进农村，培育农村电商环境。同月出台的《关于大力发展电子商务加快培育经济新动力的意见》提出要积极发展农村电子商务，解决电子商务发展过程中面临的深层次矛盾和重大问题，激发电子商务创新动力、发展活力。6 月，财政部发布《农业综合开发推进农业适度规模经营的指导意见》，提出支持农业产业化龙头企业发展仓储及冷链物流设施，支持企业建立电子商务平台及信息化建设。7 月，国务院《关于积极推进"互联网 +"行动的指导意见》提出推动"互联网 +"现代农业，培育多样化网络化现代生态农业模式。自国务院印发《关于积极推进"互联网 +"行动的指导意见》以来，各地积极响应号召，纷纷制定相应发展计划。8 月，山东省青岛市制定的《"互联网 + 现代农业"行动计划》提出，到 2020 年青岛将围绕"互联网 + 农业"实施"五大行动"，全面推进互联网与农业生产、经营、管理、服务、创业的深度融合，构建共创、共享、共赢的"互联网 + 现代农业"生态圈。9 月，黑龙江省出台《黑龙江省"互联网 + 农业"行动计划》，提出以推进优质绿色农产品网上销售、发展精准农业、加强质量溯源监管和为广大农民提供便捷生产生活信息服务为重点……促进互联网与农业的深度融合，形成新的农业经济业态，激发和释放农村经济发展活力。在全国政策密集推出之下，"互联网+"农业大潮正在涌起。

智慧农业如火如荼。物联网、云计算、互联网等信息技术及智能农业装备，在设施园艺、畜禽水产养殖、农产品流通及农产品质量安全追溯等领域的应用深度和广度不断扩大，为传统农业向现代农业转型升级提供有力支撑。于都县采用国际领先的二维码防伪溯源技术，做到脐橙"一果一码"，实现脐橙质量溯源和品牌化推广。上海多利农庄通过在全国的有机蔬菜种植基地推广建设有机农业物联网技术体系，建立起覆盖各基地的人、物、车、信息等物联网监控系统和大数据平台，实现对全国的市场和生产基地的智能管控。

电子商务快速从城市向农村扩展。9月，农业部、国家发改委、商务部共同制定了《推进农业电子商务发展行动计划》，部署农村电子商务发展重点和方向。一方面，各地纷纷把农业电子商务推动传统农业转型升级的重中之重，农业电子商务成为发展农村经济、拓宽农民增收渠道、提升生活水平的重要抓手。例如，山东省五莲县60余家农业专业合作社、家庭农场、农业企业等通过各类特色农产品网站和农产品APP客户端、云农场服务站点以及微博、微店等平台进行农资团购、农业技术交流、农产品流通、物联网技术运用，促进农产品销售，大幅增加收益。另一方面，农产品电商带动农村电商发展。许多地区立足特色农产品，通过开网店等方式自产自销，从而形成众多的淘宝村（镇、县、市）、网店村、特色馆，通过农产品电商带动农村日用工业品电商、生资电商、再生资源电商发展。目前全国农产品电商平台已逾3000家，有24个省市、31个地县在第三方电商平台设立了"特色馆"，河北、浙江、江苏、山东等地出现了各类的淘宝村212家，农产品网络零售额达到1000多亿元。

"互联网＋农业综合服务"产业新模式广受欢迎。云农场将信息、农技、金融、物流等先进生产要素渗透到农资流通、农产品交易、农技服务、农业金融与保险、农村物流等各个环节，将互联网要素与整个农业生态体系进行全面融合，开创了"互联网＋农业综合服务"产业新模式。例如，"云农场"通过"农资汇"向农户提供低价优质的化肥，通过"农技通"聘请专家测土配方施肥；通过"丰收汇"，农户种植的农产品可以直接销售到定点龙头餐饮企业，截至2015年，云农场实现登记注册用户过百万，消费用户近百万，已在全国建立了300多家县级服务中心，25000多个村级服务站，市场拓展到山东、河南、江苏、河北、辽宁、内蒙古等18个省区，服务土地面积近3亿亩，农资在线成交量占全国在线交易量的

80% 以上。

第五节 智能制造步入发展快车道

国家及各地政府纷纷加强政策布局，智能制造发展步入提速期。国家密集出台一批顶层设计和专项政策，2015 年 5 月 8 日，国务院发布《中国制造 2025》，提出了中国制造强国建设三个十年的"三步走"战略，部署 9 大战略任务，明确了智能制造作为两化深度融合的主攻方向。7 月，国务院发布《关于积极推进"互联网 +"行动的指导意见》，提出要加快推动互联网与各领域的深入融合和创新发展，并重点部署了"互联网 +"协同制造、"互联网 +"创业创新、"互联网 +"人工智能等 9 大工程。工信部组织开展了《2015 年智能制造试点示范专项行动》，部署实施 94 个智能制造专项项目，开启了我国智能制造发展的新篇章。10 月，工信部和国家标准化委员会发布《国家智能制造标准体系建设指南 (2015 年版)》(征求意见稿)，从顶层设计上解决阻碍行业发展的互联标准不统一问题，促进工业系统互联互通，释放工业大数据价值。12 月，工信部印发《工信部关于贯彻落实〈国务院关于积极推进"互联网 +"行动的指导意见〉的行动计划 (2015—2018 年)》，部署智能制造培育、新型生产模式培育等七大行动，全面支撑《中国制造 2025》实施和制造强国、网络强国建设。同时，各地密集出台智能制造配套措施。天津、湖北、龙岩等省市已制定智能制造试点示范实施方案，广东发布《广东省智能制造发展规划（2015—2025 年)》，浙江发布《加快推进智能制造发展行动方案（2015—2017 年)》。

智能装备应用不断深化。随着智能生产单元、智能车间、智能工厂加快建设布局，智能装备在工业领域中的应用不断深化。越来越多的工业制造企业引入工业机器人生产线，促使工业机器人市场需求迅速扩张。2015 年 6 月，国家安监总局发布"机械化换人、自动化减人"专项行动方案，提出到 2018 年 6 月底实现高危作业场所作业人员将减少 30% 以上。目前，广东、山东、浙江、江苏、安徽等地纷纷部署"机器换人"计划，汽车、电子、食品饮料、化工、橡胶塑料和金属制品等六大工业领域对工业机器人的需求量不断增加。2015 年 11 月，哈工大机器人集团首次提出了"全球机器人产业开放创新战略"，将在国内选址建设"全球机器人产业开放创新中心"，力求用三至五年时间打造机器人产业集群高地。IFR2015年发布的统计数据显示，2015年，我国工业机器人销量达到6.52万台，市场增速达23.7%，成为全球最大工业机器人市场[1]。同时，钢铁、有色、石化、汽车、轨道交通、电子、纺织等行业普遍加大对集成化、精密化、绿色化、高端化智能制造装备的需求，为智能制造装备提供了巨大的应用空间。

互联网与工业融合创新步伐加快。互联网与工业行业在设计、生产、营销、服务等环节深度融合，催生以满足个性化需求为目标的新型生产模式，驱动制造模式由供给导向向需求导向变革，众包、众设、个性化定制等制造业与互联网融合创新应用模式不断涌现。例如，上汽集团与阿里巴巴签署互联网汽车战略合作框架协议，共建基于互联网的汽车产品设计创意众包平台，推动汽车个性化创意设计元素的在线聚合。海尔以建设生产线、机器、产品、工人等高度互联的智能工厂为契机，推出能够按需定制颜色、功能、材质等要素，具备面料颜色智能识别、体感感应和自动开盖等功能的洗衣机智能生产模式，大大突破了洗衣机产品外观和功能同质化现状。鞋业企业奥康国际利用兰亭集势覆盖200多个国家的在线销售资源，整合优化线上线下资源，拓展鞋制品销售渠道，加快推动传统营销服务模式网络化转型。

第六节　智慧城市发展进入新阶段

"智慧城市"首次写进国家层面政府工作报告。在2015年政府工作报告中，李克强总理提出要"发展智慧城市，保护和传承历史、地域文化。加强城市供水供气供电、公交和防洪防涝设施等建设。坚决治理污染、拥堵等城市病，让出行更方便、环境更宜居"。"智慧城市"一词首次被写进国家政府工作报告，引发社会各界的广泛关注。2015年3月25日，国务院发布《关于落实〈政府工作报告〉重点工作部门分工的意见》（国发〔2015〕14号），明确由国家住房和城乡建设部为首的12个部委局负责落实。智慧城市建设进入新阶段。

管理和模式创新激发智慧城市建设活力。党的十八届三中全会《决定》指出，充分发挥市场在资源配置中的决定性作用，更好地发挥政府作用，政府和企业合力探索智慧城市建设运营和管理模式。将市场机制引入智慧城市建设已成为必然

---

[1] 高工产研机器人研究所（GGII）：《2015年中国市场工业机器人销量达6.52万台》，2015年2月，http://toutiao.com/i6247666787039576578/.

选择。国务院和相关部委在推动 PPP 方面也密集出台了多项政策文件，引导 PPP 模式顺利实施。很多企业也朝着智慧城市运营商转型。中兴通讯参与的银川智慧城市建设模式得到了多位领导人的参观和认可。2015 年开始 PPP 模式在全国范围内兴起，各地推出的 PPP 项目已超过 1800 个，总投资额达 3.4 万亿元。

"互联网＋城市服务"成为智慧城市新动向。当前，以服务对象为中心的城市服务理念逐步落地，众多互联网企业进入到城市服务领域，不断创新公共产品和服务的交付模式和投递方式，"互联网＋"为智慧城市特别是为城市公共服务的提升提供新动力。3 月 19 日，百度与北京市政交通一卡通有限公司签署协议推动北京智慧交通的建设；4 月 13 日，腾讯与上海市政府签署协议，为上海智慧城市建设提供"城市入口"服务；4 月，高德宣布联合广州等 8 个城市交管部门推出"高德交通信息公共服务平台"。自 4 月底蚂蚁金服集团、阿里巴巴集团与微博推出的"互联网＋城市服务"战略以来，全国已有 86 个市接入城市服务平台，用户通过支付宝、微博和手机淘宝三个入口均可访问各地各类服务平台，轻松实现医院挂号、购买车票、景区门票查询购买、燃气费查询等 9 大类 80 多项服务。

第七节　网络社会初具雏形

网络社会初具雏形，推动公共服务加速向虚拟化、多样化、均等化方向发展。随着以云计算、物联网、大数据、移动互联网为代表的新一代信息技术创新发展和融合应用，传统的教育、医疗、社会保障、生活服务等公共服务方式向数字化、网络化转型步伐加快，在线教育、远程医疗、智慧社区等新型服务模式层出不穷，大大优化人们的学习、生活和工作方式，满足居民的个性化多样化需求。公共服务体系日益完善，普遍服务机制使得城乡数字鸿沟逐步缩小，有力推动基本公共服务均等化。

信息技术创新应用与全民教育、终身教育理念不断融合，引发教育方式向网络化、数字化、个性化方向变革，推动优质教育资源均衡配置和开放共享，创新教育教学手段，有力促进教育公平和提高教育质量。自 2013 年以来，我国平均每天有 2.6 家在线教育公司诞生。网易"有道在线教育平台"、淘宝同学、百度交大 MOOC 平台"好大学在线"，以及小米在线教育、新东方进驻百视通 IPTV 平台等在线教育新模式频频涌现。2015 年，K12 在线教育领域，跟谁学、请他教、轻轻家教、神州佳教、疯狂老师等C2C交易平台频频涌现,颠覆传统教育培训行业。据艾瑞咨询研究,2015年我国在线教育市场规模达1200亿元,年复合增长率保持在100%以上。预计未来5年,我国在线教育行业年复合增长率将达31.7%,其中移动端在线教育年复合增长率达52%。

信息技术应用驱动医疗救治向健康服务方向转化。新一代信息技术的创新应用和移动终端的快速普及,催生出在线医疗、远程医疗、移动医疗、网上预约等医疗服务新模式,为现代人群提供随时随地、高效便捷的个人健康跟踪服务和管理,满足民众多层次、多样化医疗卫生服务需求。1月,中国电信与贵州、宁夏、西藏等西部边远省份一起,与解放军总医院、北京协和医院等国内著名医院试点搭建远程医疗合作平台。2月,百度完成对健康医疗类网站"健康之路"(医护网)的战略投资,为医护网提供图像语音识别、技术交互、大数据和人工智能等技术支持,打通线上线下医疗服务资源,面向大众提供在线就诊服务。3月,挂号网在全国推出"微医集团",在实现分诊、预约挂号等服务的基础上建立跨区域、同学科的医生协作体。医生通过"微医"建立自己的"患者圈",进行诊后随访、在线复诊,实现高效管理患者。11月,上海人智科技与斗斗星科技"医朵云"联合打造首款远程医疗服务机器人,将其应用于远程问诊、慢性病管理等医疗方面。此外,北京、湖北、浙江等省市依托微信公众号,开展预约、挂号、缴费、查询报告等便民服务,切实提高了患者的就诊效率。

第二章　2015年中国信息化发展特点

第一节　信息技术创新和应用仍在快速深化

2015年，信息技术创新步伐不断加快，创新成果的应用不断深化。人工智能、大数据、卫星通讯、云计算、物联网等新一代信息技术创新取得重大突破并加速向纵深发展。

人工智能使得机器和信息系统具有智能感知、自我管理决策和深度学习能力，我国自主知识产权的文字识别、语音识别、中文信息处理、智能监控、生物特征识别、工业机器人、服务机器人等智能科技成果已进入广泛的实际应用，很多企业积极布局人工智能领域，例如百度的"百度大脑"计划、科大讯飞"超脑计划"等。物联网的广泛应用使信息采集量爆发式增长。大数据技术通过对大容量、多类型的数据集进行挖掘和系统分析处理，从而发现新知识、产生新模式、创造新价值。例如，滴滴通过基于大数据的苍穹智能出行平台，对城市的打车难易度、需求量、抢单时间实时展示和跟踪，平均每天为超过600万人次的居民提供出行服务，有效解决汽车闲置座位再利用问题。卫星互联网打破地形、地域等界限，推动形成天地一体化网络互联互通和互操作，截至2015年10月，已在轨运行的高分一号和二号卫星共分发数据约337万景，广泛应用于18个行业、1100家单位；"北斗"区域导航系统初步建成，应用范围覆盖多个行业和10余个省市，"北斗"终端持有量超过400万套[1]。云计算中心成为在空间上集中分布、集成功能超强、存储空间超大、技术能力超高速的基础设施，大型行业企业用户纷纷加紧云上部署。根

---

[1]　中国卫星应用产业协会：《中国航天局：加速培育互联网+卫星应用新业态》，2015年11月，http://www.cuasat.org.cn/zcfg/4130.html.

据 IDC 预测，到 2015 年，82% 的新应用都将运行在云计算平台上；到 2020 年，云计算业务将占到所有 IT 系统的 27%。信息技术与生物技术、新能源技术、新材料技术等交叉融合，孕育了工业互联网、能源互联网等新产品、新业态，产生了诸如可穿戴设备等智能产品，实现了个人的自我健康管理。

第二节　互联网成为创业创新发展的先导力量

在云计算、大数据及物联网等信息技术应用的带动下，互联网创新从波浪式向常态化转变，成为新经济的强大引擎。

云计算成为创业创新基础平台。2015 年 10 月 14 日，云栖大会在杭州召开，近 2 万名开发者报名，逾 3000 家云上企业参会，成为国内外规模最大的一次云计算大会。云栖大会骤然升温不仅反映了云计算在互联网创业、技术创新开发与应用领域作用显著，更映射出"互联网 +"时代下汹涌的创业创新热潮。云计算通过互联网提供低成本、高弹性、高可用、高可靠的计算资源和服务，正从一种 IT 技术工具演变成"互联网 +"时代行业、企业、个人创业创新的重要基础平台。各类云平台开放技术资源、数据资源、用户资源、服务资源，大大降低中小微企业与创业者进入市场的门槛，提高了创业创新的成功率。例如，中国航天科工集团"航天云网"，通过开放平台入口、数据信息、计算能力、制造能力等资源，为制造企业用户提供包括云制造、协同创新、试制试验、专家咨询、公共服务、产品营销推广、在线虚拟展览展示等在内的制造全流程服务，引导、培育和孵化具有良好商业价值的创业企业。和利时通过云平台获取生产数据，为用户企业提供报警管理、系统维护等基本服务和基于数据的增值服务，大大提升企业生产经营效益。百度云通过提供计算能力、数据资源、平台软件等，支持开发者开发基于位置的服务、数字娱乐、健康管理等各类创新应用，累计为开发者节约了超过 25 亿元的研发成本。阿里云发布"创客 +"平台，为创业者和开发者提供从开发组件、营销推广、办公场地、融资渠道到云服务的系列创业创新服务。

大数据孕育创业创新新源泉。信息技术与经济社会的交汇融合引发了数据迅猛增长，以大数据为基础的新产品、新服务、新模式不断涌现，大规模生产、分享和应用数据成为新时期激发创新创业活力的重要源泉。例如，基于大数据的人工智能技术使智能机器人具备环境感知能力、理解能力和决策能力，并通过数据积累和分析不断提高机器人的智能程度和精准度。青岛红领基于客户大数据分析逆向整合服装设计和生产要素，形成了数据驱动、需求驱动的大规模个性化定制模式。中国工商银行的"逸贷"信贷产品以工行信用卡和借记卡为媒介，精准定位个人和小微企业的消费轨迹、融资需求和信用状况，有效将客户消费需求转化为消费信贷需求。

"四众"平台助力构筑创业创新服务新模式。众创、众包、众扶、众筹借助"互联网+"，低成本、高效率、最大化地聚合利用线上线下人才、资本、科技、劳动等资源要素，成为创业创新的重要支撑服务平台。9月，国务院印发《关于加快构建大众创业万众创新支撑平台的指导意见》，提出要顺应"互联网+"时代大融合、大变革趋势，加快推动众创、众包、众扶、众筹（以下统称四众）等新模式、新业态发展，在更大范围、更高层次、更深程度上推进大众创业、万众创新。在中央政策的推动下，各地区纷纷出台相关政策，众创空间迅速发展。2015年，北京市科委先后认定创客总部、融创空间等65家"北京市众创空间"，并依托北京众创空间联盟的网络化服务节点辐射推广，为北京小微企业跨越成长障碍、提升核心竞争力提供坚实支撑。3月，上海市科学技术委员会发布《创业浦江行动计划》，提出到2020年将上海建成全球创客最佳实践城市，集聚20万人创业和超过3000家的创业企业，形成100个创新联盟。4月，南京市出台《关于大力实施创新驱动发展战略当好苏南国家自主创新示范区建设排头兵的意见》，明确将依托南京高新技术产业开发区打造众创空间，推动南京大众创业、万众创新，力争到2020年，建成全国一流、具有国际影响力的国家创新型城市。5月，天津市政府印发《关于发展众创空间推进大众创新创业的政策措施》，提出加快构建众创空间。对经认定的众创空间给予100万元至500万元不等的一次性财政补助，用于初期开办费用。5月，苏州市原则通过《苏州市实施"创客天堂"行动发展众创空间若干政策意见》，明确对获得国家级、省级和市级认定的众创空间等新型孵化机构的奖补额度。众筹行业步入全面发展阶段，形成了以奖励和股权众筹为主，混合众筹和公益众筹为辅的局面。据网贷之家联合盈灿咨询发布的数据显示，截至2015年底，全国正常运营众筹平台共283家，比2014年增长99.30%，是2013年正常运营平台数量的近10倍，众筹行业成功筹资114.24亿元，为历年来首次全年破百亿元[1]。众筹平台主要集中于北京、广东和上海三地，其中

---

[1] 网贷之家、盈灿咨询：《2015年全国众筹行业年报》，2016年1月。

北京平台数量最多，占总平台数的 27.5%。奖励类众筹项目数量最多，约占总项目数的 55.59%，股权类众筹项目占比 27.6%，公益类项目数量最少；而就平台数量而言，股权众筹的平台数量最多，达 98 家；其次是奖励众筹和混合类众筹，最少的是公益类众筹平台，不到 10 家。

第三节　数据开放、开发和应用引发社会广泛关注

政府公共数据开放稳步推进。7月1日，国务院下发《国务院办公厅关于运用大数据加强对市场主体服务和监管的若干意见》，提出要提高政府数据开放意识，有序开放政府数据，方便全社会开发利用。8月，国务院发布《促进大数据发展行动纲要》，明确提出要大力推动政府信息系统和公共数据互联开放共享，加快政府信息平台整合，消除信息孤岛，推进数据资源向社会开放。同时，各级地方政府纷纷提速政府数据开放进程。5月，上海市政府数据服务网 2.0 版完成建设并上线试运行，开放内容基本覆盖各部门主要业务领域，包括了经济、生态、教育、交通、社会、文化、卫生、民生服务、机构团体、城市建设等 11 个重点领域，开放数据资源累计超过 480 项，部分数据已被信息技术服务企业调取利用，数据的经济价值初步显现。8月，深圳市气象局发布《深圳市气象数据和产品共享开放目录》，并通过"深圳气象数据网"向社会开放 946 万组气象数据。9月，浙江政务服务网"数据开放"专题网站 (http://data.zjzwfw.gov.cn/) 正式上线，开放了包括 68 个省级单位提供的 350 项数据类目，覆盖工商、税务、交通、卫生、教育等多个民生领域，划分 8 个专题数据应用板块，供广大公众和创客群体访问、下载。浙江成为全国首个建立政府数据开放平台的省份。

数据交易与数据流通热象初现。4月，贵阳大数据交易所挂牌运营，7月，武汉集中揭牌长江大数据交易所和东湖大数据交易所，12月，江苏盐城上线华东江苏大数据交易中心平台。截至 2015 年底，贵阳大数据交易所交易金额突破 6000 万元；会员数量超过 300 家，接入的数据源公司超过 100 家，数据类型涵盖贸易通关大数据、专利类大数据、企业征信大数据、企业工商大数据等，数据总量超过 10pb。

数据应用场景日渐丰富。大数据应用与业务需求结合日益紧密，在工业、商贸、交通、能源、金融、信用等多个领域，涌现出众多典型案例。例如，浙江省

交通运输厅基于阿里云大数据计算能力，将高速历史数据、实时数据与路网状况结合，预测出未来 1 小时内的路况，预测准确率稳定在 91% 以上。京东与美的合作开展系统直连、深度协同等项目，通过基础订单数据及销量库存数据共享与预测分析，与供应商协调生产计划，厂商安排优化生产周期，实现了京东降低缺货风险、降低库存周转、提高数据共享效率，以及美的生产计划预测性加强、智能补货的共赢结果。芝麻信用依托淘宝、天猫等电商平台的购物行为数据，支付宝平台的水电煤电信缴费数据、各种生活服务相关数据，以及千万级以上的贷款数据等，建立大数据征信模型，通过信用评分分析刻画个人的征信全貌。

第四节　电子商务成为经济发展新动力

2015 年，我国电子商务发展显现出巨大活力，在拉动消费、带动就业、促进产业转型升级等发面发挥了重要作用，成为经济发展新的原动力。

电子商务在经济新常态中异军突起，成为我国国民经济的重要增长点。2015 年全国电子商务交易额预计达到 20.8 万亿元。网络零售额年均增长超过 50%，预计 2015 年达到 4 万亿元，位居世界第一[1]，约占社会消费品零售总额（30 万亿元）的 13.3%，比 2014 年提高 2.7 个百分点。

电子商务的发展大大开辟了就业新渠道。随着越来越多的传统企业通过电子商务实现互联网化，以及围绕着电商产业链延伸出来的大量新兴业态和服务，推动新增了诸多的岗位需求和就业机会。直接促进了行业直接从业及间接从业人员需求的增长。据中国电子商务研究中心数据显示，截至 2015 年上半年，我国电子商务服务企业直接从业人员超过 255 万人，电子商务间接带动就业人数超过 1835 万人。

电子商务 O2O 模式推动传统产业加快转型升级。伴随移动互联网应用的快速普及，O2O 电子商务成为互联网连接传统经济的重要节点。一方面，大量传统企业主动利用互联网开展商业活动，把 O2O 作为互联网化的重要路径，积极打造自身的网络竞争优势。另一方面，互联网企业主动面向传统企业拓展业务范围，带动传统产业触网。6 月，阿里巴巴与银泰商业宣布全面融合打通整合线上线下

---

[1]　新华网：2015年全国电子商务交易额预计达20.8万亿元，2015年12月28日，http://news.xinhuanet.com/tech/2015–12/28/c_128572755.htm.

业务。8月,京东与永辉超市通过战略合作打通线上线下渠道,创新发展零售金融服务。中国连锁经营协会统计显示,在中国特许连锁100强企业中有97%的企业已开始发展O2O业务。旅游、餐饮、家政、洗车、停车等生活性服务业领域,移动电商创新性应用、创新性企业开始大量涌现。

跨境电子商务成为打造开放型经济的重要引擎。跨境电商在我国已开始多点布局,到2015年底,我国已有上海、杭州、宁波、郑州、重庆、广州、深圳、福州、平潭、天津10个跨境电商进口试点城市,以及一个中国(杭州)跨境电子商务综合试验区。中国互联网协会2016年1月发布的《2015中国互联网产业综述与2016发展趋势报告》指出,2015年上半年我国跨境电商交易规模为2万亿元,同比增长42.8%;亚马逊中国发布的《2015跨境电子商务趋势报告》显示,与2012年相比,2015年借助亚马逊中国"全球开店"走向国际市场的中国卖家数量增长了13倍。跨境电商已经成为中国进出口贸易的重要组成部分,成为打造开放型经济的重要引擎。

第五节　新一代信息技术产业成为具有创新发展活力的领域之一

云计算产业实力进一步夯实。从市场规模来看,2014年我国公共云服务市场规模达到70亿元左右,年增速达到47.5%,远高于全球同期18%的增速,预计到2015年市场规模将突破100亿元。从应用上看,云计算由IT行业向传统行业渗透越来越多,制造、政务、金融、医疗等领域均已不同程度地使用云计算。例如,5月,中国航天科工集团公司的航天云网试行上线,该平台致力于打造以云制造服务为核心、资源共享、能力协同的"互联网+智能制造"产业服务平台,截至目前,平台已吸引遍布湖北、广东、江苏、上海、浙江等制造业发达地区的2万余家企业用户。6月25日,网商银行在杭州宣布正式开业,成为我国首家"云"上银行。

大数据产业发展迅速。数据显示[1],2015年中国大数据市场规模将达到115.9亿元,相较于2014年的84亿元,增速达到38%。得益于大数据产业巨大的市场规模,围绕数据获取、存储、挖掘、分析和应用等方面大数据资源聚合和分析应

---

[1]　中国信息通信研究院:《大数据发展报告2015》,2015年9月。

用平台不断涌现。6月，达梦公司发布了"大数据平台战略"，区别于数据库产品提供商的传统定位，达梦在自主研发数据库管理系统以及数据分析产品的基础上，融合了操作系统、中间件、全文检索、GIS等第三方软件产品，推出了适用于不同行业的整体解决方案及可定制产品组合，致力于打造行业化大数据平台，为用户提供从大数据平台咨询、规划到技术的服务。同月，大数据公司"星图数据"在北京发布了国内首个大数据开放平台——"蜂巢"（DataComb），将开放星图数据自有的大数据体系，并引入第三方数据源和数据开发者，面向各行业提供"大数据+"应用服务，实现多方共赢的大数据商业化生态圈。

物联网产业发展进入快速增长期。2010年国家物联网应用试点项目起步，开始推动产业发展。2013年时，商业化的物联网应用开始在全国兴起，并在自动抄表、交通控制、物流管理和采矿等领域投入批量生产。2014年我国整体产业规模达到6000亿元以上，2010—2014年间的复合增长率达到了30%以上，展现出强劲的发展势头。IT龙头企业引领物联网与新兴技术协同发展，百度、阿里等互联网巨头纷纷涉足，推动物联网产业与设备制造业、移动互联网、大数据产业相互融合协同发展。可穿戴设备、智能汽车设备、医疗健康设备、智能玩具等融合物联网元素的多种智能产品逐步受到消费者认可和青睐。根据《2015年上半年中国智能穿戴行业数据报告》显示，68.9%的受访者表示会考虑购买可穿戴设备，消费者对智能穿戴的接受程度同比2014年有较大提升。

第六节 网络安全法律体系日益完善

2015年，我国网络安全法制建设取得重大突破。接连出台《国家安全法》《网络安全法》（草案）等多项法律，7月1日通过的《国家安全法》首次提出网络空间主权的概念，将网络空间置于国家主权管辖之下，并对相关网络行为进行约束和规范。7月6日，我国网络安全领域基本法《网络安全法》（草案）正式公开向社会征求意见，提出国家网络安全工作的基本原则，以及建设网络安全保障体系的重要举措，为整体推进网络安全保障体系建设提供法律依据。8月通过的《刑法修正案（九）》，加强对公民个人信息的保护，提出网络服务提供者应履行相应的信息网络安全管理的义务，明确了网络犯罪的相关规定，并增加了编造、传播虚假信息犯罪的处罚规定。在国务院新闻办公室发布的《中国的军事战略》

白皮书中，明确提出网络空间是国家安全新领域。此外，为规范非银行支付机构网络支付业务，7月，中国人民银行发布了《非银行支付机构网络支付业务管理办法(征求意见稿)》。

第三章　2015年中国信息化发展存在的主要问题

第一节　电子政务整体建设水平有待提升

　　尽管近年来我国政府信息化快速发展，但仍然存在较大的问题。治理理念上，"重管理，轻服务"，这种治理理念体现到政府信息化中就表现为对政府在线公共服务不够重视。无论是国家推动建设的"金字"系列工程，还是各地区、各部门根据需求自主建设的业务应用系统，都在很大程度上关注的是社会监管功能，而不是公共服务功能。在总体设计上，"重电子化，轻业务变革"现象比较突出，对政府信息系统建设总体设计时，更多关注的是技术应用，忽略了政府业务组织流程优化。建设实施上，"重硬件，轻软件"，在实践过程中，政府信息化建设通常被当成"政府形象"工程，一些政府部门热衷建设"硬件"的信息基础设施，而对软件开发、信息资源利用、系统运维不够重视。在效果评估上，"重经济效益，轻社会效益"现象明显，很多地方政府在建设信息化过程中过于重视信息化项目的经济效益和直接效益，忽略或者不够重视政府信息化建设带来的长期效益、社会效益，大大低估了政府信息化建设的作用和意义。总之，政府信息化在治国理政、深化改革领域中的支撑作用还有待提高。

第二节　电子商务物流瓶颈突出

　　2015年，电子商务迎来井喷式发展，相对而言电商物流发展滞后，行业依旧面临着诸多痛点，物流问题成为阻碍电子商务发展的瓶颈。第一，春节期间，物流行业跌入冰点，依赖第三方物流的电子商务无一例外遭遇了低潮，失去节假日促销的机遇。第二，末端物流配送网络的不健全成为制约农村电商发展的最大瓶颈，地区偏远导致物流费用高，甚至是南方发达城市的两倍以上，致使农村优质农产品难以输出，附加值低，利润难以保证。例如，2015年"双十一"天猫交易额突破912亿元，内蒙古的羊绒制品、奶乳制品、牛肉干等农产品依托电商平台也实现了销售量大幅上涨，但羊绒衫等成交额排名靠前的发货端多数集中在浙江、广东等地。究其原因主要是地域广阔的内蒙古快速成本居高不下，内蒙古很多地方快递包裹首重费用超过10元钱，而在江浙沪只需4元钱。此外，我国农产品物流环节的损耗平均比例是30%，而美国、日本等发达国家则为3%、甚至更低，相差十倍之多[1]。第三，跨境电子商务物流瓶颈尤为突出，以物品行邮方式出境，周期长，时效投递不稳定；同时物流企业信息化程度低，多处于半人工状态；电商平台未实现与物流企业信息系统对接，在一定程度上导致配送时间长、包裹难以全程追溯、退换货困难，甚至出现清关障碍、破损、丢包的情况。

第三节　公共网络安全问题依然严峻

各类网络安全问题依然突出，网络安全治理仍面临诸多挑战。一是不断更新的网络攻击手段使网络攻击难以防范。据绿盟科技的最新报告显示，大流量DDoS攻击不断增长，按此趋势足以对互联网骨干网络造成威胁；针对业务设计不合理环节的小流量攻击也极易导致用户的业务缓慢甚至无法进行。8月，锤子官方网站遭受DDoS攻击，导致手机发布会意外延迟；中国公路网遭大规模DDoS攻击，导致网站服务器的网络资源耗尽，网站被迫关闭。二是免费Wi-Fi信息泄露问题严重。2015年央视"3·15"晚会上，央视曝光了免费Wi-Fi的安全问题，不安全Wi-Fi已经成为信息泄露的重灾区。有数据显示[2]，全国80%的Wi-Fi能在15分钟内破解，每年因蹭网导致网银被盗、账号被盗的现象大量存在，给人们带来经济损失高达50亿元，个人信息泄露的情况也逐年加剧。公共网络尤其是Wi-Fi市场，目前缺少统一的服务标准和行为规范，基础安全能力经常被忽视，甚至形成了非法买卖个人信息一条完整的犯罪网络和利益链条，严重威胁

---

[1] 邓华宁等：《农村电商困境：物流损耗达30%配套服务滞后》，经济参考报，2015年12月。
[2] 360手机安全中心：《2015年中国Wi-Fi安全绿皮书》，2015年3月。

用户个人隐私、财产安全。

第四节　制度滞后制约新兴业态发展

当前，制度创新滞后的现象比较突出，在一定程度上阻碍了基于互联网的新产品、新模式、新业态发展壮大。例如，跨境电子商务零售的小型包裹数量大并且分散，现有通关模式采用的仍然是货物和物品使用分开的管理方法，对邮递物品的定性已经无法适应新形势、新情况，导致通过"代购"、瞒报、化整为零逃税避税的现象大量存在。打车软件有效整合了城市闲置车辆资源，大大提高车辆供需匹配的精准度，但由于很多车辆不具有营运资质，存在一定的安全隐患和监管漏洞，导致打车软件在北京、广州、深圳、洛阳等多个城市被叫停或约谈。互联网金融的快速崛起对推动社会资金合理流向实体经济起到重要作用，但因监管政策缺失，致使互联网金融在创新发展过程中出现变质现象。互联网金融企业受利益驱使，利用技术创新盲目进行金融创新，缺乏对新型金融产品的前期平台试验验证和风险把控。而金融监管部门则疏于技术进步，对互联网金融业务的追踪监管能力不足，加剧了互联网金融创新与监管的不适应性。2015年爆发的"股灾"正是因为民间配资公司使用 Homs 系统将场外配资违规接入证券交易系统，造成监管失灵。网贷平台资金链断裂、关门跑路、集资诈骗等案件层出不穷，截至2015年底，国内 P2P 平台数量接近 5000 家，由于触碰资金池底线，年内集中出现"跑路潮"，P2P 问题平台已逾 287 家。

第五节　制造业线下服务体系亟待完善

当前，探索 O2O 模式的制造企业目前普遍面临线下商家的服务难以有效整合以及信息化程度较低的问题，难以快速形成体验顺畅的业态服务链。例如，随着工业企业纷纷采用互联网进行业务创新，因物流滞后、线下服务水平不高等问题阻碍线上业务发展的现象日益凸显。一方面，缺乏面向工业企业的专业线下服务机构，支撑企业线上业务的服务能力不足。另一方面，线下服务机构普遍缺乏对互联网、移动互联网、大数据等新技术新手段的应用，大多仍采用打电话接单等传统的服务模式，无法与企业线上业务实时对接，导致企业在开展线上业务过程中出现操作困难、信息传递不对称不及时等问题。同时，针对规范线下服务体系的法规标准缺失，服务过程中出现的权益纠纷、责任界定不清等问题难以有效解决。

领域篇

第四章　2015年中国云计算应用发展情况

第一节　云计算市场增速进一步加快

　　当前，云计算正成为信息产业的支柱型产业，随着国内企业对云计算产业广阔的发展前景的良好预期，以BAT为代表的各大互联网企业纷纷加强在云计算产业的布局，推动基础设施建设，云计算产业规模迅速扩大，并逐步从互联网向行业市场衍生。2014年，我国公有云市场整体规模约为70.2亿元人民币，同比增长47.5%，较2013年35.9%的增速有明显的提高，市场活跃度不断提高。工信部数据显示，2015年我国公共云服务市场仍然保持了较高的增长速度，预计市场规模将突破100亿元。在整体市场规模方面，随着移动互联网的快速发展，

图4-1　2010—2015年中国云计算市场规模

资料来源：速途研究，2014年12月。

以及电子产品制造业、软件和信息服务业等信息产业对云计算的需求度不断提高，2014年我国云计算产业整体市场规模达到1189.6亿元，同比增长率达96%，预计2015年将达到1680亿元（见图4-1）。

在国内外企业竞争方面，我国云计算产业以微软、IBM为代表的国外厂商为主导的局面正在不断改善，随着国家政策大力推动国内云计算市场发展，通过重点培育国内龙头企业，打造完整的产业链条，鼓励有实力的企业兼并重组等各项措施，我国云计算产业正进入高速发展的黄金时期，国内厂商的市场份额不断上升。2015年我国云计算市场国产厂商占比份额达到49.8%，基本与国外企业持平。随着产业的逐渐完善与发展，国内厂商扎根于中国市场的优势将越发明显，有望在较短时间内超越国外企业，成为市场中坚。

在云计算细分市场领域，收入来源占比最高的是云广告，达到45%；业务流程即服务（BPaaS）占比为22%；软件即服务（SaaS）占比为17%；基础设施即服务（IaaS）占比为11%；CMSS的占比为3%；PaaS的占比为2%（见图4-2）。云计算技术正在深刻影响营销、支付、客户管理、人力资源管理、财务、工业控制甚至供应链管理等传统企业的各类业务方向。软件和信息基础设施仍然是目前云计算市场发展的主要方向。

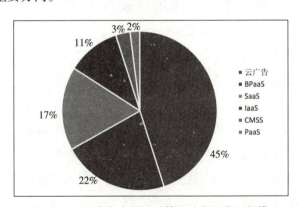

图4-2 2015年中国云计算细分市场收入规模

资料来源：速途研究，2015年12月。

第二节 国家政策持续出台支持云计算产业发展

2015年1月6日，国务院印发《关于促进云计算创新发展培育信息产业新业态的意见》。《意见》指出，要在市场主导、统筹协调、创新驱动、保障安全的基本原则上大力发展云计算产业，到 2017 年云计算在重点领域的应用得到深化，产业链条基本健全，初步形成安全保障有力，服务创新、技术创新和管理创新协同推进的云计算发展格局，带动相关产业快速发展。到 2020 年，云计算应用基本普及，云计算服务能力达到国际先进水平，掌握云计算关键技术，形成若干具有较强国际竞争力的云计算骨干企业。《意见》还提出了增强云计算服务能力、提升云计算自主创新能力、探索电子政务云计算发展新模式、加强大数据开发与利用、统筹布局云计算基础设施、提升安全保障能力等六大任务，并针对产业特点提出了建立相关标准、加大财税及投融资支持力度等保障措施。

地方政府也积极推动云计算发展。广东省制定发布《广东省云计算发展规划（2014—2020 年）》，东莞市印发《关于加快推进东莞市云计算发展的实施意见》，呼和浩特发布《加快云计算产业发展工作方案（2014—2017 年）》，提出建设全国枢纽型云计算产业基地、国家级数据灾备中心、西北地区云服务应用国家级示范区。

第三节　自主创新能力不断提升

云计算产业的蓬勃发展带动技术不断进步，随着我国在新兴产业自主创新能力的培养方面重视程度不断提高，云计算产业的自主创新能力正在不断加强。

在云计算基础设备方面，我国企业已经在 EB 级存储系统、亿级并发服务器系统等核心技术和产品方面取得了突破。EB 级存储系统涵盖了多项重大软、硬件技术，有效解决了超大规模存储系统中数据定位、存储设备故障或系统在线扩展过程中数据的重新分布、动态数据分布算法与数据迁移机制、高效率的容错策略等领域的核心技术问题。亿级并发服务器系统实现了 32 节点以上，每节点 16 路 X86 或 64 路轻量处理器的系统规模，计算节点间互联网网络达到万兆级别，每秒并发服务请求超过 1 亿次。

在基础设备方面，百度、腾讯、阿里巴巴、中国电信、中国移动等公司共同开展了"天蝎项目"，将服务器与机柜设计结合为一体，形成了一体化高密度的整机柜服务器解决方案。方案采用模块化设计，分为机柜模块、网络模块、供电模块、服务器节点、集中风扇散热模块、集中管理模块等六大部分，并对机柜尺寸、电源供电方式、散热布置方式等外部特性进行了标准化。仅 2014 年天蝎整机柜服务器在国内数据中心部署量已经超过 2000 多台，市场规模达 30 多亿元，2015 年天蝎整机柜服务器的部署量将超过 3000 台，占据国内服务器的市场份额将超过 10%。2015 年 11 月，在天蝎整机柜服务器技术规范 2.0 技术规范的基础上，开放数据中心发布了天蝎整机柜服务器技术规范 2.5 技术规范，首次推出了机柜级电池 UPS，并对服务器节点和机柜混插互换等功能进行了进一步优化，不断提升产品的市场竞争力。由腾讯主导的微模块数据中心，制冷和供电方式实现了诸多创新，有效减少了数据中心制冷的能耗和成本，在国内外数据中心产业得到了日益广泛的应用，2014 年总共部署了约 500 个模块，市场规模达 10 亿元。

在软件技术方面，我国华为、联想、浪潮、华东电脑、华胜天成、拓尔思等企业已取得积极进展。在虚拟化方面，华为基于开源 KVM 自主研发的虚拟化软件性能上已经超过 VMWare 20%，已在国内电信运营商中占有近 30% 的份额，预计 2015 年将占总体市场的 50%。在存储软件方面，借鉴开源架构用 C 完全自主开发了 NoSQL 数据库，时延降低 60 倍，在浙江电信的对比测试中比 EMC 和 HP 同类产品等性能和扩展性好两到三倍。在网络虚拟化方面，华为自研的 SDN 控制器在水平扩展能力表现不错，10 万主机，超过 Open Daylight，目前主攻软件交换机的性能提升。在云操作系统方面，华为向 OpenStack 开源社区投入 100 个专职程序员，Bug fix 最新排名第六，特性贡献排名第四。

在技术研发方面，开源软件是目前国内主要云服务企业研发的重要来源。阿里巴巴基于 Hadoop 搭建了"云梯"系统集群作为集团及各子公司进行业务数据分析的基础平台，系统规模已经达到万台级别；腾讯公司也基于开源的 Hadoop 和 Hive 构建了腾讯分布式数据仓库（TDW），单集群规模达到 4400 台，CPU 总核数达到 10 万左右，存储容量达到 100pb，承担了腾讯公司内部离线数据处理的任务。

第四节　云计算市场竞争激烈

2015 年，公有云仍然是我国云计算市场的主要业务领域，占比达到 54.7%；私有云占比达到 17.2%；混合云占比为 23.8%；社区云占比为 4.3%。从公有云服务的三个类别来看，软件即服务（SaaS）市场规模最大，占比为 70%；基础设施即服务（IaaS）规模占比较小，约为20%，但发展速度较快，近几年增速维持在100%左右，是目前我国云计算市场中增速最快的细分领域；平台即服务（PaaS）市场规模占比最小，约为10%[1]。

随着市场对云服务需求的不断提高，我国已经成为全球竞争最为激烈的云计算市场之一。国内涌现大量初创型云计算企业加入市场竞争，国外企业也通过与国内企业合作等方式，加速在中国市场的布局。2014年以来，国内云计算市场的先行者阿里云、百度、腾讯、中国电信等企业继续加强在云计算领域的布局，传统数据中心服务商如世纪互联、万国数据和首都在线等企业也纷纷推出各自的公有云产品，京东、乐视等新兴互联网企业也开始这一领域，微软、IBM等国外企业的公有云服务陆续开始商用，国内市场竞争愈加激烈。

随着云服务提供商的服务不断完善，云计算市场呈现出群雄割据的态势，价格战成为云计算巨头竞争的重要手段。2014年，谷歌、亚马逊、微软等企业相继大幅降低云服务价格，国内云服务商也纷纷加入战局（见表4-1）。

表4-1　2014年云计算市场价格战

时间	企业	降价事件
3月	阿里云	率先下调价格，11款降价的云服务器中最高降价幅度达30%，随后云储存降价更高达42%的幅度，几乎比国内同行便宜了一半。而2014年底刚刚发动价格攻势的数据库服务再次普降15%
3月	谷歌	云服务器、云储存和数据库服务分别下调32%、68%和82%
3月	亚马逊	储存服务价格平均下降51%，EC2计算服务降价38%，大数据服务降价27%—61%不等。自8年前推出以来，这已是AWS的第42次降价
4月	微软	将计算服务的价格下调27%至35%，将存储服务的价格下调44%至65%，对内存要求较高的Linux虚拟服务的价格下调35%，Windows虚拟服务的价格下调27%
5月	阿里云	再次大幅下调青岛地域全线云产品价格，包括云服务器、关系型数据库服务、云存储、CDN等，平均降幅10%。以阿里云计算云存储产品OSS为例，0—500GB档，由2014年12月降价前的0.02元/GB/天（就是0.6元/GB/月）降为0.175元/GB/月，整体的降价幅度达到70%
6月	阿里云	阿里云中国香港数据中心正式大规模商用，其国际带宽降价87%，由原来的232元/M/月，调整为5M或5M以下带宽30元/M/月，5M以上100元/M/月
10月	谷歌	对云计算中的计算资源租赁服务降价一成。在欧洲和亚洲地区，原来一个CPU标准租赁单位的收费为7.7美分，如今会降到6.9美分

[1]　资料来源：工信部。

（续表）

时间	企业	降价事件
11月	谷歌	下调部分云计算功能的价格，包括存储、数据库和网络选项，降价幅度在23%至79%之间
11月	阿里云	对云服务器（ECS）和云数据库（RDS）产品进行全面降价，其中主要面向移动开发者的云服务器最高降幅达25%.有分析称，阿里云此举在于抢夺国内为数众多的移动开发者

而在2015年，随着各大厂商之间的价格大战不断压低云计算行业利润空间，各大厂商的竞争重点开始转向功能方面。国外方面，微软在2015年年初公布称，其最新、最大的G系列虚拟机实例已经可供访问，并随时可用，谷歌在2015年1月宣布推出Cloud Trace和Cloud Monitoring的测试版，其中Cloud Trace能够帮助开发者找出应用中的问题源头，Cloud Monitoring属于深度监测工具，可以帮助追踪谷歌云的使用情况。

第五节　国内企业加速打造云计算生态和海外布局

云计算产业竞争已从产品竞争、企业竞争演进到产业生态体系竞争，仅靠产品本身或企业自身很难取得市场竞争优势，构建完整的产业生态体系成为国内外各大企业的共识。同时，在信息产业各大细分领域，英特尔、IBM、微软、苹果、谷歌、亚马逊等大鳄型企业都已经形成自己的生态系统和独特的竞争优势，呈现较为平衡的市场竞争态势。在单打独斗越来越难以奏效的背景下，跨领域的产业生态体系的合作就成为建立更强竞争优势的新途径。

在这样的发展趋势影响下，国内云计算领域的各环节企业纷纷开放平台或者战略合作，构建自己的生态圈。高德LBS开放平台与新浪云计算SAE(Sina App Engine)达成战略合作,高德LBS开放平台为新浪SAE提供Web和手机两种服务。新浪SAE用户和开发者可使用高德LBS开放平台的地图搜索、路径规划、地理编码、服务搜索、静态地图五种功能服务。新浪SAE为高德LBS开放平台用户和开发者提供PaaS云服务，高德LBS开放平台的开发者可享受到新浪SAE包括应用开发、运营、托管在内的整套PaaS云服务。新浪SAE成为继阿里云之后高德LBS开放平台的又一重要战略合作伙伴。阿里云和东软在全球范围内就政府与公共事业、企业、IT 运营等领域展开合作，东软旗下 SaCa、UniEAP 系列家族产品将支持基于阿里云平台的部署与运维，成为阿里云重点推荐的云应用支撑服务；同时，阿里云将成为东软面向云业务领域的重点合作伙伴，为客户提供更加灵活、自主可控的信息化系统。双方将共同推进与合作领域相关的产品认证培训、生态系统建设、市场联合营销与拓展等工作。华为和中国电信在云计算相关产品开发、技术创新、集成服务、运营管理、新商业模式探索、业务应用创新等重点领域展开广泛合作，加强技术及业务联合创新、新商业模式探索，提升双方互信、更好优势互补。结合中国电信在网络、IDC 等领域资源优势及丰富运营服务经验与实力，以及华为强大研发能力及创新的 ICT 产品与解决方案，共同为客户提供更便捷、超值、多样化的应用与服务。2015 年 5 月，京东出资 13.3 亿港币现金认购金蝶约 10% 股份，并与金蝶达成战略合作伙伴关系，共同为中小企业提供基于云服务的 ERP 整合解决方案，双方将整合企业客户和用户资源，发展金蝶与京东电子商务及仓储物流解决方案，推进金蝶云服务业务，为双方客户提供一站式服务。2015 年 7 月，阿里巴巴与用友网络科技签署全面战略合作协议，双方将进行两大产业生态融合，阿里云将成为双方生态合作的统一平台，用友旗下多款产品逐步迁入阿里云，在云上向企业提供 SaaS 化的服务。企业将可一站式获得阿里云提供的云计算支持，以及用友网络提供的行业解决方案。阿里巴巴和用友网络两个生态体系也将在阿里云平台上实现融通。

同时，我国大型云服务企业正在积极拓展军海外市场布局。阿里云在杭州、青岛、北京之后，在中国香港部署了第四个全球大数据中心，覆盖港台、日韩、东南亚等地区。目前，阿里云的香港数据中心正式进入大规模商用阶段，可以为中国香港、东南亚乃至全球用户提供云计算服务，正式向亚马逊、微软等传统巨头宣战。腾讯通过与和记电讯、IBM 等企业的合作，向海外市场提供银行、医疗和零售等领域的云计算服务，推动云服务业务国际化。百度把云计算作为海外业务的重要方向，在巴西、日本以及东南亚等地区积极布局云计算服务。

第六节　国家部委和地方政府积极利用云计算提升政府管理服务水平

我国政府部门在不断出台针对云计算产业的相关政策和指导意见的同时，也正在作为用户方积极推动云计算在政府的应用，提升行政工作效率，减少重复建设和资源浪费，加强政府部门的服务能力和水平。

海关总署与阿里云合作，共同构建"互联网＋"海关的新模式，把建设大数据云作为"金关工程二期"的重要组成部分，充分利用物联网、云计算等新技术，重点建设全国海关监控指挥系统、进出口企业诚信管理系统、海关物流监控系统等。海关大数据云的建设将有效提升海关系统对非结构化数据的成立能力，实现PB级数据处理能力，从而对全国1800多个主要通关现场情报进行实时分析。地方政府方面，浙江省基于阿里云平台建设和运营的"浙江政务服务网"于2014年6月正式开通运行，是全国首例整合了全省各级各类政府部门业务应用的政务云平台，可集中办理省市县三级政府6万余个审批事项，覆盖了婚育收费、教育培训、纳税缴费、就医保健等政务服务，并实现了在线支付缴费。贵州省通过建设"云上贵州"项目，构建了电子政务、智能交通、智慧物流、智慧旅游、工业、电子商务、食品安全等"七朵云"，完成了41个业务系统的云端迁移。北京市海淀区与阿里云、浪潮和华为合作，联合搭建了海淀区综合性政务云平台，上线了政务、医疗、教育等信息系统。甘肃省借助中国电信的云服务，采用"第三方提供平台、第三方建设运维、第三方云应用"的方式将部分电子政务系统迁移到云端，并逐步推广到医疗、教育等行业。华为利用 FusionSphere 云计算平台为深圳市罗湖区政府建立统一的电子政务云平台，实现政务外网 30 多套业务的集中部署以及罗湖区云计算 IaaS 平台全区计算资源、存储资源和网络资源集中共享，按需申请、弹性分配、统一运营监管。洛阳"智慧旅游平台"，通过采购公共云服务来满足旺季的弹性需求，在每年的旅游旺季（4—10 月）"智慧旅游平台"系统访问量是其他时间访问量的 3 倍左右，该平台借助公共云平台的弹性资源服务实现按需租用，从而节省项目硬件采购成本。厦门市政府搭建以云计算为基础，承载公立医院信息系统、区域卫生信息系统、公共卫生信息系统和健康云等相关应用的数据中心，建成全市统一规范、集约安全、开放服务的厦门健康医疗云计算平台。

第七节　云计算加速向传统产业渗透

随着云计算相关新技术、新业态、新模式在重要行业领域的应用愈加深化，有效帮助传统企业提升产品附加值、提高生产效率、创新商业模式。海尔积极利用阿里巴巴推出的消费者对企业（C2B）的商业模式，通过基于云计算的大数据向智能化、个性化、定制化迈进，实现了由硬件制造商向"制造＋服务"提供商的升级。众安保险在阿里云支持下，用低成本高灵活性的信息技术能力拓展互联网保险业务，不设分支机构、完全通过互联网进行销售和理赔，突破了现有保险营销模式，创造了互联网金融发展的新形态。天弘基金系统的余额宝为超过6100万互联网用户提供货币基金理财服务，基于云计算的基金清算系统每天可以处理超过3亿笔交易数据，实时请求处理可达到1.1万笔每秒。超过100家银行等金融机构向阿里云采购云计算服务。相比于传统方式，平均每家银行上"云"的成本将节省70%，时间上也由原先的30天缩短为15天。小米利用应用性能管理运营商云智慧（北京）科技有限公司提供的IT基础设施实现一体化性能监控和管理系统，全面提升IT支撑能力与业务服务质量的精细管控，有效应对业务量持续上升和同行竞争所带来的IT系统压力，保障了在线高峰期最佳的客户体验。

第八节　云计算区域产业集群发展格局基本形成

我国云计算产业已经初步形成环渤海区域、长三角区域、珠三角区域、西部区域、东北区域和中部区域等六大区域集聚发展的格局。

环渤海地区在云计算发展方面拥有区位、经济、信息产业基础、科技人才等优势，云计算发展以北京、天津和济南为代表。北京是环渤海区域云计算发展的龙头，集聚了众多云平台软件和应用软件龙头企业。长三角地区云计算产业发展呈现以上海为龙头，带动江苏、浙江两省重点城市快速发展态势，其中，上海、杭州、无锡代表长三角地区入选国家云计算五大试点城市。长三角地区经济基础好，应用潜力大，制造业和现代信息服务业发达，高科技产业密集，为云计算产业发展提供众多优势条件。长三角区域云计算发展的重点城市以上海、无锡、杭州和南京为代表。珠三角地区物流商贸体系发达，信息基础设施比较完善，信息技术创新实力强，且信息化应用需求较高，是目前国内云计算产业比较发达的地区。广州正在加快实施"天云计划"，抢位发展云计算产业，从而增强广州国家中心城市的集聚辐射效应。深圳作为国家级云计算应用示范城市，信息产业发达、产业高端集聚，拥有良好的互联网、软件、电子信息产品制造业基础，成为云计算平台和软件、云设备制造布局的重点区域。西部地区具有很大的发展容量和潜力，各城市正在积极布局云计算产业发展，初步形成以重庆为代表的云设备制造，以中卫为代表的数据中心业务，以西安为代表的云应用示范等几大集群。东北区域位于东北老工业基地，传统行业对云计算应用的市场需求广阔。同其他区域相比，东北地区云计算发展稍显落后，但哈尔滨等城市积极发展数据中心业务、政务云应用、城市云应用等领域，正在带动东北地区云计算产业整体发展。中部地区的科技、经济以及基础建设为云计算提供了良好条件，制造业等传统行业为云计算应用提供了广阔空间，云计算产业发展潜力巨大。武汉已经建设了云存储产业园区、云安全产业园区、云计算服务园区等云计算产业基地和创新基地，成为中部区域的领头羊。

第九节　云计算发展仍面临问题和挑战

地方蜂拥推"云规划"，顶层设计有待加强。目前，国内已有 30 多个城市推出了云计算规划，而提出大力发展云计算的城市则更多。各地竞相推出"云规划"，一哄而上圈地建设云计算中心，争相提高优惠条件招商引资，以致数据中心"重建设、轻应用"，不利于云计算的健康有序发展。同时，云计算的发展要面向需求，依靠应用和市场驱动，而当前各地的"云规划"更倾向于服务器数量、硬件设备购置，对云计算的理解和认识存在一定的偏差。

能耗过大正在引发各界关注。云计算需要部署数据中心等大规模的基础设施，带来巨大的能源消耗，有效降低能源消耗已经成为各界关注的热点问题。当前，全球信息和通信技术的总耗电量占全球耗电总量的比例约为 8%。根据绿色和平组织的估计，全球云计算产业的能耗介于全球能耗排名五、六名的德国和俄罗斯之间。随着信息化的快速普及，互联网的不断渗透，数据量正以指数级的速度增长，云计算能耗也将日益水涨船高。在此背景下，绿色节能技术成为云计算未来所需的关键技术。谷歌、Facebook、苹果等大型互联网公司已经在使用清洁能源运行互联网基础设施方面开展了大量的探索并取得了巨大进步。作为一个能源消耗大国，我国国内企业也需加强在绿色节能技术方面的研发。

信息安全问题引发用户担忧。云计算服务模式使大量数据汇聚到云端，数据的集中度显著提高，相对而言也提高了数据泄露的风险，对信息安全防护提出了更高的要求，也引发了用户对于信息安全相关问题的担忧。近年来，国外的微软、苹果、Dropbox，国内的腾讯、阿里云等大型云服务商均出现了信息泄露、数据丢失等信息安全事件。用户对云服务的信息安全、隐私保护、服务稳定性等方面的信心呈现下降趋势。如何提高云计算安全保障能力，提供高可靠和可用的服务，依然是云计算产业亟待解决的问题。

第五章　2015年中国大数据应用发展情况

第一节　大数据市场规模不断扩大

数据显示[1]，2015 年中国大数据市场规模将达到 115.9 亿元，相较于 2014 年的 84 亿元，增速达到 38%（见图 5-1），未来在政策、技术、市场等多重驱动下，中国大数据区域集聚效应将逐步显现，合作协同发展成为常态。市场仍将维持较高的增长速度，预计 2016—2018 年中国大数据市场规模增速将保持在 40% 左右。

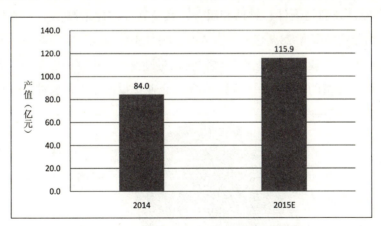

图 5-1　2014—2015年中国大数据市场规模

资料来源：中国信息通信研究院，2015 年 9 月。

与全球市场相比，我国大数据市场规模增速仍有差距，Wikibon 的报告显示[2]，2014 年全球大数据应用市场规模达到 1768.45 亿元，同比增长 53.23%，相

---

[1]　中国信息通信研究院：《大数据发展报告2015》，2015年9月。
[2]　Wikibon：《Big Data Vendor Revenue And Market Forecast 2013-2017》，2014年2月。

比而言，2014年中国大数据应用市场规模增速虽有所提高，与全球增速差距仍较大（见图5-2）。

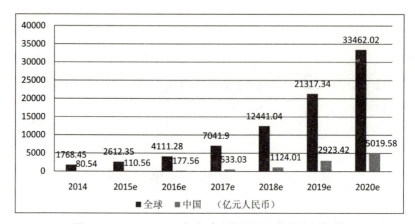

图5-2　2014—2020年全球大数据和中国的市场规模

资料来源：Wikibon，2014年2月。

从国内大数据市场细分领域来看，2014年，国内大数据市场营收主要来自三个方面，分别是硬件、软件和服务，其中软件占比最高，达35.6亿元，占42%，其次分别是服务28.5亿元，占34%，硬件19.9亿元，占24%（见图5-3），与国外市场相比，我国大数据市场软件收入明显偏高，主要原因是国外大数据企业多以收取服务费的方式支付费用，而国内企业更偏向于支付软件版权费[1]。

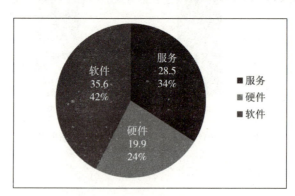

图5-3　2014年中国大数据市场细分领域产值

资料来源：中国信息通信研究院，2015年9月。

---

[1]　中国信息通信研究院：《大数据发展报告2015》，2015年9月。

第二节　支持大数据发展政策文件密集发布

大数据产业作为具有国家战略意义的新兴产业,受到政府的高度关注。2014年以来,国家层面密集发布了一系列政策文件,从不同层面推动我国大数据产业的发展和应用。

2014年,国务院出台《国家新型城镇化规划(2014—2020年)》,提出重点扶持大数据等新一代信息技术创新应用。工信部提出了支持大数据关键技术产品的研发和产业化等具体举措。国家发改委开展"信息化(大数据)提升政府治理能力"课题研究,并与工信部联合起草了关于促进大数据发展和应用的意见等;全国信息技术标准化技术委员会、数据中心联盟等行业机构在大数据标准和服务基础测试方面取得一定成果。

2015年,国务院颁布《关于促进云计算创新发展培育信息产业新业态的意见》,部署加快发展云计算,打造信息产业新业态,推动传统产业升级和新兴产业成长,培育形成新的增长点,促进国民经济提质增效升级。意见提出到2020年,云计算成为我国信息化重要形态和建设网络强国的重要支撑。文件提出六大支持云计算发展的重点任务:一是增强云计算服务能力,大力发展公共云计算服务,引导企业采用安全可靠的云计算解决方案。二是提升自主创新能力,突破云计算和大数据的关键核心技术,加强需求对接和市场应用,促进产业链协同创新。三是探索电子政务云计算发展新模式,鼓励应用云计算整合改造现有的电子政务信息系统,实现整体部署和共建共用,加大政府采购云计算服务力度,大幅减少政府自建数据中心的数量。四是加强大数据开发与利用,出台政府机构数据开放管理规定,开展改革试点和应用示范。五是统筹布局云计算基础设施,加快信息网络基础设施的优化升级,支持绿色云计算中心建设,避免云计算数据中心和相关园区的盲目建设。六是提升安全保障能力,研究完善云计算信息安全政策法规,加强评估审查和监测,支持云计算安全产品的研发生产和推广应用。

2015年3月"两会"上,2015年国家政府工作报告提出培育和催生经济社会发展新动力,要推动大众创业,万众创新。要制定"互联网+"行动计划,推动移动互联网、云计算、大数据、物联网等与现代制造业结合。

　　2015年7月1日，国务院办公厅颁布《国务院办公厅关于运用大数据加强对市场主体服务和监管的若干意见》（国办发〔2015〕51号），提出主要目标：一是提高大数据运用能力，增强政府服务和监管的有效性。二是推动简政放权和政府职能转变，促进市场主体依法诚信经营。三是提高政府服务水平和监管效率，降低服务和监管成本。根据服务和监管需要，有序推进政府购买服务，不断降低政府运行成本。四是政府监管和社会监督有机结合，构建全方位的市场监管体系。

　　地方政策结合各自需求特色发展。2014年初，贵州省出台《贵州省大数据产业发展与应用规划纲要（2014—2020年）》和《关于加快大数据产业发展应用若干政策的意见》，并将国家级新区贵安新区确立为大数据产业基地，将大数据产业作为支柱产业重点扶持。广东省成立大数据管理局，发布《广东省大数据发展规划（2015—2020年）》征求意见稿，并确定2014年首批推荐大数据应用示范项目。北京、上海等地率先建立了政府数据资源开放平台，推动数据的开放和共享（见表5-1）。

表5-1　地方政府推动大数据发展情况

地方	政策名称/措施
贵州	贵州省出台《关于加快大数据产业发展应用若干政策的意见》《贵州省大数据产业发展与应用规划纲要（2014—2020年）》。贵州省高校招生将优先考虑"大数据"专业
	贵阳市发布《贵阳大数据产业行动计划》《贵阳市关于加快推进大数据产业发展的若干意见》
	贵安新区出台《贵安大数据产业基地发展规划》
杭州	发布《杭州市政务数据共享开放指导意见》
上海	发布《关于促进本市互联网金融产业健康发展的若干意见》，促进公共信用信息、金融信用信息、社会信用信息互动共用
	印发《2014年度上海市政府数据资源向社会开放工作计划》
武汉	《武汉市大数据产业发展行动计划（2014—2018）》。
	为鼓励企业使用大数据、从事相关开发研究，武汉出台"一揽子"扶持政策，每年投入2亿元，对重点项目进行补贴。
	打造云计算、大数据产业领域完整生态环境。在武汉未来科技城建设武汉大数据研究院、华中大数据交易市场。

（续表）

地方	政策名称/措施
广东	2014年2月广东省政府印发《广东省经济和信息化委员会主要职责内设机构和人员编制规定》，广东省大数据管理局为广东省经济和信息化委员会的21个内设机构之一
	《广东省大数据发展规划（2015—2020年）》征求意见稿
	广东省公布2014年首批推荐大数据应用示范项目名单
北京	打造京津冀大数据走廊
洛阳	出台《洛阳市电子信息产业行动计划》，建设国内一流大数据中心
湘潭	发布《关于建立数据资源管理制度的通知》，加强数据资源建设
湖北	发布《湖北省北斗卫星导航应用产业发展规划（2014—2020）》，推动大数据在交通领域应用发展

第三节　大数据三角形供给结构基本成型

2015年，我国大数据市场的供给结构基本成型，并与全球市场相似，呈现三角形结构，即以百度、阿里、腾讯为代表的互联网企业，以华为、联想、浪潮、曙光、用友等为代表的传统IT厂商，以亿赞普、拓尔思、海量数据、九次方等为代表的大数据企业。

互联网企业表现强势，2015年，百度、阿里巴巴、腾讯、京东等互联网企业纷纷加速大数据领域布局，推出各类大数据产品和服务，抢占数据资源，推动国内大数据产业发展。一是可视化大数据产品成为数据应用亮点，各大互联网公司纷纷瞄准数据可视化这一领域，相关产品层出不穷。2015年初，百度利用大数据来分析春运期间全国人口大迁徙的轨迹，推出了"百度迁徙动态地图"，并被央视新闻节目用于报道春运情况。百度利用后台每天数十亿次的LBS定位数据，通过云计算平台强大的数据处理能力，加上精准的定位，全面、准确、及时地反映了人口迁徙的轨迹和特征。2015年春节期间，大众点评推出数据可视化品牌项目"年味地图"，大众点评上挖掘、梳理了12年来积累的吃喝玩乐搜索数据、浏览数据、交易数据以及评论数据等数据维度后进行计算分析，采用可视化地图的方式呈现出全国人民吃喝玩乐的消费热图。高德公司利用高德交通行业浮动车和高德地图用户出行数据的结合，自 2014 年以来已持续 5 个季度发布中国主要城市交通分析报告，涵盖国内 45 个城市，实时交通信息支持全国 114 个城市，既方便了居民出行，也为交通管理部门提供了决策辅助。二是积极夯实大数据产业发展基础。2015 年 5 月，百度组建了全球最大深度机器学习开源平台，其发起的全球最大分布式机器学习开源平台正式面向公众开放，通过这一平台，开发者可以免费获得分布式机器学习算法源码，从而降低开发和部署分布式机器学习系统及应用的门槛。2015 年 6 月，阿里云携手慧科教育集团启动阿里云大学合作计划，联合北航、浙大、复旦、上海交大、西安交大等 8 所高校开设"云计算与数据科学专业"，并将在全国 100 所高校完成专业课程开设，通过"互联网 +教育"的模式覆盖 300 所大学的云计算与数据科学教育，培养和认证 5 万名云计算和数据科学工作者。

传统 IT 企业开始尝试涉足大数据领域。华为自 2015 年开始牵头构建国内大数据商业生态圈，希望通过"大数据 1+6 商业模式"与国内大数据领域的优秀企业、科研机构建立战略合作，共同推动国内大数据行业的进步与发展。"大数据 1+6 商业模式"包括：1 个基础大数据平台，即以华为企业级大数据分析平台 FusionInsight、华为云计算服务、硬件构建的大数据基础平台；6 类大数据合作伙伴，包含大数据源、海量数据组织、大数据挖掘分析、大数据商业应用、大数据可视化、大数据顶层设计。2015 年，浪潮成立大数据公司，围绕政府和行业市场，探索大数据服务的商业模式，推动大数据交易等数据服务模式落地。浪潮推出软硬件整合在一起的大数据一体机，涵盖了流程与技术一体化、软件与硬件一体化、解决方案一体化三个层面，解决在数据挖掘、存储、分析等环节找不同的供应商面临的服务整合难题。神州数码与 IBM 共建大数据解决方案演示中心，帮助用户集成并管理不同速率、不同流量的数据，将高级分析应用于信息，并将可用信息可视化以供即席分析使用，产品线涵盖了数据整合、数据治理、数据仓库、数据分析等。2015 年 8 月，神州数码与数捷科技签署正式协议，神州数码成为数捷科技旗下产品 Aleiye 实时大数据分析引擎产品的全国总代理，双方将共同开拓传统企业大数据市场，打造大数据整合解决方案并推动大数据应用落地。总的来看，传统 IT 企业在大数据领域的产品和服务多是基于原有业务开展，未能撼动互联网公司的领先地位。

第四节　上市公司加快大数据领域布局

《关于促进大数据发展的行动纲要》的发布，将发展大数据上升到了国家战略层面，一举点燃了上市公司掘金大数据产业的热情。目前，国内已有近百家上市公司公告涉足大数据业务，其中广电、金融、汽车等领域表现最为突出。

在广电和传媒领域，随着IPTV异军突起，用户总量接近5000万，为广电运营商积累了大量的收视数据，为广电运营商转型大数据奠定了基础，各大运营商开始涉足相关领域，凭借大数据形成有效的收视，为业务提供有效依据，同时控制广告业务。2015年10月，歌华有线联合中国广播电视网络有限公司以及全国三十余家省市有线电视网络公司成立"中国广电大数据联盟"，其中包含天威视讯、广电网络等上市公司。湖北广电与小米科技、中国电子、捷成股份分别签署战略合作框架协议，拟分别与后者在智慧家庭、电视游戏、大数据及"互联网＋"等多领域展开合作，其中公司和中国电子将对方列为战略投资伙伴，拟在大数据等相关领域展开紧密合作。

在金融、汽车等领域，大数据也受到上市公司追捧。在金融领域，三泰控股设立合资公司成都三泰铭品大数据金服有限公司，主要针对中小企业的信用评估模型，基于大数据进行建模和优化，拓展金融服务大数据业务；聚龙股份出资1亿元成立聚龙融创（北京）信息科技研究院有限公司，以大数据为关键技术，主要专注于基于人民币流通管理系统的冠字号大数据开发及应用，以及消费流通领域的信息系统、网站平台、微信及APP应用系统开发等两个方面，被视为聚龙股份在金融大数据、消费大数据开发及应用领域战略布局的落地载体。汽车大数据方面，荣之联携手英国THE FLOOW公司签署了《车联网大数据联合运营协议》，拟在北京成立合资企业，专注于车联网大数据业务；德联集团出资9500万元，设立上海尚顾德联汽车电子与大数据产业投资基金，主要投资汽车电子与大数据相关细分产业领先企业，重点关注成长期和成熟期项目。

在其他垂直应用领域，振芯科技增资1200万参股北京东方道迩12%股权，拓展地理信息数据处理服务、国土空间大数据业务；东华软件出资1020万元与北京智中能源组建东华智中能源互联网技术有限公司，占比51%，进军包括电力物联网和云计算、数据中心、能源大数据分析等在内的能源互联网领域。

第五节　国外企业加快进入我国大数据市场步伐

我国巨大的互联网市场是发展大数据产业的天然温床，在国内企业不断考虑如何提升服务能力的时候，国外大数据企业也积极谋划在中国市场的布局，不断加快进入我国市场的步伐。2014年，美国的大数据分析厂商Taste Analytics在经过一年多的技术储备和行业调研后宣布，正式进入中国市场，推出实时动态、图像可视化兼具非结构化数据分析能力的综合智能数据分析平台Signals。Signals平台主要涵盖数据采集、数据分析和图像可视化三层服务，用于企业日常经营的实时的智能数据分析整体解决方案。Taste Analytics推行本土化策略，致力于全部产品的本土化，包括产品使用中文化、云服务部署落地化、技术支持规模化。2014年12月，美国Cloudera公司正式宣布在中国设立分公司，向企业客户提供基于Apache Hadoop的软件、支持、服务以及培训，也面向个人用户开展Hadoop认证，主要包括开发员和管理员认证，并将相应Hadoop培训课程与两个认证考试绑定。Cloudera在大数据人才培训和认证方面独树一帜，其认证也是目前行业内唯一的权威性认证，此前，Cloudera获得Intel的大额投资，总投资额达7.4亿美元。目前Intel持股比例达到18%，已成为Cloudera最大的战略股东。

第六节　国内大数据企业融资并购初步兴起

2015年，中国大数据领域共有51家初创公司获得投资[1]，其中融资最多的为九次方，2015年共两轮融资7亿元人民币，成为目前中国大数据行业融资规模最大的企业，目前公司估值高达30亿。品友互动获得中移创新产业基金、北广文资歌华基金、深创投联合领投等共5亿元投资，此外，数据堂、数梦工厂、聚合数据等企业均获得2亿元以上的融资。融资上亿的大数据公司达到19家，A轮以上融资均为千万及以上级别，资本对大数据公司持乐观态度。从轮次来看，有18家企业获得A轮融资企业，32家企业获得A轮以下融资，大数据行业创业

---

[1]　Idacker：《2015年50亿资金投进大数据，盘点51家获得融资的公司》，2015年12月31日，http://www.admin5.com/article/20151231/640515.shtml.

企业大部分处于初期，但已经走过两三年的创业企业大部分均表现出较好的市场前景。

当前，我国大数据初创企业融资初步兴起，但与国外相比，大数据初创企业受捧力度仍显不足，资本市场并未表现出足够的热情。2015 年，我国 51 家初创公司总共获得融资约为 50 亿元，而美国在 2013 年大数据领域的新创公司就获得了 36 亿美元的投资，硅谷大数据公司 Palantir Technologies 在 2015 年的估值已达 200 亿。2014 年，国外不少大数据初创企业获得海量融资，也有传统 IT 厂商为扩展自身大数据业务投资或并购大数据初创企业。从融资并购规模上看，单笔融资并购在 1 亿美元以上的事件超过 10 起，融资并购总额超过 350 亿美元。从 2015 年的融资情况来看，中国的大数据创业企业发展很不平衡，相较于美国已经有成熟的大数据产业链，国内大数据企业在硬技术方面比较欠缺，更多的是大数据的行业应用。

随着技术和理念发展，大数据在中国逐渐落地，行业应用不断增多。除了营销、金融等原本就需要数据驱动的行业，逐渐以更大的数据量和更完善的数据分析改善业务之外，大数据更需要应用在健康医疗、交通、气象、公共服务治理等方面，大公司通过引进大数据改善经营和管理，提升企业竞争力，于此相支撑的硬件技术、数据采集、可视化等方面都会不断扩大市场规模，未来资本市场向大数据领域的倾斜会更加明显。

第七节　大数据交易开始探索

数据具有天然的价值和实用价值，已经成为世界各国业界和政府的共识，大数据愈来愈成为企业、社会和国家层面的重要战略资源，成为各类机构，尤其是企业的重要资产。将数据作为资产进行量化评估是大数据资产属性的集中体现，2015 年 7 月，我国首家大数据资产评估中心在中关村正式成立，是全国首家开展数据资产登记确权估值的服务机构。业务包括数据资产登记确权、数据资产盘点、数据资产整合、数据资产评估，并为企业提供数据资产抵押贷款、数据资产证券化等服务，解决数据资产确权与估值问题，释放数据资产能量，促进流动性。评估中心与贵阳、淮南、重庆渝北区、盐城市城南科教城管委会签订了战略合作协议，将建设贵阳、淮南、重庆、盐城四个分中心，开展政府数据资源梳理、数据资产目录编制和登记工作。此外，评估中心还将开展新型数据资产保险、数据资产贷款、数据资产证券、数据资产信托等新型互联网金融业务。企业可以通过评估中心服务体系探索发行基于自己增值数据的有价证券，从而成为引导数据流动并据以进行数据交换的数据货币，进行等价支付、有序流动，带动整个数据商业价值链的规模化发展。

随着数据资产属性日益受到重视，数据的交易成为迫切的需求，从 2008 年开始，大数据交易在全球范围内已经初见端倪，"数据市场""数据银行"等在国外纷纷涌现，大数据交易成为大数据产业链的重要组成部分。由于长期以来缺乏规范的数据共享和交易渠道，我国数据交易市场发展缓慢，近年来，随着国家高度重视发展数据产业，大数据交易的探索已经正式展开。2015 年 2 月，我国首个大数据交易所，贵阳大数据交易所正式挂牌运营，面向全国提供数据交易服务，旨在促进数据流通，规范数据交易行为，维护数据交易市场秩序，保护数据交易各方合法权益，向社会提供完善的数据交易、结算、交付、安全保障、数据资产管理和融资等综合配套服务。交易所以电子交易为主要形式，通过建立大数据网上交易系统，搭建交易平台，交易数据类型包括金融、政府、医疗、能源、社交等 30 大类数据。截至 2015 年底，贵阳大数据交易所接入数据源公司超过 100 家，数据总量超过 10pb，超过 70 家会员在交易所发生实际交易，交易金额突破 6000 万元。

第八节　政府部门积极运用大数据推动治理能力现代化

当前，政府监管已经成为国内大数据应用的热点领域，近年来，国内地方政府开始积极行动，运用大数据提升政府治理和监管服务能力，大数据已经逐渐被应用到金融监管、社会信用体系建设、反腐倡廉、税务稽查、食品药品监管以及预防犯罪等。金融监管方面，沪、深两大交易所借助大数据分析建立了对"老鼠仓"等交易行为的专项核查和定期报告制度，实现了实时监控、专项核查、联东监控和智能监控四位一体的监控体系，成功打压了多起老鼠仓交易，有效化解金融风险。在税务稽查方面，湖南省国税局专门设立了"数据查询分析处理中心"，数据包括企业纳税情况、出口退税数据、财务状况、对外发布信息、第三方信息等。通过大数据技术与税收风险分析模型，可以在海量数据中分析得出纳税人的经营状况、交易对象与税收指标趋势等相关信息。借助大数据分析，湖南国税统一规范执法进户，实现税收风险管理的"精准制导"，纳税人对税务部门满意度明显提升。在食品药品监管方面，四川省在食安办、原省食药监局和质监、工商等部门食品监管职能基础上，组建了省食药监局，引入大数据升级监管体系，以问题为导向开展风险抽检，对抽检数据进行大数据研判，并将其作为专项整治和建章立制的依据。在反腐倡廉方面，甘肃省纪委积极引入大数据思维到办案工作中，将大数据作为拓宽线索的重要渠道，2015 年，甘肃省纪委从国税、地税部门调取 2014 年以来全省各地各单位"三公"消费数据和发票记录 80 多万条，运用大数据分析方法，从中发现调查督办公款吃喝、公款旅游、公款购买个人消费品等违纪违规问题。同时，实地查看酒店、培训中心、机关内部接待点等场所消费发票，看是否存在公款吃喝、公款送节礼等问题；实地查看棋牌室、农家乐等场所，看是否存在公职人员上班时间休闲娱乐、大操大办婚丧喜庆事宜等情况，发现了一大批问题线索。

第六章　2015年中国物联网应用发展情况

第一节　物联网产业体系初步形成并保持高速增长

目前，我国物联网产业已经形成较为完整的产业体系，产业整体覆盖多个门类，包括传感器、RFID、智能仪器仪表、物联网相关网络设备等关键硬件，以及网络、应用基础设施、软件与应用集成、物联网应用等服务。2010年以来，我国物联网产业始终保持高速增长态势。2014年，我国物联网产业市场规模达到6320亿元，比2013年增长26%，M2M连接数超过7300万，同比增长46%，在电力、制造业、道路交通、公共服务、金融、监控等领域得到广泛应用。预计2015年我国物联网市场规模将达7500亿元,继续保持接近20%的增速(见图6-1)。

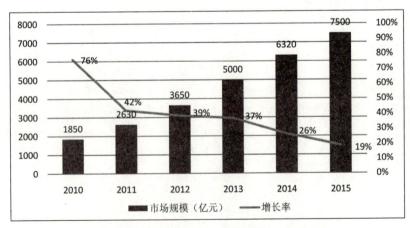

图 6-1　2010—2015年中国物联网产业市场规模

资料来源：智研数据中心，2014年12月。

随着我国物联网产业体系不断完善，国内涌现一大批颇具实力的物联网企业。在 RDID 方面，深圳先施科技、远望谷两家企业的超高频 RFID 读写器占据了国内市场份额的 1/3 以上，远望谷和海恒的产品在国内图书馆市场占有率已超过 80%。在地位导航方面，海格电子推出的 GPS/北斗导航定位系统已在广州公务车全面部署。南京联创科技集团建立的基于位置服务的"慧驾"汽车生活服务平台已经覆盖 1000 多万个人用户。国智恒北斗科技为海南文山市提供了免费的北斗民用导航服务。在能源物联网方面，上海仪电物联科技公司开发的智能照明综合管理服务平台、云计算的智慧能源管理系统为青浦产业园数百家企业提供精准能源管理服务。在公共服务方面，上海万达信息股份有限公司建设的健康物联网公共服务平台，面向社区居民提供基本卫生服务，覆盖人群达 500 人，使覆盖区域的慢性病识别率提升 20% 以上，居家养老公共服务平台服务老人累计突破 1000 万人次。在安全生产方面，成都鼎安物联网工程应用有限公司的安全生产综合监管平台已接入 400 多家危化品生产、运输企业，未来将覆盖成都全市 8000 多家具有安全生产问题的企业。

第二节　支持政策持续出台助力物联网产业健康发展

近年来，我国高度重视物联网产业发展，国务院和各部委从顶层设计、组织保障、智力支持等多个方面持续完善政策环境，加紧推进物联网相关工作。2011 年，工信部印发《物联网"十二五"发展规划》，提出了"在核心技术研发与产业化、关键标准研究与制定、产业链条建立与完善、重大应用示范与推广等方面取得显著成效，初步形成创新驱动、应用牵引、协同发展、安全可控的物联网发展格局"的发展目标。之后，国家建立物联网发展部际联席会议制度和物联网发展专家咨询委员会，以加强统筹协调和决策支撑，2013 年，国务院出台《关于推进物联网有序健康发展的指导意见》进一步明确发展目标和发展思路，国家发改委会同工信部等十余家部委推出十个物联网发展专项行动计划，内容涵盖顶层设计、标准制定、技术研发、应用推广、产业支撑、商业模式、安全保障、政府扶持、法律法规、人才培养等涉及物联网产业发展的各个方面。在国家其他有关信息产业和信息化的政策文件中也提出推动物联网产业发展。《关于信息消费扩大内需的若干意见》提出增强电子基础产业创新能力，重点支持智能传感器等三大产业发展。《关于促进智慧城市健康发展的指导意见》则高度重视和突出物联网在智慧城市发展中的重要作用。国家出台的多项政策对于提振产业信心、推动产业发展成效显著。国务院《关于积极推进"互联网＋"行动的指导意见》将物联网定位为经济社会发展的重要新型基础设施，十一项重点行动中有六项均涉及物联网的应用和发展。

各地政府也积极营造物联网产业发展环境，通过土地优惠、税财优惠、人才激励、资金扶持、产业联盟协调、政府购买服务等多种政策手段推动产业发展。上海近年来仅市级财政支持物联网技术研发、产业化、应用示范和公共服务平台类项目超过 150 个，支持金额超过 3 亿元，通过政策引导，带动社会资金投入50 亿元，发布了《上海市健康物联网推进工作方案》《关于上海农业物联网发展的实施意见》《互联网＋行动实施意见》等一系列推动物联网产业发展的政策文件。重庆政府高度重视物联网产业发展，出台多项政策举措力图将重庆打造成为有国际竞争力的物联网产业高地。无锡市发布了《市政府关于加快全市物联网发展的若干政策意见》，并从 2013 年起每年筹集整合专项资金 5 亿元用于组织开展典型应用试点示范，对由示范区内投资的物联网应用示范项目给予支持，并大力支持物联网产业化和企业规模发展，培育物联网领域的重点企业。

第三节　技术标准与国际水平差距正在缩小

近年来，我国企业系统开展物联网技术研究，在网络架构、传感器、M2M等方面取得了一定的技术突破。同时，针对物联网共性基础能力和应用领域专业能力的标准规范逐步完善，国际标准影响力不断增强。

技术研发取得局部突破。我国传感器企业积极把握 MEMS 传感器的新需求和新技术，取得了新的进展，研发了 MEMS 加速度计技术、基于专有热力学检测方法的 MEMS 传感器芯片和生产测试技术、基于背照技术的 500 万像素 CMOS图像传感器、CMOS–MEMS 全薄膜封盖 MEMS 工艺和晶圆级集成封装工艺等核心技术，且建成了业内首条具有完整 MEMS 工艺能力的中试生产线，目前已在安防监控、汽车电子、消费电子等领域广泛应用。中高频 RFID 技术接近国际先进水平、超高频和微波 RFID 技术方面取得一定进展，提出了高效的防碰撞机制，可快速清点标签，稳定性高；提供多种强度的安全鉴别机制、灵活的存储区划分及访问控制方法，与国际技术标准相比，在功能、性能、安全性、灵活性方面具有明显的优势。RFID 产业已经相对成熟并不断发展，在检验检疫、食品溯源、电子车牌等领域广泛应用，国内企业的 RFID 标签和读卡器产品的市场占有率不断提升。

网络架构研究取得积极进展。国内多个研究机构和单位致力于物联网网络架构的研究并已形成初步研究成果，为我国不同物联网应用领域的系统设计提供了参考依据。中国信息通信研究院牵头的国际标准 ITU-T Y.2068《物联网功能框架与能力》已于 2015 年 3 月正式发布，该标准主要明确了物联网功能架构和联网能力等内容。中国信息通信研究院与欧盟还共同发布了《中欧物联网架构比较研究报告》《中欧物联网标识白皮书》，正在推进《中欧物联网语义白皮书》的合作编制和物联网架构新趋势的合作研究。无锡物联网产业研究院和工信部电子工业标准化研究院等联合推进完成 ISO/IEC 30141 立项，即物联网"六域"模型。该模型从业务功能的角度对物联网系统进行分解，并提出一致性的系统分解模式和开放性的标准设计框架。中国电子科技集团公司积极把握网络架构新的发展趋势，已形成基于 Web 的物联网开放体系架构，该方案致力于为物联网应用系统提供共性技术支撑，实现对物体统一描述与接入、统一标识与寻址、统一服务封装与调用等功能。

M2M 统一平台和 M2M 无线连接技术成为标准化重点。M2M 统一平台已成为运营商、互联网企业等布局物联网业务的重要抓手，我国三大电信运营商均大力推进 M2M 平台建设，在交通、医疗等垂直领域推出了一系列物联网产品。oneM2M 国际组织正积极推进 M2M 平台的标准化工作，目前已完成第一阶段标准，正在开展平台、终端、业务间的互操作测试，并计划在 2016 年上半年发布 R2 标准。我国企业加强 M2M 无线连接技术的研究，在 LTE 网络优化方面，3GPP R13 版本侧重低成本、低功耗和增强覆盖的研究。在专有技术方面，我国华为公司积极推动窄带物联网 NB-IOT 在 3GPP 的标准化研制工作。2015 年 7 月，华为和中国联通合作开展了全球首个 LTE-M 蜂窝物联网 CIoT（Cellular Internet of Things）的技术演示。

第四节　物联网向传统行业不断渗透

当前，物联网向传统行业的产业链上下游各个环节加速渗透融合，新业态、

新应用、新模式不断涌现，不断优化生产经营管理方式，提高资源配置效率。

在钢铁冶金、石油石化、机械装备制造等制造行业，物联网广泛应用于供应链管理、生产过程优化、产品设备监控、能耗监测、安全生产管理等环节。工程机械行业采用 M2M、GPS 和传感技术，对百万台重工设备进行在线状态监控预警、故障诊断和维修服务，实现对产品全生命周期的管理服务。大庆油田等大型油田在油田单井野外输送原油过程中，通过应用基于无线传感器技术的温度、压力、温控系统，实现智能监控，大量降低能耗。此外，物联网技术还被广泛用于全方位监控企业的污染物排放状况和水、气质量监测。

在农业领域，物联网应用广泛渗透到测土配方施肥、灌溉、耕种、收割、储备等各个环节，推动大田耕种精准化、园艺种植智能化、畜禽养殖高效化，驱动形成精准农业和新型经营管理方式，大幅提高经济效益。国家粮食储运物联网示范工程采用联网传感节点技术，每年可以节省几亿元的清仓查库费用，减少数百万吨的粮食损耗。此外，根据部分省市的统计测算，应用物联网系统后可实现种植人员成本减少 50%，经济效益提高 10%；通过传感自调节对设施内环境进行高精度控制，既能生产出高品质农产品，也可使单位产品增值近 10 倍。

在交通运输领域，物联网在智能公交、电子车牌、ETC、交通信息实时发布等方面已经开展了广泛实践，有效整合优化交通资源、提升出行效率。智能公交系统实现实时预告公交到站信息，如广州公交通过应用物联网实现了运力客流优化匹配，提高公交车运行速度，方便了近 500 万居民公交出行。ETC 有效解决公路收费站拥堵，提升节能减排效果，2015 年，我国 ETC 用户突破 1400 万，全国 29 个省份 ETC 实现基本联网，主线收费站 ETC 覆盖率达到 100%，为 ETC 用户提供多元化便捷服务。RFID 等技术在机场行李自动分拣系统中得到充分应用，实现对航空行李运输全过程的可视化跟踪与精确化定位。

此外，物联网还应用在社会生活的各个方面。例如在食品安全方面，我国采用二维码和 RFID 标识技术积极推进食品安全溯源体系建设，重点食品质量安全追溯系统平台覆盖了全国 35 个试点城市、700 多家乳品企业和 1300 家白酒企业。同时，药品、肉菜、酒类和乳制品的安全溯源正在加快推广并向深度应用拓展。在医疗卫生方面，具备金融支付功能的一卡通系统在全国 300 多家三甲医院推广应用，使大医院接诊效率提高 30% 以上，加速了社会保障卡、居民健康卡等"医疗一卡通"的试点和推广进程。在智能家居方面，以家庭网关为核心，集娱乐、安防、电源控制、远程服务等于一体的物联网应用，大大提升了家庭生活的舒适度、安全性和便捷性。

第五节　物联网在智慧城市建设中得到广泛应用

智慧城市建设的重点领域和工程，为物联网集成应用提供了平台。我国一半以上在建的智慧城市，其主要应用项目依次为公共安全、交通、医疗、社区、环保、地下管网监测、水务、教育等，这些应用均以自动感知为基础、数据采集为手段、智能控制为核心、精细管理和服务提升为目的，实现了物联网技术的综合集成应用。

物联网广泛应用于医疗、社区、公共安全等领域，使民生服务实现时间和空间上的延伸，极大提升服务便捷性。在医疗方面，物联网疏通信息脉络、活化医卫资源，打造惠民可及的健康服务，让任何人在任何时间、任何地点可以通过智能联网医疗设备、任何通信渠道方便快捷获得各种医疗健康服务；在智慧社区建设方面，物联网助力基层服务模式创新，各地出现"智慧民安"养老社区、"服务零距离"社区、"一刻钟社区服务圈"，有效提高了社区居民生活的便利性；在公共安全方面，物联网实现实时动态监测、监控和预警，时刻保障民众生活环境的安全，"电梯运行安全监测信息平台物联网应用示范工程"利用感知技术将电梯监察、维保管理、安全预警、应急处置有机整合，重塑了电梯安全管理理念。

物联网在城市管理、管网监测、智慧交通领域的应用极大丰富了城市管理手段、增强了城市管理能力。在城市管理方面，规模化部署的物联网设备大幅提升城市运行监测能力；如北京市实现了对水、电、燃气消耗等 12 个方面 316 项城市运营日常信息的监测和数据分析，提升城市管理精细化水平。在设施管理方面，物联网感知采集城市部件的运行状态，为城市规划和管理提供全面准确的信息支持；如太原全面整合给水、排水、煤气、通信、路灯等地下管线资源，利用传感器监测管线的物理量、化学量，确保城市安全减少事故。在交通领域，物联网实现对运营车辆全程定位跟踪，有力支撑路况实时播报、拥堵预测预警和交通指挥调度；北京市 65% 的公交车、近 7 万辆出租车、客运车以及危化品运输车全部安装了卫星定位设备，实现了各类交通运营车辆的智能管理。

第六节 移动互联网发展加速物联网应用创新

移动互联网业务发展迅猛，带动物联网进入规模化发展新阶段。截至 2015 年上半年，我国 36 家主要第三方应用商店应用程序规模累计超过 386 万，成为全球移动互联网最大市场，我国移动互联网市场的繁荣和产业优势，将对物联网发展起到强大的带动作用。

移动互联网应用通过开放接口方式连接物联网设备，使物联网能够依托移动互联网应用的入口优势和用户优势，打造国民级物联网应用。如微信平台已开放硬件接口，公众号可绑定家居、玩具、路由器、运动、可穿戴等各类智能设备，实现智能设备之间、智能设备与数亿微信用户之间的连接。不到一年时间内，微信已接入 2400 多个硬件厂商，设备激活量 2500 万，微信运动已有 1000 多万用户，带动了运动手环规模化发展。

融合应用广泛涉足家居、安全、医疗健康、养老等民生领域。在家居方面，移动 APP 发挥数据汇聚中心和控制中心作用，一方面获取温度、湿度等各类传感设备监测信息，一方面作为遥控器反向控制照明灯、洗碗机、落地灯等家用电器，华为等众多企业已推出以智能手机为核心的智能家居解决方案。在安全方面，儿童防丢设备具有蓝牙防走散、安全区域报警、四重定位等功能，孩子佩戴后，家长在手机上即可随时查看孩子位置了解孩子动态，360 儿童卫士三个月销售 50 万台，目前已推出第三代产品。在养老方面，移动 APP 具备老人定位、报警、日常健康检测及大数据分析功能，帮助养老机构解决找人难、老人遇险报警难、遇到问题追溯难等问题，目前已在部分养老机构开展示范。此外，基于可穿戴设备的个人健康管理、运动统计等融合应用引发的流量占比越来越大。

互联网企业成为推动物联网发展的新兴力量。我国互联网企业纷纷通过产品、投资、战略合作等多种手段进入物联网市场，在多个领域积极布局和拓展业务，成为我国物联网发展的一大亮点。如在智能家居领域，阿里巴巴与美的合作，意图实现智能家电的远程控制管理；小米、360、百度、迅雷等互联网企业，以智能路由器为核心打造智能家居生态圈，并推出了智能摄像头、智能插座等智能家居配套设备。在车联网领域，百度推出的 Carnet 实现用户智能手机与车载系统无缝结合；阿里巴巴与上汽集团开展合作，通过应用电商平台和大数据处理技术，打通物流、资金流和信息流，重塑车主价值链；腾讯携手中国人保、壳牌共同成立"i 车生活平台"，打造一站式汽车生活服务。在智慧医疗领域，国内 BAT 三大互联网企业均投入大量资金，开展多种形式的互联网医疗服务。此外，智能可穿戴设备领域，小米以 20% 份额位居全球第二，360 等公司推出的儿童安全类可穿戴产品也取得了不错反响。

第七节　四大物联网产业集聚区基本形成

从空间分布来看，我国已初步形成以北京、天津、上海、无锡、深圳、广州、重庆、成都等重点城市为核心的环渤海、长三角、珠三角、西部四大区域集聚发展的物联网产业空间格局。各产业集聚区各有特色，产业领域和公共服务基本保持协调发展，集聚区域研发机构、公共服务等配套体系完备。

产业集聚各有特色。长三角物联网产业在全国处于领先地位，在芯片、传感等方面有一定的技术和产业基础，特别是在新型 MEMS 力敏传感器的研发和产业化方面一枝独秀；珠三角物联网产业市场化程度较高、产业链上下游衔接比较紧密，各环节对市场的感应程度强，市场反应灵敏。深圳拥有国民技术、远望谷、先施科技等一批龙头企业，在传感器、微机电和无线传感网络领域，集聚了近 600 家企业，在国内超声波传感市场，广州奥迪威成功替代国外品牌，在汽车电子、工控等领域受到市场广泛认可；西部地区物联网产业发展平稳，重庆以新区为基点出台优惠政策，以中移物联为核心形成产业聚集，成都集聚了一批研发机构和企业，基于 RFID 的区域行业应用开展较好；北京地区主要依托京津冀区位、资源优势，通过模式创新和业务集中发展物联网产业。

物联网应用各有侧重。东、中、西部和沿海地区根据区域产业特色、基础和市场需求推动相应的物联网应用，其中长三角地区在智能交通与节能环保领域应用较为突出，浦东软件园、上海中心大厦等建筑节能管理项目相继落成；西部地区 RFID 应用较为成熟广泛，重庆智能交通物联网大数据服务平台、成都重大危险源安全监管信息平台平稳运行并发挥着重要作用。珠三角地区在港口物流等方面的应用较多，已建成了跨国进出境货物质量管理和溯源服务、第三方进出口商品溯源鉴别和智能电子标签免检通关等物联网应用平台。

第七章 2015年中国移动互联网发展情况

第一节 移动互联网产业持续高速增长

2015年，我国移动互联网市场继续蓬勃发展，较2014年的2134.8亿元，增长率接近100%（见图7-1）。一方面，智能手机和其他移动智能终端的普及和应用，奠定了移动互联网的硬件基础；另一方面，移动互联网所衍生出的互联网金融、交通旅行、在线教育的应用服务越发完善，并加速向市场推广，成为市场规模快速增长的主要原因。

图7-1 2014年中国移动互联网市场规模及预测

资料来源：iResearch，2015年1月。

移动用户规模不断扩大，并保持高速增长态势，截至2015年底，我国移动互联网用户数量达到 9.64 亿，比上年提高 10.2%。手机网民规模达 6.20 亿，较 2014 年底增加 6303 万人，网民中使用手机上网人群的占比由 2014 年的 85.8% 提升至 90.1%（见图 7-2），手机已经成为拉动网民规模增长的首要设备。随着宽带中国战略加速推进，我国已建成全球规模最大、覆盖最广的 4G 网络，基站总数已超过 134 万。截至 2015 年底，我国 4G 用户总数已达到 3.86 亿，移动宽带用户（3G+4G）达到 7.85 亿户。

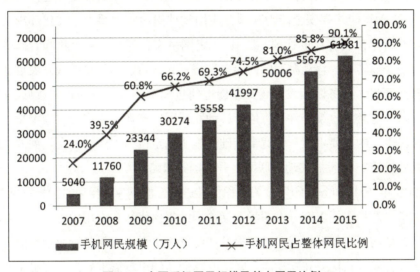

图7-2　中国手机网民规模及其占网民比例

资料来源：CNNIC，2015 年 12 月。

移动流量消费创新高，2015 年我国移动互联网接入流量消费达 408.9 万 TB，同比增长 103%，比上年提高 40.1 个百分点。月户均移动互联网接入流量达到 389.3M，同比增长 89.9%。手机上网流量达到 367.1 万 TB，同比增长 109.9%，在移动互联网总流量中的比重达到 89.8%。固定互联网使用量同期保持较快增长，固定宽带接入时长达 8.3 千亿小时，同比增长 20.7%。

移动终端设备持有率趋近饱和，但移动终端的消费仍保持着高速增长。截至 2015 年底，我国移动设备规模达 12.8 亿台，季度增速 3.2%，用户规模正趋于饱和，预计 2016 年的用户季度增速将低于 3%。而在智能手机出货量方面，2015 年全球智能手机出货量 12.93 亿台，同比增长 10.3%，来自中国品牌（华为、小米、联想等）的智能手机出货量 5.39 亿台，较 2014 年的 3.89 亿部增长了 38%，占全球比重达到 41.6%。其中华为出货量达到 1.08 亿台，年成长约 49%，而小米出货

7200万台,年增长达到17.8%。

第二节 支持移动互联网发展政策密集出台

2013年以来,我国发布了一系列支持移动互联网产业发展的政策,推动移动互联网发展环境不断优化。工信部发布《关于加强移动智能终端进网管理的通知》,对移动智能终端安全能力和预置应用软件提出管理要求;文化部出台《网络文化经营单位内容自审管理办法》,规定网络文化产品内容审核和管理责任将由政府向企业转移,移动游戏的内容自审将首先试行,为移动游戏发展创造了更为宽松的环境;国务院印发了《关于促进信息消费扩大内需的若干意见》《宽带中国战略》等重大政策文件,将培育移动互联网等产业发展作为"稳增长、调结构、惠民生"的重要手段;将宽带基础设施明确定位为"经济社会发展的战略性公共基础设施",把发展移动互联网上升到国家战略。

2015年7月,国务院印发《关于积极推进"互联网+"行动的指导意见》(以下简称指导意见)提出充分发挥我国互联网的规模优势和应用优势,推动互联网由消费领域向生产领域拓展,加速提升产业发展水平,增强各行业创新能力,构筑经济社会发展新优势和新动能。坚持改革创新和市场需求导向,突出企业的主体作用,大力拓展互联网与经济社会各领域融合的广度和深度。着力深化体制机制改革,释放发展潜力和活力;着力做优存量,推动经济提质增效和转型升级;着力做大增量,培育新兴业态,打造新的增长点;着力创新政府服务模式,夯实网络发展基础,营造安全网络环境,提升公共服务水平,制定了"互联网+创业创新""互联网+协同制造""互联网+现代农业"等十一项重点行动,为移动互联网的发展提供了前所未有的大好机会。

地方政府也不断出台支持移动互联网发展的政策文件。上海市印发了《上海推进移动互联网产业发展2012—2015年行动计划》。成都高新区先后出台《关于加快推进移动互联网产业发展的意见》《成都高新区加快移动互联网产业发展的若干政策》,激发和支持移动互联网领域创新创业,激励本土企业创新发展,在产业发展的关键要素人才和金融方面,给予移动互联网企业更大力度的支持。

第三节　我国成为全球最大的移动应用市场

随着移动互联网的快速发展，基于智能终端的 APP 经济规模正在持续增长。在应用规模方面，各类应用商店规模保持了较高的增速，苹果、谷歌、微软 3 个官方原生 APP 商店的应用总数已经突破 300 万；在下载规模方面，苹果的 APP Store 总下载规模已经超过 1000 亿次，Google Play 自 2013 年 8 月下载规模已超过苹果以来，下载增量更达到苹果的 1.5 倍；在使用时长方面，移动 APP 依然占据大部分移动终端上网时长，以美国为例，上网用户 86% 的时间消耗在移动 APP 上，而在 Web 上的耗时仅为 14%；在使用流量方面，移动 APP 流量相当于移动网页 6 倍。

移动互联网的 APP 化使用户业务入口分散，打造闭环应用生态成为发展要点，移动互联网新型应用服务大量涌现，但相对桌面互联网以门户、搜索为核心入口的格局，移动互联网的业务入口则大为分散，而且数据信息无法互通；当前市场上已出现应用商店、搜索服务、社交服务、支付服务等重要的服务领域，并分别形成规模巨大的信息孤岛，数据分散促使龙头企业缺乏统一的信息聚集入口，故全面布局入口类应用，建立自身应用生态，成为领军企业发展的重要方向。

第三方应用商店发展迅速，但仍有局限，根据对我国主流第三方应用程序商店的监测数据显示，截至 2014 年年底，我国移动应用规模（未去重）已达到 684 万个，总下载规模超过数千亿次，其中百度发挥搜索优势，成功实现对移动应用引流，累计下载规模超过千亿次。但诸多应用商店在内容分发后，无法获取更进一步的数据资源，能力难以向硬件及核心应用服务领域扩充，控制产业的能力受限。

核心应用服务成为竞争焦点，应用生态快速扩张。其中，操作系统掌控者实现软硬结合并形成技术门槛，苹果、谷歌为加强以 OS 为核心的应用生态，不断开拓新兴市场，积极布局入口类应用，其中苹果内置应用已达到 27 款，先后进军即时消息、地图、浏览器、搜索、支付等关键应用领域，并依托 OS 优势进行捆绑发展，快速形成基于 OS 的应用生态。互联网领军企业则纷纷扩充其核心 APP 功能，基于超级应用平台的服务体系不断扩充。以腾讯微信、百度移动应用、

UC 浏览器等服务为代表，其在应用内不断融入社交、搜索、浏览、应用下载、支付等功能，同时开放核心能力扩展应用生态，其中微信公众号已经超过 200 万个、百度地图拥有超过 500 万生活服务类数据、UC 九游平台开发者收益分成达到 9 亿元。

我国成为全球最大的移动应用市场。截至 2015 年 5 月，我国第三方应用商店累计应用下载量超过 3000 亿次，领先谷歌官方商店的 2900 亿次分发。仅仅在国内市场，我国最热门的应用软件年下载量已达到 40 亿次，接近 1000 款应用累计下载规模超过亿次，超过 1000 万次下载的应用达 4000 款。社交属性的融入，大幅缩减了应用服务规模爆发周期。融入社交元素，用户行为可有效影响其好友，促使应用规模快速发展，例如全民突击借助微信平台的好友关系，首发当日新增用户超 200 万，搜索指数陡然上升三倍；除夕当日微信红包收发总量达 10.1 亿次。

第四节　移动互联网领域跨界融合不断加速

传统行业加速拥抱移动互联网，借助移动端资源推动业务模式、营销模式、客户获取等多方面转型与升级。房地产行业借助移动互联网创新服务模式，业务纷纷向线上延伸，以巩固支柱产业地位。2015 年 4 月，万科推出"住这儿"APP，面向万科业主群体、万科业主、住户群体，打造物业服务、社区交流与商圈服务平台的 O2O 闭环商业。恒大地产淮北项目率先在淮北推出了全民营销 APP 利器"恒房通"，打造"全民营销"移动网络平台。"恒房通"依托互联网渠道，建立起一个跨区域的立体式营销网。所有的人都可以通过全民营销的平台推荐购房者，并因此获得佣金奖励。碧桂园在原有的互联网售楼系统的基础上，推出了移动版售楼系统 APP，龙湖地产的社区生活 APP 即将在重庆率先上线，龙湖天街系的 Wi-Fi 系统、商家的 APP 系统、客户的 APP 系统都在建设中。在酒店航空业，各大航空公司和酒店联盟也纷纷推出自己的 APP，抢占线上入口，扩大自身的自营直销优势。中国国航、南方航空、东方航空、海南航空、深圳航空、厦门航空、四川航空、山东航空、春秋航空均推出了移动 APP，涵盖了机票预订、航班动态查询、常旅客服务等常规服务，并推出了中转酒店、计时休息室、两舱餐食、专车接送、专人引导等特色服务，由销售型向服务型转型，通过增加服务提升附加值，增强竞争力。华住、铂涛等酒店集团也纷纷推出自营 APP，加速拓展移动互联网的营销渠道。传统零售商也不甘落后，借助移动互联网进行运营模式整合和渠道拓展，以此来顺应消费者的消费习惯变革。银泰百货的银泰网、天虹百货的红领巾，以及大润发超市的飞牛网等一系列移动互联网 APP 纷纷上线。

政府部门在"互联网+"战略引导下，纷纷推出面向移动互联网的政务应用，部分地方政府的移动互联网化已走在前列，用户对关乎民生的服务型应用需求强烈。在政府门户网站方面，中央纪委网站推出了中央纪委监察部 APP，为反腐工作拓展移动互联网举证举报渠道。北京市政府网站推出"北京服务您"，深圳市推出"深圳政府在线"，南京市推出"我的南京"，浙江省推出"浙江政务"，这些 APP 均面向移动互联网开发，将政府门户网站有效推广到移动互联网上，方便了用户使用。在民生服务方面，"交通在手"、"乘车易"、"北京实时公交"、"智慧社保""上海公积金""电力 E 行""掌上 110"等一系列具有代表性的 APP 不断涌现，用户数量稳步上升，切实扩大了公共服务的覆盖范围，提升了政府部门的服务能力。

行业内巨头加速业务跨界与整合，致力于构建自身移动端产业生态圈并开拓新的流量入口。阿里、腾讯和百度三大互联网巨头拥有最大的流量资源，在提升自有移动产品优势的同时，在其他新兴领域广泛布局，加速各自移动端生态圈的构建。腾讯继续巩固微信的优势，不断提升微信公众平台的体验，在移动社交的基础上不断扩充服务范围，随着微信支付、城市服务、电子商务、团购、交通出行等一系列功能的上线，微信在成为亚洲乃至全球用户群体规模最大的移动即时通信软件的同时，也成为腾讯公司构建移动生态体系的重要入口。小米、华为等硬件厂商，依托在硬件市场的份额优势以及自有渠道优势，抢占不同细分领域移动应用市场。其他互联网细分领域的巨头也纷纷开展跨界尝试，360、乐视纷纷试水移动硬件，通过进入终端市场扩展移动端流量入口。

第五节　移动应用成为"互联网+"的发展先锋和亮点

伴随智能终端，移动应用进入营销、商务以外的更广阔领域，其中民生领域是移动互联网+的发展重点。当前我国人口及城镇化率逐年提升，人民群众对教育、医疗等公共服务的规模和质量需求日益增大，随着移动终端软硬件能力提升以及更多公共服务资源的开发，一批对民生具有重要影响的移动服务不断涌现：

在教育领域，清华大学与北京大学、浙江大学、南京大学等知名学府开设学堂在线，通过该平台，用户可在任何地点，通过网络获得名校的课程视频，从而促进优质教育服务更好普及，提高教育质量，移动APP有望推进义务教育的均衡发展，同时促进职业教育体系的规范；在医疗领域，部分省级医院正式与腾讯微信合作，通过官方公众号实现病人预约挂号、健康档案查询、支付等服务，缓解了医疗服务中挂号排队时间长、看病等待时间长、结算排队时间长、医生看病时间短的矛盾，移动应用服务还将更好地协助医院优化就医流程，甚至实现用户与医生的直接高效链接。移动服务与更多领域相交融，并由与传统领域的竞争走向共赢。随着数据资源日益受到重视，更多传统企业主动加大数据开放范围，并探索实现与移动互联网的协同发展。随着智能制造的兴起，移动服务将进一步渗透研发设计、加工制造、运行监控等核心生产制造环节，并实现网络世界与物理世界的高效对接。

由于天然地融入各种各样的需求场景，移动应用进一步融入生活服务以及公共服务等各个领域，服务主体也将由用户逐步蔓延至企业。线上服务调用更多线下服务资源，移动应用将不仅局限在美食团购、票据购买等服务领域，其将与更多服务领域深度结合，并提供更多个性化服务，以阿姨帮、河狸家、e袋洗、叮当送药等为代表，移动应用服务企业不断汇聚专业领域服务资源，并不断向家政、美业、汽车、洗衣、私厨、家装、医疗、康复等领域扩展，同时物流末端的配送体系逐步完善，更便捷、更快速、更廉价、更具个性化的配送服务将与上层服务匹配，未来线上与线下资源更加深层次结合并连通后端提供一体化服务，从而真正意义上渗透到人们日常生活的方方面面。线下服务也在朝线上发展，居然之家于2015年3月正式启动线上线下一体化服务平台，以自身实体店为中心，向上直接面向消费者，并通过一体化销售平台实现线上商城与线下实体店互联互动，向下与顶层设计俱乐部及家装公司互相配合，探索为用户提供全价值链服务。万达、银泰、苏宁、家乐福等典型企业为代表，为进一步大规模掌握消费者行为及消费数据，纷纷探索发挥实体店优势，逐步实现实体与线上店铺的系统对接，并通过后台分析，最终为用户提供个性化一站式的线下购物体验。

第六节　移动互联网安全问题不容忽视

在移动互联网快速发展的同时，网络安全威胁日益成为阻碍移动互联网发展的重大问题。当前，我国移动互联网接入设备存在诸多安全隐患，给移动互联网安全监管和用户信息保护带来严峻挑战。近两年来，D-link、Tenda、Cisco等主流网络设备生产厂商的多款路由器先后被曝存在后门或漏洞。根据相关机构分析验证，当前无线路由器人为预设后门的现象较为普遍。当攻击者远程登录路由器认证页面时，可以通过输入事先预置好的命令参数值、构造发送特定的用户数据包等方式绕过认证过程，取得路由器的完全控制权，如获取 Web 管理账号及口令、路由运行信息、执行系统命令、更改路由配置，甚至截获设备流量实施非法监听。路由器后门一旦被恶意攻击者利用，将直接危害使用该产品的用户信息安全，造成个人信息泄露，严重的将影响网络稳定运行，如监控用户上网行为盗取敏感信息、实施大范围中断网络攻击、引发 DNS DDoS 攻击等。此外，新型接入路由器亦存在安全隐患，以极路由、小米盒子、华为秘盒为代表的智能网络接入设备快速发展，逐步向用户移动互联网入口发展演进。与传统网络接入设备相比，智能路由设备具有三大特点，一是可扩展性，可在设备上安装软件或插件来扩展设备功能；二是应用层流量控制，可对部分应用程序的流量进行过滤、控制；三是可搭配服务端资源，为用户提供影音、视频、游戏等服务。对应三大功能，移动互联网智能接入设备也存在三大安全隐患，一是安装应用访问非法内容、逃避合法监听；二是流量劫持及推送风险，部分设备可通过控制应用层流量方式实现流量的劫持与控制，如果该设备被非法入侵后将正常域名进行劫持就不仅可以屏蔽正常内容，还可实现非法内容推送等；三是服务端信息内容安全，部分智能无线接入设备采取"云服务"模式，搭建服务端或连接第三方服务端为用户提供大量影音、视频、游戏等内容，购买设备后即可连接服务端获取相关内容信息，如该服务端被非法入侵，存在发布非法内容的风险。

手机病毒加速扩张并由简单吸费向复杂的诱骗欺诈和流氓行为进化。随着智能机与银行账号、第三方支付等业务绑定增加，手机病毒制作和传播正加速向资费消耗、恶意扣费和隐私信息窃取方向发展。2015 年上半年，我国新增 Android

病毒包数达到 596.7 万，同比增长 1741%，感染用户人次达到 1.4 亿，同比增长 58%，其中手机支付病毒感染用户总数达到 1145.5 万。据统计，2015 年上半年涉及用户资金安全的资费消耗和恶意扣费类病毒类型占比超过 80%，对用户的安全威胁最大；隐私类病毒占比仅为 1.80%，但攻击方式更加多元化，如与短信相结合的"相册"木马病毒通过钓鱼、诱骗、欺诈的方式窃取用户姓名、身份证号、银行卡号、登录账号密码等重要的隐私信息，严重威胁用户财产安全。

发 展 篇

第八章　2015年中国信息基础设施发展情况

第一节　深入贯彻实施"宽带中国"2015专项行动

为贯彻落实《"宽带中国"战略及实施方案》（国发〔2013〕31号），大力促进信息消费，加快推进两化深度融合和四化同步发展，全面建设网络强国和支撑制造业强国建设，工信部制定了"宽带中国"2015专项行动。

《专项行动》的指导思想是：以加快信息基础设施建设、大幅提升宽带网络速率和支撑智能制造发展为工作重点，深化改革、加强创新，进一步调动各地、各企业积极性，优化发展环境、提高网络能力、促进普及应用、提升用户体验、服务智能制造，不断夯实宽带的战略性公共基础设施地位，持续增强宽带在促进"稳增长、调结构、促改革、惠民生"方面的基础支撑和引导带动作用[1]。

《专项行动》的目标是：宽带网络能力实现跃升。新增光纤到户覆盖家庭8000万户，推动一批城市率先成为"全光网城市"；新建4G基站超过60万个，4G网络覆盖县城和发达乡镇；新增1.4万个行政村通宽带。普及规模和宽带网速持续提升。新增光纤到户宽带用户4000万户，新增4G用户超过2亿户，使用8Mbps及以上接入速率的宽带用户占比达到55%，鼓励有条件的地区推广50Mbps、100Mbps等高带宽接入服务，促进用户上网体验持续提升。积极支撑和服务智能制造。支撑100家规模以上工业企业积极探索智能工厂、智能装备和智能服务的新模式、新业态，支撑1000家工业及生产性服务企业的高带宽专线服务，新增M2M（机器通信）终端1000万个，促进工业互联网发展[2]。

---

[1]　《工信部发布实施"宽带中国"2015专项行动意见》，《移动通信》2015年第9期。
[2]　《工信部发布实施"宽带中国"2015专项行动意见》，《移动通信》2015年第9期。

《专项行动》提出了九项主要任务：一是加快光纤到户建设，推进打造"全光网城市"。二是完善 4G 网络覆盖，推进 4G 加快发展。三是建立完善补偿机制，推进电信普遍服务。四是支撑智能制造发展，服务两化深度融合。五是推广高速宽带应用，大力促进信息消费。六是优化宽带网络性能，提高宽带网络速率。七是持续深化共建共享，促进绿色集约发展。八是加强核心技术研发，实施创新驱动战略。九是强化安全风险管控，营造安全网络环境[1]。

在工信部领导组织下，各省市纷纷布局 2015 年宽带发展战略，加速信息网络发展。各地各企业积极响应"宽带中国"2015 专项行动。

第二节　信息基础设施建设不断夯实

2015 年，互联网宽带接入端口数量达到 4.7 亿个，比上年净增 7320.1 万个，同比增长 18.3%（见图 8-1）。互联网宽带接入端口"光进铜退"趋势更加明显，xDSL 端口比上年减少 3903.7 万个，总数降至 9870.5 万个，占互联网接入端口的比重由上年的 34.3% 下降至 20.8%。光纤接入（FTTH/0）端口比上年净增 1.06 亿个，达到 2.69 亿个，占比由上年的 40.6% 提升至 56.7%[2]（见图 8-2）。

图8-1　2010—2015年互联网宽带接入端口发展情况

资料来源：工信部运行监测协调局。

---

[1]　《工信部发布实施"宽带中国"2015专项行动意见》，《移动通信》2015年第9期。
[2]　工信部运行监测协调局：2015年通信运营业统计公报，2016年1月21日，见http://www.miit.gov.cn/n1146290/n1146402/n1146455/c4611243/content.html.

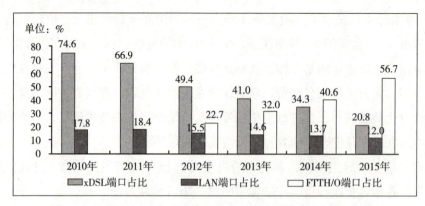

图8-2　2010—2015年互联网宽带接入端口按技术类型占比情况

资料来源：工信部运行监测协调局。

2015年，新增移动通信基站127.1万个，是上年净增数的1.3倍，总数达466.8万个。其中4G基站新增92.2万个，总数达到177.1万个[1]（见图8-3）。

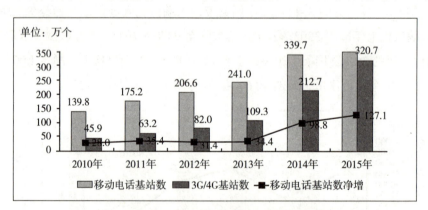

图8-3　2010—2015年移动电话基站发展情况

资料来源：工信部运行监测协调局。

2015年，全国新建光缆线路441.3万公里，光缆线路总长度达到2487.3万公里，同比增长21.6%，比上年同期提高4.4个百分点[2]（见图8-4）。

---

[1]　工信部运行监测协调局：2015年通信运营业统计公报，2016年1月21日，见http://www.miit.gov.cn/n1146290/n1146402/n1146455/c4611243/content.html.

[2]　工信部运行监测协调局：2015年通信运营业统计公报，2016年1月21日，见http://www.miit.gov.cn/n1146290/n1146402/n1146455/c4611243/content.html.

图8-4　2010—2015年光缆线路总长度发展情况

资料来源：工信部运行监测协调局。

全国新建光缆中，接入网光缆、本地网中继光缆和长途光缆线路所占比重分别为 62.6%、36.7% 和 0.7%。接入网光缆和本地网中继光缆长度同比增长 28.9% 和 16.3%，分别新建 276.4 万公里和 161.8 万公里；长途光缆保持小幅扩容，同比增长 3.4%，新建长途光缆长度达 3.2 万公里（见图 8-5）。

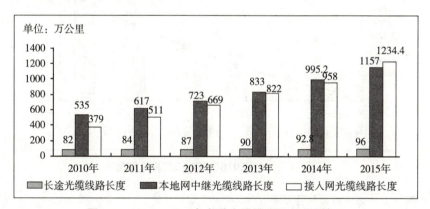

图8-5　2010—2015年各种光缆线路长度对比情况

资料来源：工信部运行监测协调局。

2015 年，2G 移动电话用户减少 1.83 亿户，是上年净减数的 1.5 倍，占移动电话用户的比重由上年的 54.7% 下降至 39.9%。4G 移动电话用户新增 28894.1 万户，总数达 38622.5 万，在移动电话用户中的渗透率达到 29.6%[1]（见图 8-6、

[1]　工信部运行监测协调局：2015年通信运营业统计公报，2016年1月21日，见http://www.miit.gov.cn/n1146290/n1146402/n1146455/c4611243/content.html.

图 8-7)。

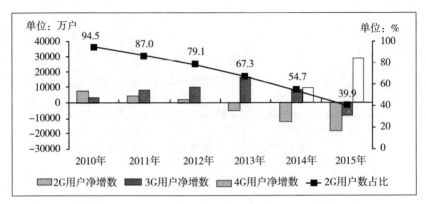

图8-6　2010—2015年各制式移动电话用户发展情况

资料来源：工信部运行监测协调局。

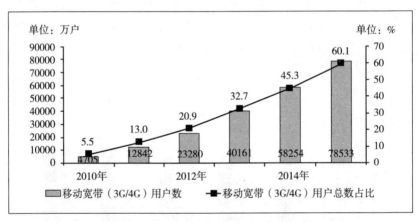

图8-7　2010—2015年3G/4G用户发展情况

资料来源：工信部运行监测协调局。

第三节　宽带"提速降费"逐步实现

为贯彻落实国务院部署的宽带"提速降费"相关部署,工信部高度重视提速降费工作。三大电信运营商积极响应,通过开展"光进铜退""闲时流量套餐""夜间流量套餐""流量转赠""流量不清零"等多项举措提升网络速率,调低流量资费水平，全国各地"提速降费"已取得阶段性成效。截至 2015 年 8 月，贵州省内城区光纤接入主流速率已达 20 兆，提速超过 50%；固定宽带资费下降超过 35%，手机上网流量资费下降 50%[1]。截至 9 月，河南的联通宽带用户年费小于等于 8M 产品年费的免费提速至 8M；20M 单产品宽带由 960 元下降到 840 元，降幅 12.5%；50M 由 1960 元下降到 1200 元，降幅 37.5%；100M 由 360 元下降到 1920 元，降幅 46.7%[2]。山西省宽带网络用户的资费较年初资费降幅达 20.93%，太原晋中两市移动电话用户将通过"资费叠加包"模式实现资费同城化，两市通信用户支出每年可节省费用 3000 余万元[3]。浙江移动 4G+ 最高网速已经超过了 300Mbps，流量的平均资费下降了 55%，其中，全省移动数据流量资费标准由 1 元 /MB（套餐外）下调至 0.29 元 /MB，50 元 1GB 的价格升级至 50 元 2GB[4]。

第四节　新型信息基础设施建设步伐不断加快

基于通信网、广电网、互联网以及云计算、大数据、物联网的信息基础设施快速发展，已成为承载无所不在的计算、无所不在的信息服务的重要基础设施，是经济社会发展必不可少的基础设施。云计算为信息化应用提供高效、绿色、灵活、强大的信息基础设施和综合平台。物联网通过全面感知、可靠传送和智能处理技术实现人与人、物与物、人与物之间的互联互通，承载各行业各领域的创新应用。互联网、移动互联网通过构建开放型应用平台并为所有业务提供通用的基础设施服务。大数据经过开放共享和整合利用，不断创新商业模式和服务模式，催生多种创新应用。随着《"宽带中国"战略及实施方案》《国务院关于促进云计算创新发展培育信息产业新业态的意见》《物联网发展专项行动计划》的实施，信息基础设施的"云 + 网 + 端"架构将更加明晰，泛在化、集成性、可拓展性、智能化特征日益突出。

[1]　贵州"提速降费"动真格，http://news.163.com/15/1013/09/B5Q1S3ID00014AED.html
[2]　《河南：全光网建设提速》，http://www.dooland.com/magazine/article_745713.html
[3]　《山西太原晋中已用手机资费同城化提速降费效益初显》，http://www.zmgov.com/news/china/2015-10-09/122160.html
[4]　《"提速降费"促发展，浙江移动4G客户突破2000万》，http://www.c114.net/news/118/a919613.html

第五节　积极开展工业互联网相关研究工作

2015 年，工信部加快研究制定工业互联网整体网络架构方案，推动建立工业互联网标准体系，推进工业和 ICT 领域联合推进标准研制，开展工业互联网试验验证。

相关研究工作包括以下几个方面：一是基于 IPv6 的工厂 IT 网络。为适应互联网的发展趋势，同时也为了工厂内庞大数量的生产、监控终端接入，IT 网络将是基于 IPv6，或支持 IPv4/IPv6 双栈网络技术。二是基于工业以太网并兼容 IPv6 的 OT 网络。工业以太网将逐步替代现场总线，实现"e 网到底"，同时在以太网向下延伸基础上实现智能机器、传感器、执行器等的 IP 化或 IPv6 化。三是直达智能机器和在制品的网络连接。智能机器、传感器、在制品等生产现场设备、物品将实现到 IT 网络的直达连接以实现对生产现场的实时数据采集等功能。四是泛在的无线连接。生产现场的智能机器、在制品、传感器、运送设备等将通过各类无线技术实现连接，根据设备能耗、传送距离等可采用 Zigbee 等短距离通信技术或 Wi-Fi、LTE 增强、5G 等无线技术。五是基于 SDN 的 IT/OT 组网方案。IT 网络和 OT 网络采用 SDN 技术，实现控制平面与转发平面的分离，通过 SDN 控制器与制造控制系统（如 MES 等）协同进行网络资源调度，实现柔性制造和生产自组织。

第九章 2015年中国两化融合发展情况

第一节 "互联网+"制造成为新时期推进两化融合的鲜明特征

为贯彻落实党的十八届五中全会精神，促进互联网和经济社会融合发展，拓展网络经济空间，提高发展质量和效益，根据《国务院关于积极推进"互联网+"行动的指导意见》(国发〔2015〕40号),2015年11月25日,工信部研究制定了《工信部关于贯彻落实〈国务院关于积极推进"互联网+"行动的指导意见〉的行动计划（2015—2018年)》。

《行动计划》的总体思路是：充分发挥我国互联网规模应用综合优势，以加快新一代信息通信技术与工业深度融合为主线,以实施"互联网+"制造业和"互联网+"小微企业为重点，以高速宽带网络基础设施和信息技术产业为支撑，不断打造新形势下产业竞争新优势。

《行动计划》的总体目标是：到2018年，互联网与制造业融合进一步深化，制造业数字化、网络化、智能化水平显著提高。两化融合管理体系成为引领企业管理组织变革、培育新型能力的重要途径；新一代信息技术与制造技术融合步伐进一步加快，工业产品和成套装备智能化水平显著提升；跨界融合的新模式、新业态成为经济增长的新动力，培育一批互联网与制造业融合示范企业；信息物理系统（CPS）初步成为支撑智能制造发展的关键基础设施，形成一批可推广的行业系统解决方案；小微企业信息化水平明显提高，互联网成为大众创业、万众创新的重要支撑平台；基本建成宽带、融合、泛在、安全的下一代国家信息基础设施；初步形成自主可控的新一代信息技术产业体系。

《行动计划》的重点开展以下七项行动：一是开展两化融合管理体系和标准

建设推广行动，推动两化融合管理体系成为引领企业管理组织变革、培育新型能力的重要途径。二是开展智能制造培育推广行动，建成一批重点行业智能工厂，初步实现工业互联网在重点行业的示范应用。三是开展新型生产模式培育行动，在重点行业形成一批个性化定制、协同制造等新模式，培育一批国家级工业云、工业大数据、工业电子商务平台。四是开展系统解决方案能力提升行动，推动信息物理系统（CPS）初步成为支撑智能制造发展的关键基础设施，形成一批可推广的行业系统解决方案。五是开展小微企业创业创新培育行动，建成一批面向小微企业的信息化服务平台，不断提高小微企业应用信息技术开展研发、管理和生产控制的能力。六是开展网络基础设施升级行动，基本建成宽带、融合、泛在、安全的下一代国家信息基础设施。七是开展信息技术产业支撑能力提升行动，初步形成自主可控的新一代信息技术产业体系。

第二节　区域两化融合水平持续提高

一、综合分析

2015 年全国两化融合发展总指数为 72.68，与 2014 年相比增长了 6.54，增长幅度呈逐年递增，两化融合发展步伐不断加快。其中，基础环境指数为 75.38，增长了 3.67；工业应用指数为 66.04，增长了 6.34；应用效益指数为 83.25，增长了 9.82，见表 9-1、图 9-1。从表 9-1 可见，2012—2015 年我国两化融合总指数及各项分指数每年均有不同幅度增长。

表 9-1　2012 — 2015 年两化融合各类指数发展比较

	基础环境指数	工业应用指数	应用效益指数	总指数
2012年	58.36	56.13	65.65	59.07
增长量	6.51	1.21	2.62	2.88
2013年	64.87	57.34	68.27	61.95
增长量	6.84	2.36	5.16	4.19
2014年	71.71	59.7	73.43	66.14
增长量	3.67	6.34	9.82	6.54
2015年	75.38	66.04	83.25	72.68

资料来源：中国电子信息产业发展研究院。

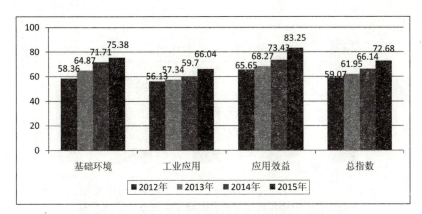

图9-1　2012 — 2015年两化融合各类指数发展比较

资料来源：中国电子信息产业发展研究院。

从各省的数据来看，2015年多数省份两化融合发展总指数有不同程度的提升，其中广东、湖北、云南、山东、浙江发展总指数增长最快（见图 9-2），天津、贵州、黑龙江、四川、甘肃、安徽、河北、北京、福建发展总指数增速也超过全国平均水平。

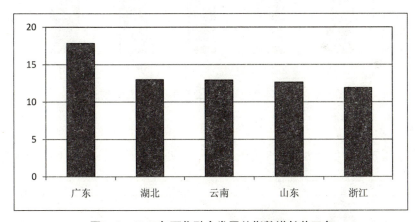

图9-2　2015年两化融合发展总指数增长前五名

资料来源：中国电子信息产业发展研究院。

在基础环境方面，重庆、内蒙古、河北、贵州、甘肃增长最快（见图 9-3）。

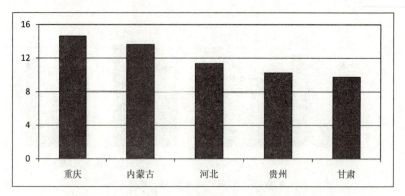

图9-3　2015年两化融合基础环境类指数增长前五名

资料来源：中国电子信息产业发展研究院。

　　在工业应用方面，广东、云南、湖北、浙江、天津增长最快（见图9-4）。

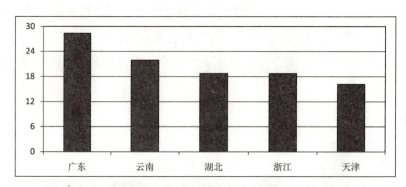

图9-4　2015年两化融合工业应用类指数增长前五名

资料来源：中国电子信息产业发展研究院。

　　在应用效益方面，西藏、安徽、河北、广西、山东增长最快（见图9-5）。

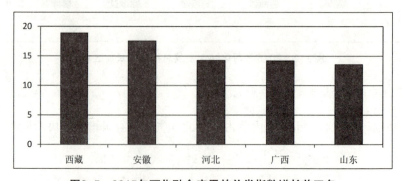

图9-5　2015年两化融合应用效益类指数增长前五名

资料来源：中国电子信息产业发展研究院。

2015 年全国及各省份两化融合总指数、分指数情况参见表 9-2 及图 9-6。

表 9-2　2015 年各省市两化融合指数

省份	基础环境指数	工业应用指数	应用效益指数	总指数
广东	94.94	82.4	135.62	98.84
浙江	91.64	94.04	112.88	98.15
江苏	91.67	80.94	135.94	97.37
上海	94.46	84.25	119.19	95.54
山东	85.77	85.78	114.65	93.00
北京	97.01	74.68	120.02	91.6
福建	91.03	76.91	101.88	86.68
安徽	70.06	88.22	92.04	84.64
湖北	74.01	81.59	92.44	82.41
湖南	76.91	81.41	89.12	82.22
天津	79.36	70.09	106.89	81.61
四川	76.7	66.09	104.37	78.31
重庆	81.08	65.15	97.63	77.25
黑龙江	80.15	80.81	64.2	76.49
辽宁	85.49	60.16	96.59	75.6
河北	84.73	70.24	71.27	74.12
广西	67.25	76.12	70.94	72.61
河南	76.54	63.9	83.13	71.87
江西	63.54	70.61	77.61	70.59
贵州	72.82	67.11	59.8	66.71
陕西	65.69	56.55	86.13	66.23
吉林	71.66	60.41	70.53	65.75
内蒙古	78.53	45.97	59.5	57.49
新疆	68.63	51.94	55.35	56.96
海南	68.12	45.27	58.04	54.18
宁夏	54.85	53.98	50.17	53.25
山西	64.04	47.44	53.83	53.19
甘肃	71.33	46.67	47.86	53.13
青海	72.8	40	45.29	49.52
云南	47.11	44.15	50.86	46.57
西藏	38.87	34.3	56.94	41.1
全国均值	75.38	66.04	83.25	72.68

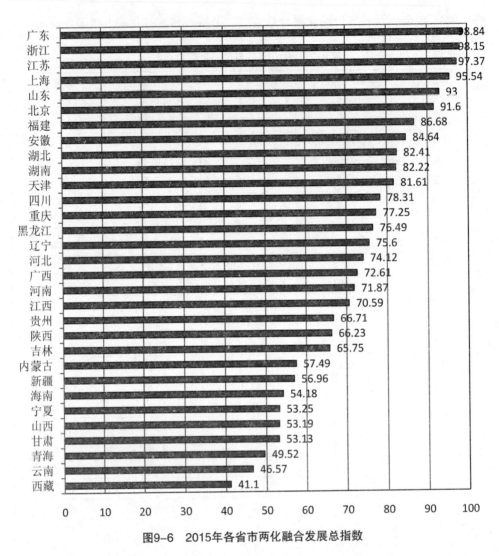

图9-6 2015年各省市两化融合发展总指数

可以看出，2015年全国区域两化融合发展呈现以下特点：

一是全国两化融合发展总指数加快增长。2012—2015年，我国两化融合发展总指数分别为59.07、61.95、66.14、72.68，2013—2015年指数增长量分别是2.88、4.19、6.54，增长率分别是4.88%、6.76%、9.89%，增长速度呈逐年加快态势，表明全国两化融合进入快速发展期。

二是宽带网络依然是两化融合基础环境建设的重点。固定宽带端口平均速率指数已连续两年大幅增长，这主要是因为我国各级政府部门狠抓网络提速降费，持续实施"宽带中国"专项行动，不断推进全光网城市建设。截至2015年底，

8M 以上、20M 以上宽带用户总数占宽带用户总数的比重分别达 69.9%、33.4%，比上年分别大幅提升了 29 个、23 个百分点。

三是工业电子商务成为发展亮点。2015 年，重点行业典型企业采购环节和销售环节电子商务应用指数分别增长 8.37 和 10.28，分别高于 2014 年的 5.41 和 4.75。电子商务已从消费领域向制造领域延伸，已经成为整合产业链资源、引领生产方式变革、增强制造业发展活力的重要途径。

四是东中西部两化融合发展水平差距进一步扩大。2015 年东部两化融合平均指数是 86.06，西部是 73.40，中部是 59.93，东中、中西、东西部差值分别是 12.67、13.47 和 26.14（见表 9-3）。

表 9-3　2013—2015 年我国东中部、中西部、东西部两化融合发展指数差值

年份	东中部差值	中西部差值	东西部差值
2013	11.44	10.83	22.27
2014	11.26	9.16	20.42
2015	12.67	13.47	26.14

资料来源：中国电子信息产业发展研究院。

二、基础环境分析

2015 年全国两化融合发展水平评估基础环境类指标评估结果如表 9-4 所示。

表 9-4　2015 年全国两化融合发展水平评估基础环境类指标评估结果

省份	城（省）域网出口带宽指数	固定宽带普及率指数	固定宽带端口平均速率指数	移动电话普及率指数	互联网普及率指数	两化融合专项引导资金指数	中小企业信息化服务平台数指数	重点行业典型企业信息化专项规划指数	基础环境指数
北京	77.4	95.34	97.69	99.97	85.27	100	134.09	77.48	97.01
广东	141.05	90.37	82.31	83.53	80.61	100	150	78.36	94.94
上海	81.41	95.34	117.74	82.07	82.43	100	112.4	77.51	94.46
江苏	129.99	87.74	99.46	68.37	69.36	100	150	70.67	91.67
浙江	99.28	97.71	79.96	81.28	76.53	100	131.22	85.39	91.64
福建	62.83	100	75.35	73.29	78.45	100	150	84.85	91.03

（续表）

省份	城（省）域网出口带宽指数	固定宽带普及率指数	固定宽带端口平均速率指数	移动电话普及率指数	互联网普及率指数	两化融合专项引导资金指数	中小企业信息化服务平台数指数	重点行业典型企业信息化专项规划指数	基础环境指数
山东	116.54	79.25	80.62	62.67	64.03	100	150	77.18	85.77
辽宁	67.47	85.02	79.56	69.11	73.38	100	150	63.84	85.49
河北	95.89	76.18	81.82	60.77	65.36	100	150	78.66	84.73
重庆	64.84	79.25	76.32	61.82	62.32	100	150	64.47	81.08
黑龙江	53.27	69.62	78.84	63.24	58.57	100	150	73.17	80.15
天津	55.61	72.97	94.03	63.98	75.39	100	104.37	63.25	79.36
内蒙古	49.02	69.62	83.38	70.05	62.32	100	150	40.91	78.53
湖南	63.97	62.4	86.32	53.45	55.52	100	135.94	73.42	76.91
四川	98.44	62.4	111.16	59.06	54.21	100	93.72	63.5	76.7
河南	94.27	66.1	79.56	59.25	53.8	100	150	44.85	76.54
湖北	62	76.18	71.29	58.01	61.95	100	95.34	77.48	74.01
贵州	46.73	54.37	78.32	59.5	51.71	100	150	49.39	72.82
青海	13.4	62.4	69.49	65.03	66.14	100	150	34.75	72.8
吉林	46.57	76.18	69.61	65.4	61.86	100	86.85	64.06	71.66
甘肃	45.54	50	87.16	58.16	53.69	100	150	30.57	71.33
安徽	68.37	54.37	86.32	53.07	53.8	100	81.22	83.02	70.06
新疆	26.45	69.62	106.05	63.93	66.4	0	112.4	42.72	68.63
海南	23.31	69.62	65.88	68.28	63.49	100	92.07	44.77	68.12
广西	67.21	66.1	72.82	55.92	56.12	100	61.12	75.62	67.25
陕西	82.32	76.18	83.43	65.8	62.95	100	16.1	52.7	65.69
山西	67.38	79.25	64.45	63.98	66.66	100	36.85	41.87	64.04
江西	70.05	58.5	83.96	50.39	50.86	100	70.75	43.82	63.54
宁夏	15	66.1	84.11	69.92	61.77	0	33.15	43.12	54.85
云南	45.98	54.37	69.31	58.31	51.92	0	11.12	54.24	47.11
西藏	8.75	45.34	51.3	64.76	56.32	0	0	30.7	38.87
全国均值	65.82	72.51	82.18	65.56	63.97	—	108.35	60.85	75.38

资料来源：中国电子信息产业发展研究院。

2014年全国两化融合发展水平评估基础环境类指标情况如表9-5所示。

表 9-5 2014 年全国两化融合发展水平评估基础环境类指标情况

省份	城（省）域网出口带宽指数	固定宽带普及率指数	固定宽带端口平均速率指数	移动电话普及率指数	互联网普及率指数	两化融合专项引导资金指数	中小企业信息化服务平台数指数	重点行业典型企业信息化专项规划指数	基础环境指数
浙江	141.91	97.71	72.2	79.43	74.93	100	150	78.77	93.01
上海	113.11	92.9	79.56	81.46	82.15	100	120.75	77.48	90.08
广东	148.7	90.37	71.35	83	78.81	100	150	50.44	89.77
北京	74.16	97.71	76.58	91.21	85.21	100	108.5	72.85	88.84
福建	76.19	95.34	74.04	73.93	77.42	100	150	70.03	88.77
江苏	140.8	85.02	73.1	67.8	67.6	100	145.34	68.93	86.31
辽宁	75.32	82.19	68.31	69.58	71.08	100	150	58.14	82.58
山东	56.74	76.18	70.48	61.3	61.4	100	150	66.53	79.35
吉林	49.32	72.97	70.02	61.39	59.14	100	145.34	59.13	76.67
天津	73.81	69.62	69.84	64.94	75.32	100	98.48	74.43	76.46
陕西	87.43	69.62	67.77	64.81	61.67	100	138.63	39.42	75.08
黑龙江	58.15	66.1	69.55	57.71	56.42	100	132.19	64.92	73.94
河北	83.72	72.97	70.6	59.55	63.04	0	150	78.66	73.37
河南	51.49	62.4	68.31	56.59	51.71	100	150	45.22	71.73
湖北	95.16	72.97	69.2	56.54	59.9	100	81.22	67.11	70.98
青海	12.46	58.5	64.7	65.31	64.21	100	150	31.49	70.71
湖南	71.56	58.5	70.19	52.54	53.18	100	112.4	73.49	70.67
四川	94.32	58.5	72.42	57.2	51.92	100	108.5	61.12	70.53
江西	58.37	54.37	69.08	48.87	49.24	100	148.48	57.27	70.47
新疆	29.38	69.62	65.57	65.71	65.27	100	90.37	48.45	68.42
重庆	22.42	76.18	67.89	58.76	60.65	100	61.12	67.14	66.44
广西	57.73	66.1	69.61	53.24	54.82	100	58.5	74.97	65.33
海南	10.09	66.1	65.57	66.3	62.95	0	141.22	48.9	64.97
内蒙古	47.01	62.4	68.43	71.14	60.65	100	72.97	35.49	64.91
山西	30.26	72.97	66.86	61.25	64.92	100	33.15	63.44	63.36
安徽	76.01	54.37	70.6	51	52.76	100	55.77	74.12	63.22
贵州	29.29	50	65.14	56.49	49.57	100	102.94	47.22	62.58
甘肃	35.31	45.34	68.66	56.64	51.5	100	105.77	32.8	61.58
宁夏	11.99	62.4	66.8	66.3	60.47	100	40.37	42.72	59.41

（续表）

省份	城（省）域网出口带宽指数	固定宽带普及率指数	固定宽带端口平均速率指数	移动电话普及率指数	互联网普及率指数	两化融合专项引导资金指数	中小企业信息化服务平台数指数	重点行业典型企业信息化专项规划指数	基础环境指数
云南	50.45	54.37	68.01	54.67	49.46	0	36.85	26.75	45.89
西藏	3.26	40.37	65.63	61.49	54.31	0	0	15.21	37.44
全国均值	63.42	69.49	69.55	63.75	62.31	—	107.71	57.18	71.71

资料来源：中国电子信息产业发展研究院。

从评估结果看，全国两化融合基础环境指数由 2014 年的 71.71 提高到了 2015 年的 75.38，增长量为 3.67，既是三类分指数增幅最小的一类，也是近三年增幅最小的一年。具体来看，除了固定宽带端口平均速率指数有较大改善以外，其余各项指标增幅有限，均不高于 4 个点。

北京、广东、上海、江苏、浙江的基础环境明显优于全国平均水平，这主要是因为这些省份的城（省）域网出口带宽、固定宽带普及率、固定宽带端口平均速率、移动电话普及率、互联网普及率均处于全国前列，尤其是宽带网络建设全国领先。山西、江西、宁夏、云南、西藏的基础环境较差，主要原因是这些省份网络基础设施建设水平低于全国平均水平，政府对两化融合的财政支持力度较小。

三、工业应用分析

2015 年全国两化融合发展水平评估工业应用类指标评估结果如表 9-6 所示。

表 9-6　2015 年全国两化融合发展水平评估工业应用类指标评估结果

省份	重点行业典型企业ERP普及率指数	重点行业典型企业MES普及率指数	重点行业典型企业PLM普及率指数	重点行业典型企业SCM普及率指数	重点行业典型企业采购环节电子商务应用指数	重点行业典型企业销售环节电子商务应用指数	重点行业典型企业装备数控化率指数	国家新型工业化产业示范基地两化融合发展水平指数	工业应用指数
浙江	75.32	97.62	88.84	69.42	135.42	145.97	74.53	72.08	94.04
安徽	78.48	101.3	81.92	73.26	127.59	140.5	60.76	52.5	88.22
山东	74.8	75.42	84.2	70.63	106.36	108.68	59.11	107.84	85.78
上海	70.92	97.84	80.32	66.08	108.19	117.83	61.2	76.68	84.25

（续表）

省份	重点行业典型企业ERP普及率指数	重点行业典型企业MES普及率指数	重点行业典型企业PLM普及率指数	重点行业典型企业SCM普及率指数	重点行业典型企业采购环节电子商务应用指数	重点行业典型企业销售环节电子商务应用指数	重点行业典型企业装备数控化率指数	国家新型工业化产业示范基地两化融合发展水平指数	工业应用指数
广东	75.19	87.33	77.43	70	116.93	130.9	51.67	58.82	82.4
湖北	66.49	96.33	78.93	66.16	82.5	106.2	68.76	88.34	81.59
湖南	72.7	82.28	67.39	67.39	114.46	121.95	52.27	78.26	81.41
江苏	72.52	81.39	60.63	67.06	113.01	114.08	65.07	77.05	80.94
黑龙江	68.23	76	71.47	65.65	119.17	125.96	55.68	70.3	80.81
福建	76.09	83.61	63.95	67.93	85.79	96.04	55.83	87.71	76.91
广西	69.12	89.13	78.79	64.94	81.43	96.96	68.72	63.27	76.12
北京	66.49	96.33	78.93	66.16	82.5	106.2	68.76	39	74.68
江西	70.91	78.1	51.35	65.01	87.55	100.15	50.89	65.1	70.61
河北	66.49	71.87	57.74	62.75	76.17	80.7	69.78	75.57	70.24
天津	60.67	66.05	48.08	60.39	79.35	81.83	51.09	109.85	70.09
贵州	68.67	83.94	60.66	60.51	78.9	80.11	64.72	43.71	67.11
四川	66.15	57.23	53.99	61.64	67.73	82.21	35.55	103.17	66.09
重庆	68	67.55	58.44	60.83	76.04	69.6	60.6	61.54	65.15
河南	62.05	53.98	68.1	56.39	85.65	71.55	43.82	71.74	63.9
吉林	67.07	57.85	59.45	61.67	74.68	78.88	41.87	47.1	60.41
辽宁	58.34	49.65	52.57	57.44	43.5	52.78	41.53	118.83	60.16
陕西	31.74	54.65	32.97	25.48	78.06	94.94	44.18	87.3	56.55
宁夏	48.97	48.84	55.77	53.14	42.62	40.92	21.39	115.42	53.98
新疆	61.45	57.37	38.75	54.69	41.63	50.63	59.75	50.23	51.94
山西	48.21	59.41	49.36	55.35	39.09	52.54	35.82	42.5	47.44
甘肃	51.98	38.19	50.38	41.94	49.72	28.88	47.34	62.2	46.67
内蒙古	51.27	52.93	44.93	50.35	54.25	44.3	35.84	37.04	45.97
海南	54.26	65.22	41.36	51.15	40.6	57.89	23.02	34.23	45.27
云南	49.9	44.54	50	41.5	26.27	51.77	47.4	41.7	44.15
青海	40.84	48.89	50.77	38.27	34.95	36.11	33.18	38.42	40
西藏	50.81	38.79	11.12	50	31.59	56.65	40.16	0	34.3
全国均值	62.71	69.67	59.63	58.81	76.83	84.64	51.3	67.02	66.04

资料来源：中国电子信息产业发展研究院。

2014 年全国两化融合发展水平评估工业应用类指标情况如表 9-7 所示。

表 9-7　2014 年全国两化融合发展水平评估工业应用类指标情况

省份	重点行业典型企业ERP普及率指数	重点行业典型企业MES普及率指数	重点行业典型企业PLM普及率指数	重点行业典型企业SCM普及率指数	重点行业典型企业采购环节电子商务应用指数	重点行业典型企业销售环节电子商务应用指数	重点行业典型企业装备数控化率指数	国家新型工业化产业示范基地两化融合发展水平指数	工业应用指数
安徽	76.86	100.12	81.15	71.35	118.77	135.82	59.04	47.77	85.04
重庆	76.12	90.42	47.76	70.37	116.71	128.59	69.42	66.3	82.6
上海	69.85	97.19	77.44	64.66	106.15	112.61	58.26	60.69	80
湖南	72.67	78.81	63.55	68.43	108.74	116.75	51.88	71.74	78.38
江苏	75.06	83.09	61.53	70.39	108.27	113.4	57.8	60.7	78
浙江	65.76	81.59	67.52	43.16	101.74	110.03	66.92	68.45	75.33
广西	68.18	87.17	76.48	63	76.62	93.25	66.46	67.62	74.54
江西	75.01	74.17	58.71	69.35	107	117.68	51.46	39.2	72.92
山东	67.36	59.31	67.05	64.08	79.05	80.7	68.21	77.22	70.47
福建	72.71	67.92	60.5	65.69	70.61	83.97	55.56	85.42	70.31
河北	65.9	70.03	56.88	62.75	74.68	77.95	68.99	73.19	68.89
黑龙江	63.58	52.31	61.74	59.53	93.43	104	49.95	67.78	68.63
北京	58.42	78.81	72.18	56.58	71.62	93.82	60.17	54.43	67.82
河南	63.47	53.51	59.69	59.68	74.73	79.98	54.56	72.49	64.71
湖北	55.52	71.36	49.2	67.26	55.94	59.21	55.13	86.49	62.85
四川	64.86	50.9	53.52	60.43	62.89	83.78	35.23	56.27	57.98
贵州	60.84	74.34	44.14	53.95	62.87	70.23	55.68	40.53	57.43
辽宁	51.62	62.66	50.27	52.82	54.48	56.47	41.79	85.75	57.25
新疆	55.06	68.77	45.54	56.88	58.8	58.8	45.26	45.98	54.04
广东	62.29	61.32	51.26	59.65	43.48	52.76	50.94	51.49	54.03
天津	63.98	61.17	60.37	55.22	48.14	51.36	39.06	54.44	53.92
山西	55.73	64.06	53.01	58.85	57.73	38.7	45.54	42.29	51.67
吉林	69.93	46.72	61.51	66.29	48.12	47.99	31.87	44.61	51.57
陕西	47.45	42.29	42.4	46.89	57.86	51.09	35.83	53.72	47.09
宁夏	54.76	60.59	42.4	53.05	44.22	47.54	32.53	36.84	46.02
内蒙古	48.79	40.33	42.63	48.1	46.25	44.18	36.6	49.1	44.43

（续表）

省份	重点行业典型企业ERP普及率指数	重点行业典型企业MES普及率指数	重点行业典型企业PLM普及率指数	重点行业典型企业SCM普及率指数	重点行业典型企业采购环节电子商务应用指数	重点行业典型企业销售环节电子商务应用指数	重点行业典型企业装备数控化率指数	国家新型工业化产业示范基地两化融合发展水平指数	工业应用指数
青海	42.95	49.27	54.15	38.58	43.16	46.42	39.83	30.59	42.8
海南	43.12	41.63	40.86	46.84	36.97	45.25	20.72	38.6	38.87
甘肃	49.1	50.95	49.16	41.5	34.9	30.45	30.98	21.21	38.03
西藏	33.62	18.58	11.45	30.02	32.4	49.45	47.01	37.99	32.96
云南	16.25	11.24	4.6	16.86	26.01	23.08	16.33	58.41	22.23
全国均值	59.57	62.92	53.83	56.20	68.46	74.36	48.36	56.36	59.70

资料来源：中国电子信息产业发展研究院。

从评估结果看，全国两化融合工业应用指数由 2014 年的 59.70 提升到了 2015 年的 66.04，增长量是 6.34，是近三年增长最快的一年，表明全国工业企业信息化应用水平有明显提高，这主要得益于各省份积极落实《中国制造 2025》《国务院关于积极推进"互联网+"行动的指导意见》，开展"工业云""互联网与工业融合创新"试点示范，企业信息化建设积极性得到激发，信息化应用水平普遍提高。

浙江、安徽、山东、上海、广东的工业应用位居全国前列，其中，浙江、山东、上海、广东是传统的工业强省，安徽是新兴工业大省，这些省份在利用信息化技术改造和提升传统产业方面领先全国其他地区，使得规模以上工业企业信息化应用水平相对较好。内蒙古、海南、云南、青海、西藏的工业应用较差，这主要是因为这些省份的工业基础普遍薄弱，信息技术对传统工业改造提升的推进步伐较缓慢，导致工业企业信息化应用水平普遍较差。

四、应用效益分析

2015 年全国两化融合发展水平评估应用效益类指标评估结果如表 9-8 所示。

表 9-8 2015 年全国两化融合发展水平评估应用效益类指标评估结果

省份	工业增加值占GDP比重指数	第二产业全员劳动生产率指数	工业成本费用利润率指数	单位工业增加值工业专利量指数	单位地区生产总值电耗指数	电子信息制造业主营业务收入指数	软件业务收入指数	应用效益指数
江苏	47.91	98.59	42.28	156.88	92.34	297.57	282.05	135.94
广东	49.6	94.62	40.88	151.3	92.21	309.16	280.27	135.62
北京	24.99	98.92	48.05	170.79	123.66	155.23	264.27	120.02
上海	38.83	106.98	47.83	146.64	107.58	202.83	229.16	119.19
山东	49.6	119.84	41.46	103.21	96.57	206.49	233.54	114.65
浙江	48.76	97.37	38.86	161.35	85.94	175.72	217.21	112.88
天津	51.25	128.72	49.87	120.67	115.51	156.25	151.65	106.89
四川	48.76	113	40.1	100.33	96.92	169.86	200.08	104.37
福建	49.6	102.57	42.42	113.97	92.25	160.32	185.06	101.88
重庆	43.51	104.04	43.51	123.33	105.04	153.26	136.07	97.63
辽宁	50.43	125.6	31	72.85	96.46	102.37	232.92	96.59
湖北	47.05	111.24	39.51	95.95	105.31	125.7	147.65	92.44
安徽	51.25	121.35	36.78	156.43	93.01	131.03	55.26	92.04
湖南	47.05	127.1	36.11	100.65	112.84	127.22	88.07	89.12
陕西	51.25	121.47	60.06	70.92	97.91	64.72	150.2	86.13
河南	51.25	100.53	47.43	76.58	88.14	161.28	75.63	83.13
江西	50.43	107.1	45.36	74.74	101.53	141.03	34.03	77.61
河北	51.25	134.85	37.65	61.49	73.64	83.48	56.47	71.27
广西	46.18	127.1	39.31	64.77	88.2	99.26	33.89	70.94
吉林	52.86	130.49	41.46	37.11	118	20.12	100.38	70.53
黑龙江	39.79	113.86	49.66	69.43	108.49	10.83	52	64.2
贵州	41.67	106.82	48.31	87.11	68.34	13.1	38.36	59.8
内蒙古	50.43	166.87	44.44	30.55	65.24	25.76	15.15	59.5
海南	21.38	123.38	43.46	90.18	95.91	7.44	9.11	58.04
西藏	10.77	155.02	60.62	28.81	134.13	0.13	0	56.94
新疆	41.67	123.42	51.02	63.15	49.13	15.77	23.99	55.35
山西	49.6	100.54	11.39	67.91	63.16	67.55	11.93	53.83
云南	37.85	104.65	35.22	64.77	71	6.66	22.83	50.86
宁夏	42.6	126.82	24.65	83.08	36.06	7.28	5.18	50.17
甘肃	40.74	96.02	20.26	80.55	58.44	9.58	14.08	47.86
青海	47.91	130.54	32.54	39.42	35.55	7.26	0.68	45.29
全国均值	44.39	116.76	41.02	92.42	89.31	103.69	107.97	83.25

资料来源：中国电子信息产业发展研究院。

2014 年全国两化融合发展水平评估应用效益类指标情况如表 9-9 所示。

表 9-9　2014 年全国两化融合发展水平评估应用效益类指标情况

省份	工业增加值占GDP比重指数	第二产业全员劳动生产率指数	工业成本费用利润率指数	单位工业增加值工业专利量指数	单位地区生产总值电耗指数	电子信息制造业主营业务收入指数	软件业务收入指数	应用效益指数
江苏	49.84	65.35	40.49	146.64	88	292.32	269.65	126.37
广东	50.53	60.08	38.96	144.38	91.88	302.06	265.86	126.21
北京	25.15	82.43	44.07	172.13	119.91	149.77	255.13	114.78
上海	41.21	85.14	46.35	145.08	101.12	200.69	220.01	113.46
浙江	50.07	45.22	37.9	162.88	83.36	166.42	200.2	101.37
山东	50.67	58.87	43.51	100	93.96	199.03	212.16	101.11
天津	52.45	82.25	48.27	122.13	111.8	160.99	136.52	97.93
四川	50.5	54.17	42.28	89.8	94.28	163.09	188.69	91.41
福建	49.98	55.93	40.83	110.65	91.57	159.51	158.77	90.36
辽宁	52.22	87.93	33.95	71.4	94.31	104.74	226.24	90.31
重庆	48.32	48.78	39.31	119.43	102	137.64	120.75	84.18
湖北	49.34	56.44	38.36	96.64	100.49	116.82	136.35	80.96
湖南	47.76	61.16	36.88	102.89	107.58	120.92	79.86	76.79
陕西	52.69	67.29	66.88	73.33	96.02	60.76	134.5	76.58
安徽	52.77	47.08	37.24	147.33	90.2	109.37	41.95	74.49
河南	54.94	50.62	48.75	69.93	84.31	148.37	66.99	71.84
江西	51.15	48.39	44.53	62.6	100.5	129.12	29.97	64.22
吉林	52.45	88.99	39.11	40.93	115.67	21.01	91.02	62.76
黑龙江	42.96	73.18	55.6	66.88	106.93	9.36	47.68	57.86
河北	52.56	54.93	38.91	59.22	72.73	76.21	52.25	57.04
广西	47.05	55.12	37.04	63.7	86.63	82.06	33.82	56.77
内蒙古	53.02	120.74	55.4	27.92	67.32	22.26	14.38	53.61
贵州	41.25	60.39	47.16	86.72	63.8	13.92	32.09	50.86
新疆	43.67	93.8	58.93	62.05	53.03	0.08	23.93	50.6
山西	53.55	65.71	22.55	66.88	62.41	60.28	14.34	49.83
海南	24.42	62.6	46.4	89.8	94.61	13.27	8.51	49.68
云南	39.92	56.55	40.93	61.49	69.09	7.29	26.2	44.13
宁夏	44.25	82.67	30.16	83.49	35.35	3.34	4.4	43.66

（续表）

省份	工业增加值占GDP比重指数	第二产业全员劳动生产率指数	工业成本费用利润率指数	单位工业增加值工业专利量指数	单位地区生产总值电耗指数	电子信息制造业主营业务收入指数	软件业务收入指数	应用效益指数
甘肃	43.06	57.16	25.86	79.25	55.82	9.25	12.8	42.2
西藏	11.58	63.71	45.86	17.4	132.42	0	0	38.06
青海	52.21	66.9	46.31	34.72	34.86	4.45	0.51	36.8
全国均值	46.18	66.44	42.54	89.6	87.16	98.21	100.18	73.43

资料来源：中国电子信息产业发展研究院。

从评估结果看，全国两化融合应用效益指数由 2014 年的 73.43 提高到了 2015 年的 83.25，全部省份的应用效益指数的增长量均超过了 4，这表明近几年各地两化深度融合的成效开始显现，工业企业创新意识和创新能力不断增强，电子信息产业、软件和信息服务业的快速发展。

江苏、广东、北京、上海、山东、浙江的应用效益明显高于全国其他省份，这主要是因为这些省份的电子信息制造业和软件业发展水平均处于全国上游，信息技术支撑本地企业节能降耗的成效明显。山西、云南、宁夏、甘肃、青海的应用效益较差，其中，由于山西省面临严峻的转型升级困境，工业应用效益落后于全国大部分省市，云南等省份的电子信息制造业和软件业发展较慢，电子信息产业规模小，单位工业增加值工业专利量偏少，是导致其工业应用效益水平不高的主要原因。

第三节　企业两化融合管理体系进一步推广普及

2010 年以来，工信部逐步形成了以管理体系标准引领两化融合发展的工作思路，并开展了一系列探索性工作。2015 年重点开展了以下工作。

一是研制两化融合管理体系系列国家标准。围绕指导企业形成两化融合科学的推进机制和管理模式，通过归纳、总结和提炼我国企业信息化和现代化管理的实践经验、规律和方法，研究形成了两化融合管理体系标准体系框架。2015 年 9 月，向国家标准化技术委员会提出了《两化融合管理体系咨询服务指南》《两化融合管理体系新型能力体系指南》《两化融合管理体系业务流程与组织结构优化通用规范》《两化融合管理体系监视与测量方法与要求》等4项附加指导标准和细化指导标准的国家标准立项建议书和草案，启动了新一批国家标准立项工作。

二是开展两化融合管理体系标准贯标实施工作。2015年，在全国新增遴选了600家国家级贯标试点企业，广东、安徽等省份组织开展了省市级两化融合管理体系贯标试点工作，部分企业自行开展两化融合管理体系贯标，截至2015年年底，共计有2000余家企业开展了两化融合管理体系标准的实践应用，依据标准并结合自身特征和需求建立实施自己的两化融合管理体系，并在体系框架下识别和打造信息化环境下的新型能力，获取可持续竞争优势，300余家企业进入评定阶段。在《工信部关于贯彻落实〈国务院关于积极推进"互联网+"行动的指导意见〉的行动计划（2015—2018年）》中，将"两化融合管理体系标准建设和推广行动"作为首个行动提了出来，按照工作部署，至2018年拟推动全国10000余家企业开展贯标，1500余家企业通过两化融合管理体系评定。

三是初步建立了两化融合管理体系标准普及推广的市场化服务体系。初步研究建立了包括咨询、评定、培训等的市场化服务机制，营造了两化融合管理体系普及推广的良好生态环境。贯标咨询服务方面，2015年培育并推荐了近两百家贯标咨询服务机构，研制发布了《两化融合管理体系贯标咨询服务监督与评级办法（试行）》，依托平台对贯标咨询服务机构进行信息公开和服务监督（目前在平台进行信息公开的贯标咨询服务机构达近300家），推动贯标咨询服务与战略咨询、管理咨询、IT咨询等业务融合创新发展，促进贯标咨询服务市场形成优胜劣汰的市场化机制，实现贯标咨询服务质量的持续提升。评定服务与结果采信方面，初步建立起了评定结果的政府和市场采信机制，促进评定工作与智能制造、技术改造、"互联网+"等工作重点相结合，推动将评定结果作为政策支持、供应商选择、融资审批和授信等的重要依据。培训服务方面，2015年，初步建立了两化融合管理体系培训课程体系，组织编写并正式出版了《信息化和工业化融合管理体系理解、实施与评估审核》培训专题教材。2014—2015年期间，面向政府、企业、咨询机构、评定机构等分批分类广泛开展系列专题培训，2015年4月成功举办两化融合管理体系贯标工作会议暨成果展，2015年9月成功举办中国两化融合大会暨两化融合管理体系推进会，此外，各地、行业协会和央企总部也纷纷组织专题宣贯和培训，截至2015年底，全国范围内两化融合管理体系宣贯培训活动达到 600 余场，覆盖共计超过 10 万人次。

第四节　智能制造成为两化深度融合的主攻方向

国家、地方、行业纷纷加快部署发展智能制造。在国家层面，2015 年 7 月 4 日，国务院发布《国务院关于积极推进"互联网 +"行动的指导意见》(国发〔2015〕40 号)，重点发展"互联网 +"协同制造等十一个重点行动领域，着力推动互联网与制造业融合，提升制造业数字化、网络化、智能化水平，加强产业链协作，发展基于互联网的协同制造新模式，加快形成制造业网络化产业生态体系。2015 年 3 月 9 日，工信部印发了《2015 年智能制造试点示范专项行动实施方案》，决定自 2015 年启动实施智能制造试点示范专项行动。明确要坚持立足国情、统筹规划、分类施策、分步实施的方针，以企业为主体、市场为导向、应用为切入点，分类开展并持续推进流程制造、离散制造、智能装备和产品、智能制造新业态、新模式、智能化管理、智能服务等 6 方面试点示范。在地方层面，2015 年 9 月 28 日，广东省政府发布《广东省"互联网 +"行动计划 (2015—2020 年)》，提出从工业设计、技术研发、生产制造、管理服务和质量监督等 5 个环节协同推进"互联网 +"先进制造，计划到 2020 年底前实现工业互联网全面普及，建成 100 家智能制造示范工厂、200 家智能制造示范车间，以及 300 家工业互联网试点企业。成都市建成全球首个机器人及智能装备产业创新应用示范中心、智能制造研究院。此外，上海、天津、杭州、长沙、厦门、佛山、石狮等市分别从国家智能制造示范基地、智能制造科技重大专项、"机器换人"项目、智能制造顶层设计等方面着手，大力开展区域智能制造规划建设。在行业层面，制造企业着力探索 3D 打印技术与内部价值链体系的深度融合。启尚科技面向鞋服企业与面料供应商构建鞋服行业 3D 虚拟技术运用体系，提供服装研发设计与终端智能零售服务。康硕集团打造 3D 打印云服务基地，为精密铸造、珠宝、医疗等行业客户提供全面的 3D 打印服务。

智能制造高端化水平不断提高。"十二五"围绕推动我国工业产品从价值链低端向高端跃升，通过组织实施高档数控机床与基础制造装备等科技重大专项以及智能制造装备发展专项、物联网发展专项、"数控一代"装备创新工程行动计划，重大装备自主创新能力日渐增强，大型枢纽机场行李分拣系统、千万吨级炼油控制系统、智能化煤炭综采成套装备、大型立式五轴联动加工中心等重大装备打破了国外垄断，大型快速高效冲压生产线实现了对发达国家的批量出口。2015 年，高端装备制造占整体装备制造业的比例接近 20%，有些重点产业高端化比重（装备制造占整体装备制造业的比例）已经超过了 40%。智能制造、高速轨道交通、海洋工程等高端装备制造业产值占装备制造业比重超过 10%。

工业机器人产业自主化水平不断提高。国产机器人的市场份额上升到 25%，国产工业机器人主要以三轴、四轴为主。我国工业机器人企业主要以系统集成为主要利润来源。沈阳新松、广州数控、安徽埃夫特等企业开发出弧焊、点焊、码垛、装配、搬运、注塑、冲压、喷漆等工业机器人。由安徽埃夫特、中科院沈阳自动化研究所、北京航空航天大学等联合研制"基于工业机器人的汽车焊接自动化生产线"项目，打破了国外机器人长达 30 年的垄断局面。

第五节　服务型制造正成为制造企业抢占产业竞争制高点的重要方向

2015 年，围绕市场需求从产品导向向产品服务系统转变，高价值环节从制造环节为主向服务环节为主转变，竞争优势从规模化供给能力向个性化供给能力转变，客户交易从一次性短期交易向长期交易方式转变等趋势，制造企业积极发展服务型制造。

国内风机行业巨头陕鼓集团成功走出了一条从单一产品供应商向解决方案商和服务商转型之路，在转型中不断拓展服务业务，由基础性服务向高级服务拓展，由传统售后服务、基于核心技术的产品服务向交钥匙工程、融资服务、工业气体服务等方面拓展，最终实现从出售单一风机产品向出售个性化的透平成套机组问题的解决方案和出售系统服务转变。2015 年，陕鼓的利润占全行业的 50% 以上。

中信重工正由矿山装备产品销售转向提供基于总集成总承包的成套装备，以及面向产品全生命周期的远程监测和运维服务，实现自身从制造业企业向制造服务型企业转型，从装备供应商向成套服务商转型。通过服务化转型，中信重工已成为全球三大矿山装备企业之一，核心竞争力有了显著提高，服务收入占其销售总收入比重达到 28%，并计划到"十三五"期末这一比重提高至 50%，达到国际领先企业水平。

中国服装制造企业青岛红领构建了集订单提交、设计打样、生产制造、物流交付于一体的个性化定制平台，实现了大规模个性化定制的服装制造，成为全球

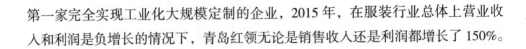

第一家完全实现工业化大规模定制的企业，2015年，在服装行业总体上营业收入和利润是负增长的情况下，青岛红领无论是销售收入还是利润都增长了150%。

第六节　涌现出一批新模式新业态

互联网具有连接广泛、渗透性强、资源共享特征突出等特点，在制造业中日益广泛普及与深化应用，不断变革生产模式、组织体系、资源配置方式，孕育形成新一批新模式新业态。

一是众包众设研发模式。纺织、汽车等行业通过搭建基于互联网的开放式网络平台，集聚并对接线下各类社会创新资源，开展众设、众包研发设计。如常州北江纺织利用移动O2O平台打造在线设计中心，实现了在线设计、远程下单、按需定制等环节的实时协同，单款开发周期由原来的一个月缩减为一周，生产时间由原来的2个月缩短到20天以内，营业收入保持年30%以上的复合增长。

二是大规模个性化定制模式。越来越多的家电、服装、家具企业开始实践大规模个性化定制生产，通过C2B模式，就产品设计、制造与用户进行实时互动，及时响应用户个性化需求，实现以大批量生产的低成本、高质量和效率提供定制产品和服务。青岛红领是一家服装企业，积累了超过200万名顾客个性化定制的版型、款式、工艺和设计数据，推出国内首个服装个性化定制平台。红领现有西装上衣、衬衫、西裤三个定制化生产工厂，2800名工人，每天能够完成2000—2700件定制西装的生产。

三是精准供应链模式。物流企业通过在线上配置线下资源的方式，整合信息流、资金流、物流，改变原有供应链运作模式。红豆集团建设了基于互联网的纺织材料交易中心、面料馆、红豆商城三个交易平台，通过线上线下两种渠道提供信息、交易、交割等服务，极大提高了材料采购的透明度，构建为智能设备厂商做配套、为传统企业做行业应用的B2B2C融合平台，促进服装纺织产业链企业和个人客户全面参与。目前该平台注册企业2800多家，交易企业近400家，交易额达84.76亿元。

四是平台化组织模式。企业在开展互联网化转型的过程中，对组织架构进行调整，使传统的科层制金字塔组织结构向扁平化、平台化、生态化组织结构转变。海尔利用互联网搭建创客平台，打造以小微经营体为基础的扁平分散化管理模式，实现企业生产组织从集中到分散、从趋同向个性化发展。

五是数据化在线化服务模式。制造企业利用互联网、物联网、云计算、大数据等技术，开展对联网设备的在线远程监测、故障诊断和运维等服务，拓展制造业价值链和企业盈利空间，推动生产型制造向服务型制造转变。三一集团自主研发的 ECC（企业控制中心）系统，通过安装在设备上的传感器、控制器，实时收集设备运行状况、保养等数据，为设备运行维护和新设备研发提供决策支持。

六是分布式网络化资源优化配置模式。制造企业借助互联网，在全球范围内发现和动态调整合作对象，整合企业间优势资源，实现全球分散化异地协同设计、制造和服务。中国商飞公司建设了大型客机产品数据管理与协同研制平台，使来自全球的 26 家国外一级供应商、18 家国内一级供应商单位共约 4500 名工程师和管理人员在一个统一的数字化平台上开展工作。

七是社交化场景化营销模式。企业利用互联网平台、大数据等技术，通过线上线下相结合的方式与消费者开展网上实时互动，收集分析用户社交和偏好信息，实现基于具体场景的社交式营销。洋河酒厂推出白酒行业的线上营销线下经营 O2O 模式的"洋河 1 号"配送酒行，满足了消费者线下场景购酒便利性的需求，成为白酒行业 O2O 模式的先行者和领航者。

第七节　工业云服务水平不断提高

发展工业云计算，有利于降低全社会创业成本，培育形成新产业和新消费热点，对工业转型升级具有重要意义。2015 年，经过工信部 16 个试点省市和相关单位的共同努力，工业云创新行动顺利推进，已经取得了一些初步的成效。

一是工业云创新服务试点的推动机制已基本形成。为了统筹工业云创新服务试点实施工作，确保试点项目顺利推进并实现预期目标，各试点省市建立了工作组织体系和工作机制，为工业云服务平台的建设和推广提供了保障。北京、黑龙江等省市建立了推进工业云的领导机制，明确负责领导，落实责任部门和分工。上海发布了《"工业云"创新服务试点实施方案》，明确了上海工业云创新服务试点聚焦的重点产业和重点领域。包头市制定了工业云创新服务平台的运营方案、平台运用培训及宣传推广的工作方案，对平台运营和工业云创新服务推广进行规范。唐山市将工业云平台建设纳入到唐山市两化融合五年行动计划和年度的信息化工作等重点工作中。北京、上海、重庆等组建了工业云产业联盟。

二是工业云服务在重点行业领域的应用不断深化。各试点省市根据本省市重点行业需求，有针对性地为区域内重点行业、工业企业提供工业云服务，不断推动工业云服务在重点行业的深度应用。天津工业云平台涵盖装备制造、航空航天、生物医药、石油勘探等领域。山东工业云平台通过整合"好品山东"网络营销服务平台、华天供应商管理平台，以促进产业链上下游的商务协同，为配套企业拓展销路，降低龙头企业采购成本作出了重要贡献。河南工业云面向服装和食品等行业整合采购商、供应商、制造商，提高了行业整体运营水平。宁夏工业云面向宁夏装备制造行业开展工业企业的运营数据分析和状态监测服务。重庆的工业设计云吸引了国内十万多家设计服务企业入驻平台，能够提供产品外观以及电子产品、机械等八大类近百个子类的设计服务。

三是工业云平台汇聚的资源不断丰富。各试点省市通过成立联盟，与科研院所、IT服务商、重点企业合作等方式，加强多方交流合作，充分整合各方的优势资源，不断丰富工业云服务平台的内容，有效提升了服务企业的能力。截至2015年年底，各试点省市工业云平台共有注册用户1500多万户，覆盖16000多家企业，提供3000多个软件服务。

四是工业云服务体系不断完善。各试点省市在建设工业云平台的同时，不断创新服务方式，完善服务体系。北京、江苏、广东、黑龙江、河南等省市通过建设工业云体验中心来直观地展示信息技术在工业设计、制造、服务等各环节的深度应用，为开展工业云服务和组织相关培训提供了直观的体验环境，有效地增强了工业云创新服务的宣传和推广效果。

五是工业云服务的影响力不断提升。各试点省市通过召开试点启动会议、组织培训、举办设计大赛等多种方式进行宣传推广，不断扩大工业云创新服务试点的影响力，提高了社会各界，尤其是工业企业对工业云的认识水平，激发了企业应用工业云的积极性。各试点省市组织了多种形式的工业云创新服务培训活动，开展了工业云创新服务的专题培训，为进一步扩大使用工业云平台的企业数量，以工业云平台提升企业信息化水平方面发挥了重要的作用。北京通过举办中国3D工业设计创新大赛，吸引了数万人参加，扩大了工业云创新行动的影响力。

六是工业云平台的运营模式日益完善。各试点省市在工业云平台运营和服务模式的商业模式方面，已经进行了积极探索并取得了较好的成效。北京、天津、上海、山东、江苏等省市的工业云平台充分发挥云计算的优势，以"按需计费"和"以租代买"等方式为企业提供计算资源以及计算机辅助设计、制造、管理等方面的软件工具和服务，降低了企业尤其是小微企业信息化运用的门槛。湖北、广东、贵州、重庆等省市工业云平台的运营单位与上游资源、应用和服务提供商，通过"平台交易，后台结算""合作开发，共同推广"等多种合作方式吸引更多的服务提供商加入到工业云平台的运营和推广中，不断提高工业云平台的服务能力。内蒙古、贵州等省市通过"以大带小"和"众包需求"等模式，以工业云平台作为产业协同的载体，发挥产业龙头企业的引领作用，带动产业链上下游的中小企业利用工业云平台实现产业链的协同运作。

第八节　工业大数据应用初步发展

"十二五"期间，国家高度重视工业大数据产业发展，政府部门相继出台一系列政策及扶持措施，协会组织成立产业联盟，科研院所及企事业单位加大研究力度，呈现出多方协作局面，共同推进我国工业大数据在行业中的应用。

国家高度重视工业大数据工作。2015 年 8 月，国务院发布《关于印发促进大数据发展行动纲要的通知》，这是我国第一份专门面向大数据的国家级政策文件，提出大力发展工业大数据。一是深化工业大数据应用，推动大数据在工业研发设计、生产制造、经营管理、市场营销、售后服务等产品全生命周期、产业链全流程各环节的应用，分析感知用户需求，提升产品附加价值，打造智能工厂。二是发展工业大数据新兴产业，充分发掘数据资源支撑创新的潜力，带动技术研发体系创新、管理方式变革、商业模式创新和产业价值链体系重构，推动跨领域、跨行业的数据融合和协同创新，探索形成协同发展的新业态、新模式，培育新的经济增长点。

地方政府部门高度重视工业大数据产业发展。一是出台了一系列大数据相关政策、规划方案以及指导意见，广东、重庆、福建、贵州、广州等地大力推动本地大数据产业发展。二是利用大数据优势，解决工业企业存在的问题，江苏、安徽、黑龙江等地通过实施相关项目或建立平台，诊断分析工业大数据应用状况，解决企业资源数据不统一、共享和利用率低等问题，深化在医药等行业中的应用。三是开展试点示范工程，推广标杆企业先进做法。上海建设大数据分析平台，加强公共服务信息平台的行业应用推广，成都设立大数据、示范应用项目，支持和鼓励典型骨干企业应用大数据技术。四是积极寻求及科研院所合作，2014 年 4 月，青岛政府与清华大学签订合作协议，共建"清华—青岛数据科学研究院"，并在青岛成立"清华—青岛大数据工程研究中心"。五是筹建大数据相关的创新中心，北京市教委启动"北京高等学校高精尖创新中心建设计划"，其中，北京航空航天大学大数据科学与脑机智能高精尖创新中心等 13 所北京高校高精尖创新中心获得首批认定。

行业积极推进工业大数据。2015 年 6 月，在工信部的指导和支持下，"中国工业大数据创新发展联盟"成立。产业联盟一是要发挥助推器作用，推进工业与信息化深度融合及工业互联网的发展。二是打造新模式探索平台，深入探索"互联网＋制造业"商业模式和"互联网＋制造环节"解决方案。三是建立人才、技术、政策于一体的工业大数据产业生态体系，打造政用产学研协同创新机制，协助政府部门制定政策与措施。

工业企业积极应用大数据技术提高生产制造效率。一是装备制造企业加强大数据和物联网技术应用，深入推动远程控制与运维服务，提升服务能力和效率。二是消费品企业通过积极开展电子商务，实时获取客户的个性化需求，收集、汇总客户数据，开展大数据分析，推动大规模个性化定制等新模式新业态发展。三是建设大数据研发及应用创新中心、大数据虚拟产业园、云计算及大数据实训基地等基础设施，为大数据应用提供基础运行环境。

第九节　工业电子商务发展迅猛

政策法律环境不断优化。国务院在接连出台的《关于加快发展生产性服务业促进产业结构调整升级的指导意见》《国务院办公厅关于促进内贸流通健康发展的若干意见》《中国制造 2025》《关于大力发展电子商务加快培育经济新动力的意见》和《关于积极推进"互联网＋"行动的指导意见》等系列文件中均对工业电子商务相关工作做出了重要战略部署，进一步明确了工业电子商务在推动制造业转型升级中的引领作用。此外，各部门还就网络市场监管、消费者权益保护、电子商务产品质量监管、手机支付业务发展、物流快递协同发展和跨境电商监管等方面针对性地出台了多项指导意见和管理办法，共同构建了工业电子商务发展的良好制度环境。

积极开展工业电子商务试点示范工作。为切实发挥工业电子商务的聚集效应，加快地区经济发展，2015年，工信部聚焦工业电子商务支撑体系集成创新等领域，进一步确定在北京市朝阳区等6个地区开展工业电子商务区域试点工作，为探索工业电子商务发展的新思路、新手段和新途径，破解电子商务促进产业转型升级的共性难点问题，培育区域电商品牌和经济增长新动力搭建了新平台。

大力开展工业电子商务运行形势监测分析工作。为全面把握全国工业电子商务运行情况，为政府、行业协会和企业推进工业电子商务发展提供决策参考，2015年，工信部依托中国两化融合服务联盟、地方工信主管部门、重点行业协会和中央企业等多方资源，长期动态地追踪采矿、冶金和石化等重点工业行业电子商务平台运行数据及其运营发展中的难点、挑战和诉求，并形成相关监测分析报告，为深入分析工业电子商务发展总体规模、结构变化、发展趋势和应用水平，大力推进工业电子商务发展提供重要依据。

第十节　制造企业"双创"平台建设不断加快

面对当前国内外市场竞争日益加剧、产业格局深刻调整的新形势，制造企业紧紧围绕国家创新驱动发展战略，积极开展创业创新探索与实践，通过管理机制和组织模式创新，搭建工人创客群、技术创客群、公共创客群等创业创新平台，向企业内部和社会开放资源，既创出了成果、效益和品牌，又为产业链上的中小企业开展"双创"活动营造有利的产业生态环境。

中信重工把国企改革与"双创"结合起来，组建了18个技术创客团队，建立了以1个劳模工作室、5个大工匠工作站、16个首席员工创新工作站为代表的工人创客群，带动影响了超过6000名技术人员和工人队伍，突破了20余项处于世界领先的核心技术。

河南众品围绕供应链优化，将生鲜电商与线下产业相结合，打造O2O生鲜供应链服务模式，通过集生产、仓储、运输、加工、集采、交易、配送于一体的"鲜易网"交易平台构建了智慧生鲜供应链生态圈，"鲜易网"自2014年底上线以来交易额已经突破32亿。

海尔集团实现研发以用户为中心，建立用户、供应商、资源间零距离深度交互平台，实现研发组织颠覆、研发流程颠覆和研发资源颠覆。以海尔的家电研发为例，原来的研发者现在是接口人，接外部的资源海尔现有研发接口人1150多名，接进全球5万多研发资源。大量技术人员不再是海尔的在册员工，而可以是在线整合的员工资源，接口人将来的发展方向是创建小微公司，可以独立创业。目前海尔HOPE平台已形成五大核心功能：一是快速精准匹配全流程资源（资源即需即供）；二是持续产出创意（生活创意社区）；三是掌握最新的行业技术、前沿动态、技术报告；四是建立自己的专业交互圈子，让各行业专家、资源参与交互；五是创意转化的全流程支持（投资、孵化、产业化）。

中联重科搭建"互联网+"协同研发创新平台，以客户需求为核心，整合内外部研发资源，建立企业与客户、上下游企业、个人协同交互式的"互联网+"研发众创/众包创新模式，逐步完成关键零配件、整机产品从内部集中研发向分布式、定制式、社会化联合研发的转变，为客户提供满足定制化需求的个性化产品整体解决方案。

潍柴联合数十家供应商企业，共同成立了"潍柴产品研发共同体"，并在此基础上建立了产品研发协同机制，自主搭建了供应商协同设计平台，帮助小微企业建立起标准化的研发体系，吸引更多的专业设计能力强的公司也加入到供应商设计平台，成为潍柴重要的客户来源，缩短研发周期。

第十一节　企业跨界融合牵手步伐加快

在"互联网+"的浪潮下，传统制造企业与互联网企业协力推动产业创新变革将成为新常态。在家电领域，家电巨头频频与互联网巨头从资本、内容、渠道等方面展开多模式结盟。如，继小米以12.66亿元正式入股美的后，美的再拥抱京东、当当等电商平台，实现智能家居及渠道共享的战略合作；TCL集团牵手万达欲在智慧家庭、互联网商业等领域发力外，又与腾讯合作共同布局大屏市场；2015年初，海尔联手魅族科技同攻智能家居、互联网金融；海信与未来电视、爱奇艺PPS、凤凰视频等11家视频网站签约。在汽车领域，众多传统汽车企业联合IT企业开启"互联网+汽车"战略，推动汽车由"功能车"向"智能车"转变。如，东风、长安等企业与华为合作，共同研发智能汽车触摸屏和操作系统；上汽集团与阿里巴巴在"互联网+汽车"及相关应用服务领域开展合作，共同打造"互联网＋汽车"生态圈；北京汽车与乐视联合推出"SEE 计划"，并宣称将垂直整合汽车互联网生态系统。2016 年，传统制造企业互联网化进程将加速，钢铁、机械、化工、轻纺等越来越多的传统制造业将加速拥抱互联网，互联网将与研发设计、生产制造、物流配送、企业管理等各环节融合，促进工业生产节能减排，推进传统生产模式、经营模式创新变革。

第十章　2015年中国电子政务发展情况

第一节　国家愈加重视电子政务发展

2015年，全球进入"互联网+"时代，云计算、物联网、大数据、移动互联网等新一代信息技术在颠覆与创造、裂变与融合中，推动经济社会各行各业发生深刻变革。治国理政也不例外，电子政务在推动治国理政新实践过程中被赋予了新的使命，成为实现国家治理体系和治理能力现代化的重要载体。国务院先后出台了一系列相关政策文件，从多个层面对新时期电子政务发展提出了新指示。

2015年1月，国务院办公厅印发《关于促进电子政务协调发展的指导意见》（国办发〔2014〕66号），明确进一步加强顶层设计、深化应用深度和广度、健全保障措施，并利用5年左右时间，统一规范国家电子政务网络的全面建成；网络信息安全保障能力显著增强；信息共享、业务协同和数据开放水平大幅提升；服务政府决策和管理的信息化能力明显提高；政府公共服务网上运行全面普及；电子政务协调发展环境更加优化。

2015年5月，国务院印发《2015年推进简政放权放管结合转变政府职能工作方案》（国发〔2015〕29号），从网上并联审批、在线审批监管平台、信息资源共享、信用信息公示"一张网"、电子营业执照、综合监管平台、"互联网+监管"等多个角度，以信息化手段加快转变政府职能提出了明确的要求。

2015年7月，国务院印发《关于积极推进"互联网+"行动的指导意见》（国发〔2015〕40号），指出应创新政府网络化管理和服务，加快互联网与政府公共服务体系的深度融合，推动公共数据资源开放，促进公共服务创新供给和服务资源整合，构建面向公众的一体化在线公共服务体系。积极探索公众参与的网络化社会管理服务新模式，充分利用互联网、移动互联网应用平台等，加快推进政务新媒体发展建设，加强政府与公众的沟通交流，提高政府公共管理、公共服务和公共政策制定的响应速度，提升政府科学决策能力和社会治理水平，促进政府职能转变和简政放权。深入推进网上信访，提高信访工作质量、效率和公信力。鼓励政府和互联网企业合作建立信用信息共享平台，探索开展一批社会治理互联网应用试点，打通政府部门、企事业单位之间的数据壁垒，利用大数据分析手段，提升各级政府的社会治理能力。

2015年9月，国务院印发《促进大数据发展行动纲要》（国发〔2015〕50号），提出要加快政府数据开放共享，推动资源整合，提升治理能力，2017年底前形成跨部门数据资源共享共用格局，2018年底前建成国家政府数据统一开放平台，率先在信用、交通、医疗、卫生、就业等重要领域实现公共数据资源合理适度向社会开放，带动社会公众开展大数据增值性、公益性开发和创新应用。

2015年11月，国务院办公厅印发《关于简化优化公共服务流程方便基层群众办事创业的通知》（国办发〔2015〕86号），明确指出：加快推进"信用中国"网站和统一的信用信息共享交换平台建设。加快建设信息共享、覆盖全国的投资项目在线审批监管平台。搭建为市场主体服务的公共平台，形成集聚效应，实现服务便利化、集约化、高效化。积极运用大数据、云计算、物联网等信息化手段，探索实行"互联网＋监管"新模式。

第二节　电子政务网络基础设施持续完善

2015年，电子政务信息基础设施建设取得积极进展。

一是在外网方面。截至2015年5月，国家电子政务外网的省、市、县、乡镇四级覆盖率分别达到100%、94.3%、83.5%和33.6%，中央层面已有115家中央政务部门及相关单位接入到政务外网中。目前，政务外网承载了包括国家应急平台、金安工程、国家公务员考试报名系统、金审工程、国家人口库先导工程、12358价格举报等重大全国性业务系统共计35个，运行中央部委间横向业务系统9个。此外，金审三期、国家法人单位基础信息库、安全生产监管信息化工程等17个国家重大项目都已明确将依托政务外网进行建设和部署。政务外网二期工程也于2015年通过国家发改委审批正式立项。政务外网的网络覆盖率、应用承载能力、运维管理水平、安全保障能力都将得到大幅提升。

二是在内网方面。由国家电子政务内网建设管理协调小组办公室牵头的政务内网中央网络平台建设通过国家发改委立项审批，工程建设全面启动。政务内网政府系统业务网络建设也同步通过国家发改委的立项审批，进入建设实施阶段。同时，根据中央有关文件的要求，国务院各部门和各省（自治区、直辖市）也同步启动了政务内网建设的方案编制、报批以及立项工作。

三是在专网方面。在政务内、外网建设不断深入的同时，各部门专网的整合工作也开始启动。国务院办公厅在《关于促进电子政务协调发展的指导意见》（国办发〔2014〕66号）中提出，要"积极推动各地区各部门业务专网应用迁移和网络对接。各地区各部门对现有业务专网应用进行合理分类，分别向国家电子政务内网或外网迁移；国务院各部门同步整合内部业务专网和向下延伸的业务应用；各地区各部门现有业务专网要理清边界，逐步实现与统一国家电子政务网络的网络对接和业务融合，推动数据交换和共享安全可控。"根据国办的规划，各部门业务专网将按照先部门内部整合，然后根据保密需求分别整网接入政务内网或外网，最后再逐步将业务应用迁移至统一的电子政务内外网。

第三节　政务云构筑电子政务发展新基石

自2013年以来，工信部开始推动基于云计算的电子政务公共平台建设，并确定了18个省（直辖市）和59个市（县、区）作为试点示范地区，鼓励地方采用云的方式集约化开展电子政务建设。在政府的强力推动和云计算技术日趋成熟的双重作用下，云计算在电子政务领域得到了广泛应用，促使政务云逐步演变为电子政务的新型基础设施。

规划成为引领政务云建设的主抓手。截至2015年8月，全国已有超2/3的省份对政务云建设进行了专项规划。如，福建省发布《福建省省级电子政务云计算平台应用管理暂行办法》，明确规定各部门建设电子政务应用系统应充分利用政务云平台资源，实现电子政务集约化建设，不再新建独立的机房或数据中心，避免重复投资，新的应用系统依托政务云平台建设，现有应用系统逐步迁移到政务云平台，截至目前，福建省电子政务云平台已经承载了101项业务应用。山东省印发《关于加快我省电子政务集约化发展的实施意见》，明确规定从 2015 年起，省直机关新建的或升级改造的业务应用系统必须部署在云平台上，所需的基础环境、计算资源、网络资源等由云平台以服务的方式统一提供；2015 年年底前，具备条件的市要完成市级云平台建设和试点工作；2016 年年底前，建设完成省级异地灾备中心；2017 年年底前，依托云平台完成大数据应用平台的搭建。大连市政府出台了城市智慧化建设总体规划，提出到 2016 年，大连将建成全市统一的电子政务云数据中心，政府服务事项 80% 以上实现在线办理。

先行省市政务云应用成效日益凸显。2015 年 5 月 6 日，广东省完成了电子政务云平台一期建设，为广东省网上办事大厅、省政府信息公开业务系统、省公共信用信息管理系统、省企业投资项目备案系统、省碳排放管理和交易系统、省国土资源在线巡查系统、省智慧城乡空间信息服务平台、全民健康综合管理信息平台等业务系统的运行提供了可靠的基础设施环境。广东计划到 2017 年，建设具备 15000 个 CPU 核心、150TB 内存的计算能力和 15000TB 的存储空间的电子政务云平台二期，满足省直单位未来 10 年新增业务系统及既有系统迁移的需求。2015 年 5 月 28 日，北京市海淀区"政务办公云平台"正式上线，平台一经投入运行就有 19 个委办局实现在统一的政务办公云平台上办公，该平台可提供 97 种政务云服务，并向所有应用开发企业开放，大幅减少以往分散开发的成本，提高应用服务的效率，同时还规范了电子文件的管理，海淀区计划在未来向海淀全区 164 家委办局、街镇及区属企业推广政务办公云平台。2015 年 7 月 14 日，宁夏自治区电子政务云平台正式投入运营，宁夏水利厅成为首个用户。该平台共有 3000 台服务器和 1600 T 存储，可以为自治区各部门和各市县（区）提供集中统一、技术先进和安全高效的数据中心服务，并承载政务、社保、民政等八个行业云计算应用系统，同时为各厅局委办提供大数据业务机会的挖掘和技术咨询。济南按照"以购代建"模式联合浪潮集团建设了济南政务云计算中心，目前有 50 多个部门的机房、通信网络、支撑平台、运行管理实现了集中，52 个政府部门、300 多项业务应用和十余项跨部门应用在云平台运行，济南全市的电子政务基础设施已经实现集约化，重复投资的问题得到避免，业务应用部署的效率也大大提高，与之前分散建设的模式相比，政务云节约的基础设施投资达 15%—20%。内蒙古自治区搭建了电子政务云中心，截至 2014 年 12 月底，国家、自治区、盟市、旗县（区）四级共 1900 多个业务应用系统迁入云中心，一次性节省机房建设和设备采购费用 2000 余万元，每年还可节省专线租赁、机房运维等费用 6500 余万元。陕西省采用以租代建模式引入未来国际公司承建了基于云计算的电子政务公共平台，通过该项目，陕西省电子政务基础设施建设和运维投资分别节省约 55%、50%，云端接入的业务应用建设模式节省资金超过 50%，建设周期和应用推广时间均缩短了 70% 以上。贵州电子政务云与工业云、电子商务云、智慧旅游云等六个云应用共同组成了"云上贵州"系统平台，目前已经承载了贵州省政府门户网站等多个应用系统。

第四节　多地率先探索政府数据开放流通

随着大数据在各行各业的渗透普及，社会对数据开放的需求日益强烈。世界各国纷纷启动了政府数据开放战略，截至 2015 年底，全球 70 多个国家和地区实施了政府数据开放。我国各地正在积极探索政府数据开放共享新模式。在国家层面，2013 年 9 月，国家统计局数据库正式上线为公众提供数据服务，数据既包括了国家统计局的主要数据，也包括了 36 个部委的其他数据。在地方层面，上海、北京、武汉、青岛、浙江等多个省市也开始探索开展政府数据开放，北京、贵阳、武汉、承德等地还探索建立了数据交易市场，以促进政府数据的增值开发和社会化流通。此外，广州、厦门、成都、深圳等电子政务较发达的城市也纷纷启动了数据开放工作。

上海以政策、试点、赛事活动等多种方式，率先建设了国内首个地方数据开放网站（www.datashanghai.gov.cn）。在政策方面，先后发布了《关于推进政府信息资源向社会开放利用工作的实施意见》和《2014 年度上海市政府数据资源向社会开放利用工作计划》。在试点方面，开放数据的单位由 2014 年试点期间的 9 家拓展至 44 家。在赛事活动方面，举办了开放数据创新应用大赛，以鼓励和引导社会力量参与政府数据的利用。目前上海已通过该网站累计开放数据集近千项，涵盖了经济建设、资源环境、教育科技、道路交通等 11 个重点领域，其中下载量最多的数据依次为 1978 年以来住宅投资和竣工建筑面积、体育设施对外开放名录、上海市基础测绘成果、上海市公务员管理机构概况、上海各类博物馆一览表等。

2015 年，北京市经信委对 2012 年建立的政务数据资源网站（www.bjdata.gov.

cn），进行了改版升级。截至 2015 年 9 月底，网站已发布来自政府部门的 306 类，共计约 40 万条原始数据资源；首页累计访问量 3100 万余次，注册用户 2500 余个，累计下载量 3.5 万余次。开放数据主要来源于教育、科技、公安、民政、司法、人社、国土、环保等 36 个部门，覆盖了旅游住宿、交通服务、餐饮美食、医疗健康、消费购物、生活服务、企业服务等 17 个主题。其中，点击量最高的是由北京市教育局提供的"高校、小学、中学"和北京市国土资源局提供的"土地用途分区"数据集。各区县根据情况在网站开通区县频道，通过统一网站向社会开放本区县政府部门数据资源。北京市公共数据资源开放已取得一定的社会成效，百度、方正国际、九州联宇、医行华夏等企业使用数据网站开放的政务数据资源，开发了一批与生活密切相关的 APP 应用，内容涉及教育、文化、健康、交通、旅游等领域。2014 年，北京市信息资源管理中心联合太极计算机、北京软件和信息服务交易所、中关村大数据产业联盟等单位，举办了"北京市政务数据资源网应用创意大赛"，评选了一批基于北京市公共数据资源开发的优秀创意方案。目前，部分创意方案已经形成了相关信息服务的产品。

2015 年 4 月，武汉市开通了公开数据服务网（www.wuhandata.gov.cn）。目前，该网站已收录了 48 个政府部门网站的共计 700 余项公开数据或服务，其中有 642 项公开数据可下载，7 项公开数据提供地图服务，同时该网站还允许数据开发者上传推广自己的数据应用 APP 和微信下载链接，鼓励社会力量参与政府数据的开发并分享相关的成果。

2015 年 9 月，青岛市开通了政府数据开放网站（data.qingdao.gov.cn），手机版可以通过青岛政务网 APP 访问"数据开放"栏目。青岛市开放政府数据网站除了提供数据目录、数据浏览和下载等服务外，还提供了包括地图服务、API 服务、APP 应用、开发者中心、互动交流等在内的多个栏目，服务内容非常丰富，用户可以在线对数据资源进行统计分析，生成可视化图表，并对数据做出评价，提出数据开放建议等。

2015 年 9 月，浙江省依托政务服务网建设了数据开放专题网站（data.zjzwf.gov.cn），所开放的数据资源来自 68 个省级单位，一共有 350 项数据，涵盖工商、税务、司法、交通、医疗、教育等多个领域。其中，可下载的数据资源有 100 项，数据接口 137 个，还有 8 个 APP 应用，用户既可通过该网站打包下载数据，也可利用接口进行开发。同时，依托法人、空间地理基础数据库和信用浙江、电子证照库等成果，该网站还推出了8个专题数据应用板块。

北京中关村数海大数据交易平台开通于2014年，主要为各类用户提供出售数据、购买数据的服务。目前，可以提供移动电信、餐饮美食、建筑工程、医疗保险、社交沟通、互联网、政府部门、股票基金等15类数据，资料来源于全国650多个机构和企事业单位。

2015年4月，贵阳成立了大数据交易所。截至2015年12月，该交易金额已突破6000万元人民币，接入的数据源公司为100多家，数据总量高达10PB，交易会员为70多家。其中，贵阳、武汉、济宁、苏州、宁夏等多地政府也开通了政府数据公开账户。

2015年7月，武汉成立了东湖大数据交易中心，该交易中心致力于打造数据交易"淘宝网"，交易对象不仅包括企业、政府和相关机构，还包括个人，并制定了严格的数据审查制度，以防止数据泄密和隐私泄露。

2015年12月，中国首家开展数据资产证券化的服务机构——河北大数据交易中心成立，以推动京津冀一带形成大数据产业带，实现数据资产在京津冀地区的跨区域流动。一方面，该数据交易中心主要开展数据商品交易、数据资产托管管理、数据资产交易、数据资产登记、数据资产金融产品设计服务、金融杠杆数据设计及服务、数据资产证券化、数据资产权益类交易等业务。另一方面，该数据交易中心通过盘活京津冀数据资源，破除行业数据共享壁垒，实现数据的资产化应用，此外，对接"中关村数海大数据交易平台"，促成数据的供需对接，推动产业升级，成为京津冀一体化的桥头堡。

第五节　O2O正走入政务服务领域

线上线下融合开始由商务领域向政务领域渗透蔓延，为市民提供便捷政务服务的同时，也实现了政务服务的有效延伸。2015年2月，福建省以省政府第156号令的形式发布《福建省电子政务建设和应用管理办法》，提出"通过创新电子政务的应用与服务，我省将建立线上服务与线下服务相结合的新型政务工作模式"，计划将大量的线下服务向线上迁移，通过线上线下相结合，实现办事流程优化再造，提高办事效率。武汉市行政服务中心联合"网上市民之家"政务服务平台，推出了O2O政务服务，市民可以通过线上服务平台了解办事程序、提交申请，对法律法规不要求当事人必须到场的服务事项，服务平台还可代为办理。如，居民办理港澳通行证签证时，可通过网上政务平台提交申请，将通行证快递至市民之家，办理完成后，市民之家再将证件快递给居民。市民使用"网上市民之家"服务平台，每个办件都会生成一个二维码，用手机扫描，就可以查询办理进度、自助取件，市民还可以通过系统对办事机构进行评价，给出"好评"或"差评"。长沙市公安交警开通了长沙车管所 96588 微信公众号，向在长沙注册的驾驶人提供驾驶证补办、换证等业务的 O2O 服务，需要办理驾驶证换证或补办的驾驶人可通过在线平台注册提交申请和照片，通过微信平台支付相关费用，车管所通过快递将补/换的驾驶证寄送给驾驶人。此外，北京、上海、广东、浙江、江苏等地近 120 个实体行政服务中心均开通了微信公众号，搭建微信预约受理、线下统一办理的 O2O 模式的一站式服务大厅。宁波市积极探索政府服务"三农"电子政务 O2O 新模式，推出"我是农民"第三方服务平台，选择站长为服务"三农"的主要抓手，在每个站点培训一个站长，将农民线下反映的问题由站长采集、发布，实现线上互动，有效解决了政府网上服务的"最后一公里"问题。该平台最初在宁波市北仑区试点，目前已经推广到奉化区、宁海区、象山区、江北区，设立网点共计 506 家。

第六节　电子政务一体化集成走向深入

2015 年，以往各自为政、相互割裂的电子政务建设模式有了很大改观，涌现了一批一体化集成典型应用。

在区域上来看，广东、福建、浙江等地纷纷搭建了省级网上办事大厅，实现了线上行政审批一体化发展，市民只要通过一个窗口即可完成所有部门的审批事项。目前，广东省网上办事大厅（www.gdbs.gov.cn）框架已基本构建，手机版、个人网页和企业专属网页建设正全力推进。截至 2015 年 10 月底，广东省网上办事大厅省直 45 个进驻部门 1613 项应进驻事项中，1102 个行政审批事项实现全流程办理，网上全流程办理率为 88%，网上办结率为 85%；市级行政审批事项网上全流程办理率为 60%，网上办结率为 59%；县级行政审批事项网上全流程办理率为 53%，网上办结率为 56%。全省政府部门进驻网上办事大厅事项中，"零跑动"事项占 5%，1 次跑动事项占 54%。珠三角地市（含顺德区）及汕头、韶关、河源、梅州、阳江、湛江、茂名、清远、云浮9个粤东西北地市已开通镇街网上办事站，深圳、珠海、韶关、河源、惠州、江门、阳江、湛江、茂名、清远、云浮11个地市基本按标准规范要求开通所有村居办事点。截至2015年9月底，福建省网上办事大厅（www.fjbs.gov.cn）已进驻省、市、县（区）三级行政审批和公共服务事项共计49339项（小项），权力清单87094项、责任清单6537项；进驻的服务事项中，已有37904项开通在线申请办事服务，其中34280项提供三星级服务，3292项提供四星级服务，332项提供五星级服务，9个设区市、76个县（区）和4个开发区行政服务中心业务系统与省网上办事大厅上下互联互通；系统累计收件123624件、办结95182件，其中省级收件16737项，办结14983件；公众网上办事服务平台注册个人用户18368个，法人用户1129个，推送办事服务短信27248条[1]。浙江省与阿里云、支付宝等进行合作，以整合省、市、县（市、区）政务服务资源实现了数据直连，市民可像逛淘宝一样在网上办理所需的政务服务[2]。2015年1月，江苏政务服务网暨网上办事大厅(www.jszwfw.gov.cn)投入试运行，集中向社会公众提供来自54个省级部门的386项行政审批事项，涉及1100多项审批业务、5000多个业务附件和填写样本、700多个申请表、近900个流程图、470个批文或证照结果样本，服务内容包括审批服务、公共资源交易、政务公开、便民服务等多种类型[3]。

在行业来看，公安部交通管理局搭建了全国互联网交通安全综合服务管理平台，使用"122.gov.cn"域名，并推出"交管12123"官方手机APP。该平台采用网页、语音、短信、移动终端APP四种方式，为广大交通参与者提供交管动态、安全宣传、警示教育，以及交通管理信息查询、告知、业务预约/受理/办理、道路通行等便民利民服务。群众实名注册开通账号后，可享受互联网交通安全综合服务管理平台提供的驾考和车检预约、办牌办证、违法处理和罚款缴纳、出行信息、信息查询、告知提示、信息公开、重点对象管理、交通安全宣传、业务咨询等10大类130余项服务。简洁优化的服务流程提升了群众的办事体验。一方面，以全国范围的跨地区数据交换，实现了网上服务的异地办理。另一方面，与邮政、银行

---

[1] 福建省网上办事大厅：37904项服务事项可在线申办，2015年10月，http://news.ifeng.com/a/20151013/44826097_0.shtml

[2] 杭州日报：市民可以像逛淘宝一样在网上办理政务服务，2015年4月，http://hzdaily.hangzhou.com.cn/hzrb/html/2015-04/01/content_1927666.htm

[3] 中国江苏网：江苏政务服务网上大厅开始试运行，2015年1月，http://www.jszwfw.gov.cn/art/2015/1/4/art_189_891.html

等机构广泛合作，实现了网上支付、邮递交付。

第七节 审批网络化促政府行政体制改革

一些城市以行政审批网络化为契机，推进政府行政管理体制改革，加速向服务型政府转变。一方面，成立独立的审批部门，实行"一站式"集中审批，提高了审批效率，优化了审批服务质量。天津滨海新区建立了统一网上审批平台，并将区所属的 18 个办事部门的 216 项审批职责从原单位剥离出来，划转到新的行政审批局，纳入平台实施统一审批，由 1 枚公章取代了 109 枚公章，行政审批局对企业、政府投资项目实行"一窗统一接件、同步绩效登记、审批和自然时间双锁定、全程帮办服务"的"四位一体"运行体制，强化现场和集中办理，目前 150 多项事项可在一个工作日内完成审批。银川市、南京市江北区、淮安市盱眙县也进行了类似的改革。银川市政府也成立了行政审批服务局，将 26 个部门 153 项划入到行政审批服务局，建立了行政审批信息化平台，打破多层级串联审批模式，再造车间流水线式审批、并联审批流程，实行市民大厅"一个窗口受理、一站式办理、一条龙服务"，对原有的 500 多项审批及服务事项实行了集中受理、集中审批、集中办理的模式，审批人员缩减了 90%，政府审批效率平均提高 75%，受到企业和居民的广泛好评。2015 年 1 月，南京市委办公厅、市政府办公厅联合下发《江北新区政务服务中心建设实施方案》(以下简称《方案》)，提出成立江北新区行政审批局，加挂江北新区政务服务中心牌子，主要承担江北新区市级审批管理权限，实行"一份清单服务""一个部门对外""一个印章审批"，做到"办事不过江"。淮安市盱眙县设立行政审批局，建立网上在线审批平台，以互联网再造行政审批流程，实现了流程再造的"化学反应"和公开透明。另一方面，加大简政放权力度，提升政府效能，打造精干政府。江苏省建立了网上审批平台，提出了以"5 张清单、1 个平台、7 项相关改革"为主要内容的简政放权一揽子改革，行政审批事项压缩了 500 多项。

第八节 移动化发展开启掌上政务新渠道

电子政务输出通道由 PC 端向手机、平板、可穿戴设备等移动终端迁移，政务微博、微信及 APP 等新媒体与政府网站以信息互通、服务互补加速发展。

面向公务员的移动办公领域。面向政务非涉密应用，基于国产移动终端和应用服务平台，以安全政务本系统为中心的移动电子政务平台进展顺利，目前该系统已在北京、深圳、安监总局进行试点。以北京为例，北京市由市经信委牵头建设了统一的移动电子政务平台，为全市各部门开展移动业务提供统一政务接入、统一应用管理、统一接口标准、统一安全标准、统一终端标准，已经部分实现了移动办公业务、移动执法业务、视频监控业务、公众服务业务等。在标准方面，安全政务本技术标准联盟起草的《安全政务本系统安全技术要求》《安全政务本系统安全测试规范》和《安全政务本移动办公软件要求及接口规范》等标准规范通过评审要求。此外，杭州余杭区开通了移动办公平台，该平台提供了苹果与安卓两种客户端，面向所有使用"区综合办公平台"的单位和用户。平台通过统一用户认证、短信校验、硬件绑定等方式，结合 VPN 远程接入访问相关业务系统，现已实现公文流转、交流探讨、会议通知、通讯录等办公应用，用户可在桌面电脑、安卓或苹果 iOS 智能手机上方便地联网办公。余杭区还计划以该平台为基础，逐步整合全区各部门移动应用，着力打造一个全区性"移动办公门户"。青岛市住房公积金管理中心开发了公积金移动办公系统，行动不便的市民可预约后，由管理中心工作人员上门现场办理公积金服务。

面向社会公众的移动服务领域。政务微信覆盖率持续上升。截至 2015 年 8 月底，全国政务微信公众号超过 8.3 万个，在区域上已覆盖全国 31 个省、市、自治区，省市级部门占比为 84.7%[1]。微信城市服务成推进在线公共服务的重要入口。截至 2015 年 12 月，全国 14 个省 72 个城市上线了微信城市服务，服务事项高达 3000 项，覆盖用户 2.5 亿 [2]。政务微博集群化发展态势明显，从中央到地方，覆盖不同级别、不同职能的业务部门均开通了微博。截至 2015 年 6 月，新浪政务微博为 145016 个，其中政务机构官方微博 108115 个，公务人员微博 36901 个 [3]，其中公安和新闻发布类微博的运营仍处于领先水平。随着"互联网＋政务"的推进，政务微博运营已经成为政府日常工作的一部分。目前，上海、广州、深圳、杭州、武汉等地的多个政务微博，已经开始提供线上便民服务，包括在线咨询、服务预约和业务办理等职能，积极探索政务服务的新道路。当前，政务 APP

[1] 腾讯：《2015微信政务民生白皮书》，2015年12月。
[2] 腾讯：《2015微信政务民生白皮书》，2015年12月。
[3] 人民日报：《2015年上半年政务微博影响力报告》，2015年8月。

相对仍处于起步阶段。虽然有些地方政府推出了政务 APP，截至 2014 年底，全国有政务 APP 约 400 个 [1]。但整体来看，除了北京、浙江、青岛等地发布的政务 APP 使用率高一些外，多数政务 APP 更新频率低，下载量和活跃度相应也不高。北京市发布了"北京服务您"APP，向公众提供交通出行、房产服务、文娱体育、劳动就业、婚育服务、教育服务、社区服务、医疗保健、政府办事、旅游放假等 10 多类服务。浙江省的"浙江政务服务"APP 集省市县三级政府网上办事和公共服务资源于一体，包括"热点应用""我要看""我要问"和"便民服务"四个板块，可查找全省 6000 余个办事服务场所信息，提供 17000 余项便民引导、77000 余个办事服务指南信息。青岛市的"智慧青岛"APP 整合了来自政府和公共事业单位、新闻媒体的资源，向公众提供新闻资讯、信息公开、沟通交流、政务办事等服务。广州市的"警民通"APP 集成了公安局以及公安交警的服务事项，在"服务大厅"栏目提供了交管业务、路况查询、户政业务、出入境业务、监管业务、督察业务等服务，公众实名注册后，部分业务可通过 APP 客户端预约或办理。政务微信开设主体的行政级别分布情况见图 10-1，政务微信地域分布情况见图 10-2。

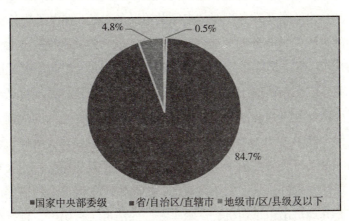

图10-1　政务微信开设主体的行政级别分布情况

资料来源：腾讯，2015 年 12 月。

---

[1]　电子政务理事会：《中国电子政务年鉴(2014)》，2015年10月。

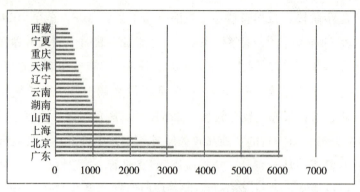

图10-2　政务微信地域分布情况

资料来源：腾讯，2015年12月。

第九节　参与式治理成为电子政务新主题

电子政务既是创新政府治理方式的有效载体，也是社会公众参政议政的现实途径。随着电子政务服务质量的日益提升，公众参与式社会治理逐步成为电子政务主旋律。2015年，电子政务围绕"多元共治"的主题，在电子政务规划、建设、运行、评估的过程中，充分动员社会各界力量，以"建立现代社会治理体系"和"构建良性社会生态"为目标，形成以"多元主体、多元平台、多元服务"为架构的共治体系。安徽铜陵狮子山区以全省社区参与式治理体系项目试点建设为契机，构建了居民与社区之间的利益整合平台，以"自下而上"的治理方法，让更多的社区居民主动参与和关心社区事务，实现了社区居民自我服务与发展。河北省推出"药安食美"社会共治平台，发动广大消费者参与监督，让人人成为食品药品监督员。江苏省盱眙县、山东新泰市、广州市越秀区等地网格化社会管理与服务平台，充分动员出租车司机、三轮车主、保洁员、送奶工、自行车看管员等上万名信息员，参与到社会治安管理事务中，构筑了网格化社会综合治理新模式，使政府社会问题处置能力和人民群众对社会治安满意度都得到显著提升。

第十节　政府大数据应用初见成效

各级政府响应国家号召，积极谋划运用大数据提高治理服务能力。李克强总理多次强调要积极利用大数据技术提高决策水平和社会治理能力。2015 年 7 月国务院出台了《国务院办公厅关于运用大数据加强对市场主体服务和监管的若干意见》(国办发〔2015〕51 号),对运用大数据加强对市场主体服务和监管做出了总体部署,提出了 26 项重点任务,并对这些任务的进度进行了明确要求。各级政府响应国家号召,积极谋划运用大数据提高治理服务能力。一是证监会利用大数据加强对证券交易中的违法违规行为监管。通过对网络信息和交易数据的分析挖掘出可疑账户,再通过分析交易 IP、开户人身份、社会关系等对市场违规行为进一步确认,最后通过实证调查确认违规事实,对证券交易中的"老鼠仓"、关联交易等行为进行决策支持。二是工商系统利用大数据加强对市场主体的监管与服务。国家工商总局启动了全国企业信用信息公示系统("全国一张网")建设,该系统一方面将实现工商部门与其他行业主管部门之间数据交换,另一方面将广泛归集互联网上的企业信用信息,通过大数据提供企业信用分析服务,计划于 2017 年启用对外服务。2015 年 7 月,湖北省工商局搭建了基于工商履职数据的大数据分析系统,该系统运用大数据技术将工商部门在企业登记、行政执法、市场监管、消费维权等履职过程中积累的海量的各类市场主体基本概况、年度经营和信用信息等数据进行统一归集和深入挖掘,可以精准地发现各类市场主体生产经营的状况、规律和趋势,还可以通过对信用监管数据分析,既可以得出湖北省市场主体信用状态,还可以对事中事后监管效能得出直观结论。三是上海运用大数据提升交通综合治理能力。上海交通局搭建了交通综合信息平台,汇聚整合了从政府部门和公共交通企事业单位扩展到移动通信公司、互联网交通服务企业、地图和位置信息服务企业等整个交通领域的大数据,通过综合处理与深度分析后,向相关交通行业管理部门反馈数据,向政府管理部门提供面向综合交通管理的应用分析服务,并向社会统一提供道路交通信息、公共交通信息、对外交通信息服务。截至 2014 年底,该平台已整合来自 30 余家单位的涉交数据 250 余项,其中有近 20 家单位的数据可以实时共享。此外,该平台在上海高架线路规划、交通治理政策制定以及实时交通诱导等方面为决策者提供了有力的数据支撑,极大地提升了决策的科学化水平。

第十一章　2015年中国社会信息化发展情况

第一节　教育管理和服务信息化走入发展快车道

　　教育信息化是衡量一个国家和地区教育发展水平的重要标志，"科教兴国"是中国实现现代化建设的战略方针。在教育部的推动下，各地开展了"三通两平台"建设，即基础教育"宽带网络校校通、优质资源班班通、网络学习空间人人通"，建设教育资源公共服务平台和教育管理公共服务平台。教育资源公共服务平台设有国家级、省级、市级平台，主要是对小学、初中、高中的优质教学资源进行了汇总，截至2015年8月，国家级以及四川、云南、湖北、山西、新疆等5个省级平台已初步建成，浙江、福建、吉林、贵州、广东、武汉、沈阳、石家庄、襄阳、荆门、灵宝等11省市正在建设中。教育管理公共服务平台以服务学生、教师为宗旨，主要包括全国学前教育管理信息系统、全国学生资助管理信息系统、全国教职工管理信息系统、全国中职学校学生管理信息系统等，应用范围涉及国家、省、地市、县级教育行政部门和学校。截至2015年8月，从公开信息看，省级层面仅有吉林省教育管理公共服务平台上线运行（glpt.jledu.gov.cn）。远程教育公共服务方面，中央电大的奥鹏学习中心已经设立了1000多个，服务高效达30多个，线上教育专业达180多个，学员超过10万人。北京市推出了高考、中考网上报名，并推出了高考成绩查询APP。厦门市集美区推出了积分入学"在线申请服务系统"，外来流动人口子女入学申请不需要再去公安、人社、工商、计生、地税等部门跑证明，系统可通过后台数据库直接调用这些部门的相关数据，为外来流动人口的入学申请带来了很大便利。2015年3月，四川德阳市旌阳区教育局开展了"云朵课堂"试验项目，通过将市区优质学校的教育资源和农村学校连接，实现教学活动远程同步互动，以促进区域内优质教育均衡化发展。在"互联网+"的推动下，职场教育、兴趣教育、技能培训等方面的互联网教育迎来蓬勃发展。2015年我国在线教育市场规模将达1711亿元，增长率为35.4%（见图11-1），其中移动教育市场用户规模将达2.49亿人，增长率为45.6%[1]。随着教育管理和服务信息化不断取得新的进展，全国数字教育资源深入开发，不断缩小了地区间教育水平差距，促进教育公平，公共优质教学资源得到进一步公开和共享，为学习者提供了方便、灵活的信息化学习环境，在全面实施素质教育、深化教育领域综合改革、着力提高教育质量、完善终身教育体系、建设学习型社会、鼓励引导社会力量兴办教育等方面，发挥了重要作用。

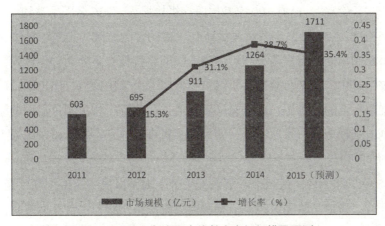

图11-1　2015年中国在线教育市场规模及预测

资料来源：艾媒咨询，2015年9月。

第二节　互联网医疗成为医疗行业的发展方向

2015年，各地卫计部门和医疗服务机构积极运用移动互联网、云计算等新技术新应用，部署探索互联网医疗，优化医疗资源配置，提升群众就医效率。贵州卫计委与贵阳朗玛信息签署战略合作协议，共同探索贵州"互联网医院"试点和"贵州医疗健康云"建设。恒大健康采用全球最先进的健康大数据模型和互联

---

[1]　艾媒咨询：《2015年中国"互联网+"教育研究报告》，2015年9月。

网技术，在广州联合世界顶级医院、全国多家三甲医院，推出了互联网社区医院。

2014年，广东省第二人民医院与深圳友德医科技有限公司合作，建立了全国首家网络医院。截至2015年5月，已有200余名医生入驻网络医院平台，4名医生随时在线，网络医院平均处方金额为64.7元，远低于广州市2014年普通门诊平均处方价格250.7元。广东省网络医院的服务架构：广东省第二人民医院提供需要的医疗资源，为医生的医疗服务行为负责；第三平台提供基于互联网的信息化解决方案，提供客户端软硬件并负责与维护；社区卫生服务中心、药店，提供诊疗地点，为药品质量负责。

2015年3月11日，浙江宁波云医院正式运营，该平台由宁波市卫计委和东软熙康健康科技有限公司共同打造，开通了高血压、糖尿病、心理咨询、全科医生等4个"云诊室"，已有100家基层医疗机构接入，226名医生签约。

2015年6月26日，广西区人民医院"移动智慧医院"上线，该平台由广西区人民医院和招商银行广西分行、广州海鹞网络科技有限公司合作开发，以微信与支付宝为载体，患者直接用手机微信扫描门诊医生接诊后打印出的"门诊就诊指引明细单"上的二维码，就能轻松实现通过微信进行相关医疗费用的缴纳，不再需要到人工收费窗口排队缴费，实现了手机预约挂号、检验检查结果查询、费用查询/缴费等全流程网上服务。

2015年7月2日，深圳市南山区卫生计生局及区属5家医院联手金蝶公司，向公众开放"移动互联网医院群"暨"南山看病易"服务平台，患者只需在微信公众号关注"南山看病易"，就能连接所需的医院，轻松办理从预约挂号、门诊付费等全流程服务。

互联网医疗不仅为医疗行业转型指明了方向，也为互联网企业创新发展开辟了新的空间。一方面，百度、阿里巴巴、腾讯等互联网巨头积极布局互联网医疗，杭州卓健、苏州智康等创业公司不断涌入，纷纷推出各自的互联网医疗产品和服务，主要包括医疗APP、可穿戴设备等。百度聚焦于问诊咨询、可穿戴设备、医疗云平台，投资好大夫在线，推出百度医生APP、咕咚手环等可穿戴设备以及百度健康管理平台。阿里巴巴主要涉足医疗O2O和医药电商，推出阿里健康APP，收购中信21世纪，布局未来医院，支付宝联合天猫医药馆启动O2O项目等。腾讯在医药电商、医疗资讯、可穿戴设备领域均有布局，如入股丁香园、投资挂号网、将好药师网等医药电商引入微信、推出糖大夫血糖仪等。据统计，医疗移动应用主要分为网络咨询、网上挂号、排队提醒、网络缴费以及智能查房、医院管理信息化、医药服务等类别，其中，从应用功能来讲，占比最多的是预约挂号类和问诊咨询类，分别为 31.3%、30.3%（见图 11-2）；从用户规模来讲，"平安健康管家""春雨医生"两款应用在医疗应用中用户覆盖率领先，分别为 0.85%、0.81%；在医药服务类应用中，壹药网旗下"1 号药店"用户覆盖率居第一，"阿里健康"与"自测用药"用户覆盖率分别位列第二和第三位[1]。另一方面，线上医疗产品正逐步向线下渗透。例如，春雨医生、丁香园、挂号网、平安好医生等意图布局线下诊所，实现线上线下资源优势互补。2015 年，"北京 114 预约挂号"平台开启微信公众号挂号新模式，目前接入医院为 146 家，用户全天 24 小时可随时自行操作预约。

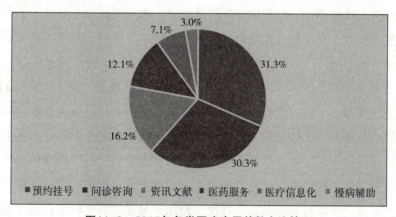

图11-2　2015年各类医疗应用款数占比情况

资料来源：TalkingData，2015 年 7 月。

第三节　社会保障和就业服务信息化应用日渐深入

人社系统业务覆盖每个企业和个人，传统受理模式为业务部门和服务对象都带来了沉重的负担，以信息化手段理清人社服务脉络，推动传统的线下服务模式逐步向线上服务平稳、有序过渡，将人社繁重的线下业务实现虚拟化、透明化、简单化，对加速人社服务网络化、人性化进程具有重要意义。

---

[1]　TalkingData：《2015年移动医疗行业数据报告》，2015年5月，http://www.199it.com/archives/352577.html

在国家层面，人社部以社保卡为中心，积极推进相关业务信息化建设，社保卡普及率大幅提升，信息化服务能力显著增强。社会保障卡经过17年的建设，已经成为国内发行量大、应用面广，深受群众欢迎的跨行业大卡。截至2015年6月底，全国实际发卡地市(含省本级、兵团各师)共358个，地市覆盖率达93.2%。全国社会保障卡持卡人数达到7.66亿，已覆盖全国人口的56%[1]。截至2014年底，全国范围内各省均搭建了城乡居民养老保险信息系统，全国的98%县区的业务都实现了系统支撑。信息化公共服务能力持续加强，全国340个地市级以上人社部门开通了12333电话咨询服务，开通率达到92.9%，全年来电总量高达7839.1万次[2]。

在地方层面，涌现了一批人社互联网服务新模式。一是青岛市人社局大力推动互联网与人社规律性、趋势性业务深度融合，面向不同服务对象，推出了窗口服务、网上服务、自助服务相结合的公共服务模式，改变了传统"赶大集"式的服务供给方式，截至2015年9月，150多项人社业务实现了网上直办，全市已开通企业网上用户7万多个、个人用户300多万个。推出"掌上人社"APP，提供了养老、医保、工伤、生育、公积金等信息查询服务，以及人社政策和就业需求相关的信息服务。大数据应用体系初步形成，实现了对公共就业、各大险种收支平衡、高技能人才、创业培训等信息的动态监测分析。社保缴费初步实现网上缴纳，推出了网上缴费申报、邮局票据邮寄、网上银行缴费"三位一体"的社会保险征缴新模式。依托基层街道、社区，推出了基于智能手机平台的自助服务一体机，将退休金、失业金领取资格指纹认证等110余项办理频度高的人社业务实现了自助办理。二是云南省人社厅推出"云南人社众创网"，围绕资讯中心、政策文库、众创空间、公共人力资源服务、创业商城、融资平台六个方面为创业者提供网上创业、贷款办理、培训报名等一系列人社帮扶服务。三是岳阳市人社局联合社区和街道办事处，推出"智慧人社APP"，实现了公共就业、社会保险等在内的100多项业务的网上直办，有110余项人社便民服务事项可以通过人社自助服务一体机在社区自助办理。四是桂林人社局基于互联网搭建了一个劳动关系业务网络服务平台，为行政机构、用人单位、劳动者之间架起了互动沟通的桥梁，

---

[1] 中国一卡通网：《全国社保卡持卡人数达7.66亿　年内将实现8亿张覆盖60%人口的规划目标》，2015年10月，http://www.shebao5.com/xinwen/125044.html

[2] 人社部：《2014年度人力资源和社会保障事业发展统计公报》，2015年5月，http://politics.people.com.cn/n/2015/0528/c1001-27071609.html

用人单位和劳动者可通过网络，轻松便捷完成劳动监察的年度书面材料审查申报、劳动用工备案本地化管理、数据比对和预警监测、用人单位信息化自动化管理、网站空间提供公共信息服务等业务。截至 2014 年底，桂林市应用该平台开展网上年审工作，全年审查用人单位数 6568 户，同比 2013 年增加了 851 户，效率提升了 36%。对用人单位签订劳动合同情况进行实时预警职工近 40 万人，实现劳动用工的动态管理。五是内蒙古人社厅推出了"12333"APP，提供基于社会保障卡的在线核定、支付等便民服务。目前，手机客户端已在安卓市场、苹果商城、百度手机助手等 9 个平台全面开放下载功能，累计下载量近 11 万次。六是江苏新沂市以信息化手段实现了服务监管模式一体化，具体表现在：开通了社保业务网上办理，用人单位及参保个人均可通过网上银行办理各项缴费业务；初步建成了社会保险微信应用平台，开发社保手机 APP，使参保者能实时通过手机查询、办理各项社保业务；拓展了社保卡应用系统，一卡实现水电费缴纳、网银等功能，将社保卡打造成跨业务、跨区域的身份凭证；对东陇海人才市场进行了数字化升级改造，实现了与徐州市就业信息系统无缝对接，信息同步共享，2014 年共有 1070 家企业发布招工信息，提供岗位 15059 个，同时有 12547 名求职者登记求职，达成就业意向 2896 人；实现了业务下沉，全市 253 个行政村的金融服务端全部安装完毕，建成率 100%，居民不出村即可办理城乡居民养老保险业务；依托人社系统金保工程社会保险基金监管系统，对各项基金运行情况进行监督，2014 年度失业保险、养老保险、医疗保险基金预警 12685 次，下发预警通知书 18 份，追缴基金 118887 元。

第四节　食品药品电子化监管体系日益健全

食品药品安全与公众生活息息相关，特别是假货泛滥的国情下，应用信息化手段提供食品药品监管服务水平显得尤为重要。近年来，各地普遍建立了食品药品信息化监管体系，推动食品药品安全监管由"事后打击"向"事前预防"转变。通过搭建食品污染物和有害因素监测网、食源性致病菌监测网，实现了对食品中农药残留、生物毒素、重金属、食品添加剂、食源性致病生物等 154 项指标的监测，初步掌握了我国主要食品化学污染物和食源性致病菌污染的基本状况。药品电子监管对药品种类、企业和零售店的覆盖面不断扩大，建立了药品电子监管平台，对药品的"一件一码"电子身份认证，实现了对药品在生产和流通环节的有效监管，减少问题药品流入市场的风险，从而保障人民群众的用药安全。麻醉药品、精神药品、血液制品、中药注射剂、疫苗、基本药物全品种、含麻黄碱类复方制剂、含可待因复方口服溶液、含地芬诺酯复方制剂等已纳入了电子监管。电子监管在覆盖生产企业和批发企业的基础上，向末端流通使用环节（零售药店）延伸。所有药品批发企业按规定开展药品电子监管工作，实现了对所有赋码药品进行核注核销，做到了"见码必扫"。截至2014年底，西部12省超过47595家零售药店完成了药品电子监管软硬件设备的配备工作。

在新媒体应用方面，地方食药监部门积极运用微信、APP等开展网上服务。如，国家食药监总局推出了"国家食药监管"APP，APP设置基本与国家食药监总局官网发布的内容相对应，包含工作动态、药品质量公告、药品召回等多个栏目，消费者如想查询一款保健品或药品是否取得国家相关认证时，可在食品生产企业查询、进口保健食品查询等栏目输入注册号或企业名称等检索关键词，核实相关认证信息。目前，安卓和苹果手机用户都可以下载移动客户端进行安装。广东食药监局发布了"美妆客"APP，消费者可通过该软件查询国产非特殊用途化妆品备案信息，产品的备案凭证编号、配方、产品包装等文字和图像信息，进而判断真假；开通了微信服务号，提供数据查询、行政审批、监管咨询、食品溯源等便民服务。成都食药监局推出政务微信公众号，市民可以通过"我要投诉"，反映各类食品、药品、医疗器械、化妆品、保健食品的违法行为。深圳市食药监局开通"药品查查看"微信服务公众平台，改变了传统的药品咨询模式，截至2014年12月，已为市民解决了1万多条药品真伪鉴别查询。

第五节　数字文化迎来跨越式发展的春天

全国数字文化服务体系初步形成。截至2015年9月，公共数字文化服务网络基本建成，地市级以上的网络平台已经搭建完毕。在乡镇街道层面，建设了一批公共电子阅览室服务点。公共文化资源库群形成规模，包括共享工程的各级资源已经达到412.46TB，其中140TB的数字资源在数字图书馆虚拟网实现共享，内容包括红色历史文化资源、少数民族旅游资源，服务对象涵盖农民、少数民族等不同群体。

各地围绕群众文化需求，结合自身实际，积极探索数字文化新形态。苏州图书馆推出"书香苏州"APP，结合线下 24 小时自助图书馆，实现了网上借阅社区投递。上海推出"文化上海云"，为市民提供一站式数字化公共文化服务，包括虚拟参观美术馆、博物馆、网上借阅图书，以及网上购买演出、讲座、亲子活动门票等。浙江推出"浙江文化通"APP，汇聚了浙江省公共图书馆、美术馆、文化馆、博物馆、影剧院等公共文化单位的文化信息，以及省图书馆的百万电子书和百余种精品人文杂志，通过宣传屏、手机等智能终端，为公众提供文化资讯预告和数字阅读、图书查询借阅等公益服务。宁波推出了全国首家地铁数字图书馆，公众可以通过车站触控终端和"微书房"APP 进行阅读和视听。重庆市北碚区的"公共数字文化体验平台"，通过整合本地文化资源网站、多媒体移动 APP 终端、科技体验厅等，形成了文化馆数字化新媒体，为群众提供各类相关服务，内容涵盖群众艺术培训、文化展览、文化互动体验、阅读等群众性文化活动及非物质文化遗产宣传等。四川启动了"文化四川云"平台建设，将逐步建立文物保护数字化管理和展示平台，实现对全国重点文物保护单位、考古现场、文物库房等重要地点的远程监控和智能化管理，并引入 3D 模拟等现代技术，用于创建网上虚拟展示、宣传教育平台，实现文保信息的网上推送和自助导览服务。广东推出了全国首个非物质文化遗产 APP 项目——广东省非物质文化遗产电子地图，安卓手机用户可扫描二维码下载安装，轻松了解广东非物质文化遗产项目、项目代表性传承人等的相关信息。上海推出了"城市公共文化云"，以智能手机、PC 电脑、数字电视为输出渠道，为市民提供数字公共文化服务。郑州推出了戏缘APP，以戏曲为主题，将戏迷资源、媒体资源、艺术家资源等进行互联整合，形成了以戏曲为中心的互联产业链，目前已在全国建立 122 个推广站，覆盖 10 多个戏曲大省，吸引粉丝近 300 万。

第六节　安全生产管理信息化应用逐渐强化

各地各部门以遏制重特大安全事故为己任，不断强化安全生产管理信息化建设，以保障劳动者生命和财产安全。截至 2014 年底，全国各地以推广安全应急管理系统为抓手，普遍建立了安全生产应急信息管理体系。安全生产应急管理平台建设顺利推进，覆盖全国安监系统的广域网络基本形成，面向安全监管监察及行政执法、调度与统计和矿山应急救援等业务信息系统覆盖率进一步提升，为安全监管监察和行政执法提供了有效的技术支撑。安全生产标准化信息系统覆盖范围持续扩大，为工贸企业和监管机构开展标准化工作提供了支撑。基于全国安全生产隐患排查治理信息统计和报送系统，实现了对全国隐患排查治理情况的精确掌握和分析。建设完成全国工贸行业安全生产标准化达标信息管理系统一期工程，覆盖了2400多家企业，推进了各级工贸行业企业安全生产标准化水平，保障了工贸行业劳动者的生产安全。

第十二章　2015年中国农业信息化发展情况

第一节　发展环境不断优化

"四化同步"助力农业现代化进程提速。当前，我国已进入工业化、信息化、城镇化和农业现代化同步推进的新时期，落实"四化同步"，薄弱环节是农业现代化。没有农业信息化就没有农业现代化。"四化同步"的推进势必加速农业现代化发展步伐，在工业反哺农业、城乡一体化发展的拉动下，进一步强化现代信息技术对农业发展的支撑作用，将有力地推动农业转型升级，提升农业现代化水平。

"互联网+"推动农业信息化创新发展。信息技术的突飞猛进、互联网与传统领域的深度融合，为农业信息化发展带来了新的机遇。"互联网+农业"就是充分发挥互联网在农业生产要素配置中的优化和集成作用，把互联网创新成果与农业生产、经营、管理、服务和农村经济社会各领域深度融合，通过技术进步、效率提升和组织变革，提升农业的创新力，进而形成农业生产方式、经营方式、管理方式、组织方式和农民生活方式变革的新形态，是用互联网思维推动我国现代农业发展、社会主义新农村建设和培养社会主义新农民的重要内容，也是我国发展现代农业的重要切入点和支撑点。在"互联网+"的浪潮下，农业信息化同样面临革命性的变革契机，探索和实践互联网技术与"三农"的深度融合，将大大促进农业信息化的创新发展。

市场配置资源的决定作用注入农业信息化发展动力。党的十八届三中全会肯定了市场在资源配置中的决定性作用。这就要求在农业信息化建设中探索处理好政府与市场的关系，创造良好的政策环境，推动农业信息化健康快速发展。一方面，要持续完善农业信息化基础设施，增强涉农信息资源开发和利用能力，为农民提供基本的、公益性的公共信息服务；不断强化科技和人才支撑，为农业信息化的快速、健康、有序发展建立强大的政府支撑体系。另一方面，要充分发挥市场在资源配置中的决定性作用，广泛动员社会参与，充分调动生活服务商、金融服务商、平台电商、电信运营商、系统服务商、信息服务商等企业合力推进农业信息化建设，探索出一条"政府引导、企业主体、社会参与、多方共赢"可持续发展的路子。

新型农业经营主体引领农业信息化应用方向。在坚持家庭经营基础性地位的同时，我国各地农村普遍注重"组织起来、流转起来、经营起来"的农村发展策略，逐步培育了家庭农场、农民专业合作社、农业产业化龙头企业等新型农业生产主体。新型农业经营主体克服了传统农业单兵作战的种种弊端，通过多种形式的适度规模经营，有利于提升利用信息化发展现代农业的意识，促使农业生产经营走向集约化、规模化和现代化，从而为信息化应用提供用武之地。以新型农业生产经营主体为载体，通过构建专业化、组织化、社会化相结合的信息服务体系，有助于畅通信息服务渠道，准确把握农业生产经营过程中的信息化需求，提供精准的个性化信息服务，提高信息化应用效益。

第二节　农业生产智能化初见成效

2015年，在农业部农业物联网区域试验工程和国家物联网应用示范工程智能农业示范项目的带动下，各地积极探索物联网技术在农业生产中的应用，农业生产智能化初见成效。

上海市农业物联网区域试验工程坚持政府推动、企业主体、点面结合的原则，着力推进物联网技术在农产品安全监管中的应用，在农产品电子商务仓储、冷链、物流、配送等环节中的应用。一是构建了综合展示系统、应用管理系统、远程指挥调度系统的农业物联网应用公共服务平台；二是稳步推进光明米业粮食作物"产加销"安全监管示范工程、蔬菜标准园安全生产管理系统、动物及动物产品安全监管示范工程等项目；三是加快培育农产品电子商务应用示范企业，筛选评审了上海菜管家电子商务有限公司、上海同脉食品有限公司、上海都市生活企业发展有限公司、上海多利农业发展有限公司等四家企业并予以扶持；四是推进物联网技术集成创新，开展了大田应用集成传感设备研发应用、动物电子标识研发应用、空中移动感知应用、集成设备研发应用、水面与水下综合环境移动感知平台研发应用。

安徽省农业物联网区域试验工程包括大田作物农情监测系统、大田生产智能决策系统、农机作业质量监控与调度指挥系统、大田生产信息综合服务平台、大田生产物联网技术应用示范区、在多个产业进行农业物联网技术应用试点等六项建设任务。目前，在20个粮食主产县建立了监测点，研发了小麦"四情"（苗情、墒情、病虫情、灾情）监测预警系统软件，完成了大田作物农情监测系统一期项目建设；推进了大田生产物联网技术应用示范区建设，确定国家级现代农业示范区埇桥区、庐江县、南陵县及国家级农村改革试验区龙亢农场为大田生产物联网技术应用示范区；推进了各产业农业物联网技术应用试点建设，确定57家基础条件好的龙头企业、农民专业合作社为农业物联网示范点，涉及粮油、畜牧、渔业、茶叶、蔬菜、水果、电子商务、农机8个行业。

黑龙江农垦重点围绕"现代化大农业"的总体目标，以保障国家粮食安全、挖掘种植业增产、稳产、增效潜力为目的，构建大田种植物联网应用技术体系，推动信息化与农业机械化的全面融合，制定大田种植物联网应用标准和规范，建设大田种植物联网管理和服务平台，促进大田种植生产管理方式的变革。在研发方面，进行了作物本身生理指标传感器、农作物环境无线智能检测、基于移动网络的作物生长与管理移动数据采集系统、田间应用无线传感器网络、多源数据融合的农业灾害监测预警辅助系统、农机具及其作业信息管理系统研究开发工作。在应用方面，建设水稻智能育秧大棚8栋，实现了智能微喷及电动卷帘通风控制；建设了智能化芽种生产系统，日生产芽种能力150吨；建设了农田生态环境监测系统，实现了对环境的实时定点采集；建设了农田生产视频监控系统，提高了决策指挥的准确度和灵活性。

江苏省重点构建适于大面积推广的养殖业物联网解决方案，开展物联网技术在养殖业领域的大规模产业化示范，制定养殖业物联网应用标准和规范，扶持一批农业物联网技术应用示范企业，带动我国物联网产业及相关信息产业发展。项目重点推进的水产养殖物联网，目前已辐射全市5万亩水产养殖面积，通过在池塘中安装溶解氧等传感器，监测水中溶解氧含量，利用GPRS无线网络传感数据，通过系统平台分析处理，实现增氧设备的自动、远程控制，有效减少了养殖户夏季高温时节的巡塘次数，减轻了劳动强度，科学增氧，节省电费，改善水质，增加产量，农户亩均增产 10%，节省电费 80 元／亩，每亩增收 1000—1300 元。溶解氧物联网设备已通过江苏省农机鉴定站的农机推广鉴定，并被江苏省农机局纳入 2013—2015 年农机补贴目录。另外，项目还开展了生猪、蛋鸡和奶牛的物联网应用示范。

第三节　农业经营网络化发展迅速 [1]

农产品电子商务发展迅猛，为传统农产品营销注入了现代元素，在减少农产品流通环节、促进产销衔接和公平交易、增加农民收入、倒逼农业生产标准化和农产品质量安全等方面显示出明显优势。据不完全统计，2015 年，全国农产品电商平台已逾 3000 家，农产品网上交易量迅猛增长。

从交易品种看，耐储易运的干货和加工品占主体，生鲜增势迅猛。电子商务交易的农产品主要是地方名特优、"三品一标"等，如大枣、小米、茶叶、木耳等干货及加工品占农产品电子商务交易总额的 80% 以上。近两年在大城市郊区涌现出了一批如北京任我在线、沱沱工社、上海菜管家、武汉家事易、辽宁笨之道、海南惠农网等为市民提供日常生鲜农产品的电商企业，且发展势头强劲。

从交易模式看，多样化发展趋势明显。如入驻淘宝、京东、1 号店等成熟电商平台开设网店模式，中粮我买网、顺鑫抢鲜购等农业企业自建平台模式，大连菜管家、武汉家事易等以网络为交易平台、以实体店或终端配送为支撑的"基地＋终端配送"模式，"世纪之村"利用村级信息服务点开展农产品、农村消费品网络代销代购模式，天猫、河南众品食业的产品供应商与批发商的 B2B 电子商务模式。从生产经营主体看，部分农民、合作社、批发市场开始尝试电子商务。山东、浙江等地出现许多大型"淘宝村""淘宝镇"，并带动周边物流、金融及上下游产业发展；茶多网聚集安溪茶叶批发市场的 1860 家实体店，形成了全国茶叶电子商务平台，年交易额达 2 亿元；四川中药材天地网依托全国药材市场设立分支机构和信息站点，形成了庞大的线下服务网络。

从支撑环境看，服务和支撑体系有了一定基础。城市冷链物流、宅配体系以企业自建方式快速发展，农村物流网点迅速增加，部分地方利用农村信息员开展

---

[1] 袁晓庆："互联网+"农业:助推农业走进4.0时代，互联网经济：2015年Z2期。

草根物流服务，在很大程度上弥补了农村物流的空缺。资金支付手段进一步完善，支付宝、网银、手机钱包等金融服务开始向农村延伸。

第四节　农业管理高效化显著提高

农业部以金农工程为抓手，大力推进农业管理信息化建设，大大提高了农业部门行政效能，提升了管理和服务三农的能力和水平。

统一电子政务标准规范体系建设为全国农业信息化标准先行奠定了基础。项目建成了统一的农业电子政务标准规范体系，包括总体标准、管理标准、信息资源、应用支撑、数据交换、业务应用、网络标准、安全标准8大类、32项标准。通过金农工程标准规范体系建设，为指导全国金农工程项目建设与应用提供了标准依据，确保了信息资源共享与业务协同，确保了网络系统互联互通，确保了各系统的安全可靠，为金农工程总体设计和可持续发展，为全国农业信息化标准先行奠定了基础。

农业监测预警为防范农业风险和政府科学决策提供了有力支撑。项目建成了全国统一的、可快速定制和复用的数据采集平台。目前已完成农业综合统计、物价监测、成本调查、农机事故、农情调度16个农业行业数据采集系统。系统信息填报用户近3.7万个，累计采集省、地、县、乡、村等各级报表近395万张，有效提高了农业部门数据获取能力和统计工作效率，为领导和管理部门决策提供了强有力支撑。在加强数据采集工作基础上，开发了农产品监测预警平台，对小麦、玉米、稻谷、生猪等关系国计民生的18类重要农产品从供求安全、生产波动、市场价格波动、国际价格竞争力、进口影响指标等方面开展了部省联动的动态监测分析预警工作。

农产品及生产资料市场监管提高了农业部门依法行政、市场监管水平和工作质量。项目构建起高效便捷的部省统一农业电子政务平台，建成了较为完善的农机监理、农药监管、三品一标等10类农产品及生产资料市场监管系统，以及功能完备、高效运行的农业行政综合办公（审批）系统。通过项目建设，农业部市场监管与行政审批综合办公工作跨入新台阶，进一步规范了市场监管和行政审批行为，显著提高了为民办事的便捷性和透明度，提高了工作效率，降低了社会成本，为维护农产品和生产资料市场运行秩序奠定了坚实基础。

农业科技市场信息为引导农业生产和促进农民增收提供了有力支持。项目建成了国家农业综合门户网站(世界农业网站排名位居第二),形成了农业部网站群。农产品批发市场价格信息服务系统,实现了每日农产品价格行情数据的在线填报和实时采集,覆盖了700多家农业部定点批发市场、共550余种农产品的交易价格,日报价数据8000余条。价格数据经整理后及时在国家农业综合门户网站以及中央电视台二套财经频道、中央人民广播电台、农民日报等中央媒体对外发布。同时,还开展了上海、无锡两家批发市场电子结算数据上报试点工作,日采集实时电子结算数据7万余条,为进一步推进农产品批发价格数据的深度开发利用和监测市场运行进行了有益探索。农村市场供求信息全国联播服务系统,服务农产品产销对接,为解决农产品买难卖难提供了技术支撑和信息服务。据统计,通过该系统开展的农产品网络促销,成交额超过40亿元。

应急指挥场所建设提升了农业部门应对自然灾害、处置突发事件能力和工作效率。项目建设了集通信、指挥、展示、监控、会议、网络于一体的农业部应急指挥场,使农业系统重大突发公共事件的预防预警、快速响应和高效处置的能力明显增强,预防和减少了农业经济损失,有力地指导了生产开展、维护了市场稳定,取得了显著的经济效益和社会效益。项目建设的农业视频会议系统实现了部省之间双向高清视频会议直播,并延伸到了368个地市级会场、1089个县级会场,单次视频会议直接参会人数可达1万多人,已成为农业部向省级农业部门传达中央有关精神、安排部署农业农村经济工作的重要平台,成为履行行政管理职能、提高工作效能、节约行政成本的重要手段。

第五节　农业服务便捷化初步实现

2015年,农业部切实把信息进村入户作为一项惠农工程来抓,积极落实配套资金,充分调动参与各方的积极性,勇于开拓创新,狠抓措施落实,试点工作取得了重要阶段性进展。

一是建设了一批益农信息社。根据整县推进的原则,按照有场所、有人员、有设备、有宽带、有网页、有持续运营能力的"六有"标准和提供公益、便民、电子商务、培训体验等"四类"服务的要求,在农户集中、交通便利的地段,充分利用已有场所因地制宜建设三类村级信息服务站,即标准型、专业型和简易型。

标准型主要依托村委会、已有村级服务站点新建或改建，为农民提供全方位一站式服务。如浙江省遂昌县利用村级便民服务中心，采取官办民营的方式，整合涉农服务资源，为农民提供土地流转、新农合、宅基地登记等138项政务服务和农产品代销、小额提现等52项市场服务以及发布农业政策、村务公开、灾情预警等多种公益服务；专业型主要依托新型农业经营主体建设，为农户提供生产经营专业化服务。如北京市密云县、大兴区依托14家蔬菜专业合作社建站，开发"云农场"生产管理系统和电子商务平台，为社员免费提供从生产安排、农事管理、智能控制到冷链物流、社区配送、农产品质量安全追溯的全产业链服务；简易型主要依托农资店、便民超市建设，为农民提供农业生产资料和生活消费品代购服务。如吉林省双阳区通过电子商务平台已实现化肥、生活用品等销售额2500多万元。

二是培育了一支村级信息员队伍。按照"有文化、懂信息、能服务、会经营"的标准，切实抓好信息员的选聘、培训、管理等工作。在选聘方面，重点从村干部、大学生村官、返乡农民工、农村青年、专业合作组织负责人、农村商超店主中遴选，目前每个村级信息站至少配备了1名信息员。在培训方面，依托我部农村实用人才和市场信息系统业务培训项目举办了11期信息进村入户专题班，共培训骨干信息员1100人次，试点省（市）、县累计培训信息员3558人次，为信息进村入户顺利推进提供了人才保障。在管理方面，制定完善了一批服务标准和管理办法，规范信息服务记录和留痕，严格考核奖惩，确保服务质量。黑龙江省方正县开展信息员"星级"评定活动，根据评定结果对信息员实行绩效奖励。

三是整合了各类服务资源。试点省（市）各级农业部门坚持以满足农民的需求为出发点和落脚点，充分发挥组织协调作用，在整合农业部门服务资源的基础上，融合更多涉农部门服务资源，吸引优质社会服务资源，丰富了信息进村入户服务内容，最大限度满足了农民的多样化、个性化生产与生活需求。一是以12316服务热线为纽带，在强化政策、技术、市场行情、投诉受理服务的基础上，进一步整合农技推广、农产品质量安全监管、农村"三资"管理等服务资源，通过语音呼叫、双向视频、短（彩）信、微博、微信等全媒体手段，提供全面的农业专业服务。辽宁省将12316与基层农技推广体系融合，农民通过12316全媒体平台可以精准、就近找到农业专家，同时每个村级站均配备了12316直拨电话，农民咨询全免费。二是通过聚合有关涉农部门和公用企事业单位的资源，提供农业保险、新农合、救灾救济、义务教育等公共服务，开展水电、通信缴费和医疗挂号、小额提现、代购车船票等便民服务，让村里人与城里人一样享受便捷服务。三是利用村级站实体网络巨大的潜力优势，吸引通信、物流、金融、电商和信息服务等企业参与村级站建设与运营，拓展农村市场空间，为信息员提供创业条件，增强站点自我造血能力。

四是初步探索了可持续运营机制。按照充分发挥市场配置资源的决定性作用的要求，各级农业部门积极组织相关企业开展政企、企企合作，创新村级站建设与运营机制，重点探索了"羊毛出在牛身上"的利益置换模式、政府补贴机制等，公益性服务与经营性服务相辅相成的可持续发展模式已初步显现。中国电信集团公司为每个村级站提供宽带接入、Wi-Fi环境、12316直拨电话等5项免费服务和5项优惠服务，以抢占拓展农村市场。浙江省遂昌县支持嘉言民生公司，通过收取服务佣金的方式，整合国有和民营企业服务资源，为农民提供各种服务。北京农信通集团在河南省、甘肃省建设县级运营中心和乡镇分中心，实行"麦当劳"式管理，推动农业信息服务的标准化。福建省专门安排财政资金每站补贴5000元用于设备购置和更新；将信息员纳入农村公益岗位，每月补贴800—1000元，用于购买政府公益服务。

实践表明，信息进村入户试点工作走出了一条"政府得民心、企业得发展、农民得实惠"的路子，很受教育、很受鼓舞，这条路应该走，也走得通。

一是从满足农民需求看，农民享受到了与城里人一样的消费服务。信息进村入户将公益服务、便民服务、电子商务集聚到村级信息服务站，农民可以更加精准地得到政策、技术、市场行情、动植物疫病防治等方面的咨询服务，不再像过去凭经验、盲目跟风种养；农民可以就近缴纳电费、水费、电话费，可以就近购买车船票、预约就诊挂号，不再像过去要跑很多路到镇上网点去办理；农民在家里就能购买到物美价廉的生活消费品，享受到与城里人一样的消费服务。村级信息员和农民群众普遍反映，信息进村入户就是好，能够把世界带到村里，把村子推向世界，还可以让农民"买世界、卖世界"。

二是从帮助企业拓展市场看，助力企业在农村蓝海市场抢占了先机。信息进村入户为电信服务商、电商、服务提供商等企业提供了开拓农村市场的大平台。正因为这些企业一致认为农村是一片"蓝海"，在试点工作启动之时，18家相关企业联合发起倡议，愿与农业部门合作，共同开创"政府得民心、企业能盈利、农民享实惠"的发展格局。中国电信集团公司为所有的村级信息服务站提供免费12316拨打和免费 Wi-Fi 服务，让"三留守"人员可以不花钱就与在外地打工的家人视频通话，在为政府提供公益服务的过程中实现了自身业务的同步发展。许多运营企业广泛吸收银行、保险、电商、物流等企业参与，不仅帮助相关企业将业务延伸到乡村，拓展了农村市场，而且为农民提供了小额信贷、现金存取、灾害保险、代购代卖等服务。

三是从提升政府部门管理和服务能力看，提高了政府宏观决策和科学调度水平。政府信息进村入户不仅可以使党的农村政策迅速送到千家万户，而且可以快速了解掌握农情、灾情、市场行情和社情民意，还可以改进政府部门的服务方式、拓宽服务范围、畅通服务渠道。通过信息进村入户，能够有效缩小城乡数字鸿沟，帮助农民实现弯道超车；能够将层层上报的传统统计调查方法改变为网上直报的方式，政府部门可以及时了解到最真实的基层情况；能够帮助农民有效对接市场，切实把"以产定销"转变为"以销定产"，减缓农产品价格波动；能够有效解决公益服务长期严重不足的问题，促进公益性服务与经营性服务相得益彰；能够将党的群众路线在广袤的农村甚至边远山区得到具体体现和落实。

第十三章　2015年中国智慧城市发展情况

第一节　国家和地方联合推动智慧城市规模化发展

国家以政策、试点、标准等多种方式强力推进智慧城市发展。一是在政策方面。2014年8月，国家发改委、工信部等八部委联合出台了《促进我国智慧城市健康有序发展指导意见》，提出要建成一批特色鲜明的智慧城市，聚集和辐射带动全国智慧城市的发展。2015年，国务院围绕云计算、大数据、宽带网络、"互联网+"等重点领域，相继发布重要政策文件，针对共性问题提出战略性举措，为智慧城市全面发展注入新动力。各部委结合自身业务，出台政策支持发展智慧城市，推进"互联网+"与各领域深度融合。二是在试点方面。截至2015年10月底，我国已有超过373个智慧城市试点城市或地区。其中，住建部开展国家智慧城市试点三批共计277个，专项试点41个；科技部和国家标准化管理委员会开展智慧城市技术和标准试点20个；国家测绘信息局开展智慧城市时空信息云平台试点两批共20个；工信部、国家发改委联合举办中欧城镇化伙伴关系论坛开展中欧绿色智慧城市试点国内外各15个。三是在标准方面。在国家标准化管理委员会联合多个部委，积极开展了我国智慧城市标准化工作，并取得了积极进展。2014年1月，通过成立国家智慧城市标准化协调组、总体组和专家咨询组，以及促进智慧城市健康发展部际协调工作组，形成了我国智慧城市标准化工作体系；通过开展智慧城市标准体系、重点关键标准、评价指标体系等重点工作，形成了一批智慧城市标准工作成果。目前，已形成智慧城市标准体系框架。国家相关部委智慧城市试点一览表见13-1。

表 13–1　国家相关部委智慧城市试点一览表

试点年份	部委名称	试点名称	试点数量
2012	住建部	国家智慧城市试点（第一批）	90个
	科技部和国家标准化管理委员会	智慧城市技术和标准试点	20个
2013	住建部	国家智慧城市试点（第二批）	新增103个
	国家测绘信息局	智慧城市时空信息云平台试点（第一批）	10个
	工信部	中欧绿色智慧城市试点	国内外各15个
2014	住建部	国家智慧城市试点（第三批）	新增84个 专项41个
	国家测绘信息局	智慧城市时空信息云平台试点（第二批未公布）	10个
共计			373个

资料来源：赛迪智库整理，2016年1月。

　　在国家的号召下，很多省市都加入到了智慧城市建设中。截至2015年10月底，全国开展智慧城市建设的城市已超过500个。在机制上，地方政府普遍成立了智慧城市建设领导小组，协调推进各项重点工作。在工作方法上，有的成立研究机构加强前沿研究和总体部署，有的以试点方式由点及面、步步推进。浙江省、山东省、海南省、宁波市、哈尔滨市、武汉市、广州市、天津市、北京市、南京市等10多个省市，联合高校、IT公司等多方资源，成立了属地化智慧城市研究机构。浙江省是全国率先开展智慧城市建设的省份之一，也是成效最为突出的省份之一。浙江省针对交通、医疗等民生领域启动了20个智慧城市建设试点示范项目，目前20个试点项目取得了初步成果。如，智慧高速项目，初步实现了主线堵车不超过2小时；智慧安监项目，实现了城市工程车、市区建筑工地以及电梯的可视化监管；组建了9家智慧城市大型软件研究院，开展智慧城市大型专用软件研发。

第二节　城市运行管理日趋精细化

　　智慧城管通过新一代信息技术在城市管理领域的全面应用，实现了城市运行管理的网格化、精细化。北京、青岛、广州等地通过智慧城管建设，为城市管理注入了新的动力。

2015年7月，北京市委市政府通过《关于全面加强北京市城市服务管理网格化体系建设的意见》，拟对城市网格化管理模式进一步升级，与治安管理网格化、社会服务网格化进行融合[1]。截至2015年7月，北京市92%以上的街道（乡镇）和社区（村）均建立起了网格化体系，每天有109671名网格员活跃在31681个网格里，群众身边一旦出现大事小情，网格员就可以随时随地为百姓解决问题。

广州市建立了以网格为基础，以信息化为依托，以制度为保障的网格化城市管理模式。在网格化管理模式中，建立了"专兼结合"的网格员队伍，负责巡查、网格区内问题处理及群众信息收集等工作，进一步提升了政府对居民问题的处理效率和对城市的整体管理能力。

青岛市建立了"一线一网一平台"智慧城管监督指挥体系，构建了集行业管理、便民服务、应急处置等功能为一体的城市管理综合信息平台。新平台除了受理供水、供气、供热、排水、环卫监督等市政公用服务问题外，还受理市容景观、环境卫生、园林绿化、防雪防汛和城管执法等城市管理问题。以统一受理、分类处置、统一核查、统一反馈的运行机制，实现了广大市民多渠道参与城市管理。自2015年新平台正式运行以来，该市智慧城管水平得到有效提升。截至2015年10月底，共受理各类城市管理案件131.49万件，处结率达97%。

2015年10月，佛山高明区推行城管网格化模式，由24名区领导直接挂钩相应网格，实现对区内市政道路设施、城市道路交通、乱张贴广告等问题的管理。佛山高明区出台了《高明区城市管理网格化实施方案》，大力推进网格化城市管理工作，提高城市管理工作的效率，逐一解决网格内的各项问题。

第三节　智慧交通正由理念走向实践

政府和企业联合推动智慧交通快速发展。6月，交通运输部印发《关于进一步加快推进城市公共交通智能化应用示范工程建设有关工作的通知》（交办运〔2015〕88号），旨在提高城市公共交通的运营管理效率，并增强行业管理指挥能力，提升城市公共交通服务与安全水平，计划在2015年底完成济南、郑州、大连、哈尔滨、深圳、南京、西安、长沙、北京、重庆10个试点城市的示范工

---

[1] 中国青年网：《北京市网格化管理体系亮相智博会》，2015年7月11日，http://news.youth.cn/

程主体建设。从行业规模来看，2014 年我国智能交通市场规模达 459.5 亿元 [1]，同比增长 12.54%，相对 2010 年市场规模翻了一倍多（见图 13-1）。从企业层面来看，当前国内智能交通企业达 2000 余家，主要集中在高速公路收费、道路监控、系统集成和 3S（GPS、GIS、RS）环节。电信运营商和互联网企业开始在智慧交通领域发力。阿里凭借支付宝的技术优势，切入公共交通领域，并收购高德、投资易图通；百度与交通部门联合，深度挖掘交通大数据价值；腾讯推出了车联网相关硬件产品，并与智能交通公司开展合作。电子运营商凭借政府的资源优势，推出了一系列智慧交通 APP 应用。如，广州市的"行讯通"系列 APP，就是政府与三大运营商的合作成果。

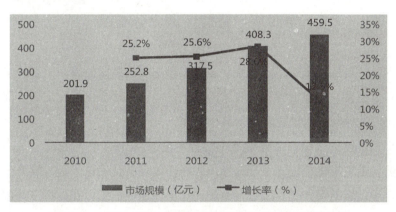

图13-1　2010—2014年我国智慧交通市场规模及增长情况

资料来源：赛迪智库根据智研数据中心资料整理，2016 年 1 月。

公路交通、城市道路交通管理服务、城市公交等智慧交通应用建设日益深入。一是公路交通收费系统 ETC 覆盖面不断扩大。截至 2015 年底，全国 14 个省市的高速公路 ETC 联网运行，京津冀、长三角地区计划建设跨省区的收费系统。二是城市道路交通管理服务应用典型密集涌现。南京市搭建了城市智能云交通诱导服务系统，通过综合分析人、车、路等因素，为出行者提供出行信息服务。厦门市智能交通指挥控制中心则通过检测设备、视频巡逻、电话、微信、微博等多元化渠道采集道路交通信息，通过室外诱导屏、网站、手机等方式及时发布信息。三是城市公交信息化成效初显。37 个城市入选公交都市建设示范工程创建城市，在提高公共交通系统的吸引力、调控城市交通需求总量和出行结构、提高城市交

---

[1]　智研数据中心：《中国城市智能交通市场研究报告》，2015年8月12日。

通运行效率等方面进行了积极探索。北京、深圳等城市依托滴滴、微信推出滴滴巴士，在人群密集的办公区和居住区探索定制公交，截至 2015 年 10 月，已开通线路超过 800 条，近 2000 个班次，服务用户数超过 50 万次，平均上座率超过 60%，再次乘坐率也达到 80%[1]。截至 2015 年 8 月，住建部的"全国城市一卡通互联互通"平台已覆盖全国 60 多个城市，预计到 2015 年底互联互通的城市数量将超过 70 个 [2]。由于商业模式、产业结构、安全法规等瓶颈的存在，我国车联网仍处于初级阶段。据银河证券预测，2015 年我国车联网用户将达 1000 万户，占汽车用户总数的 10% 左右 [3]。

第四节 智慧环保应势崛起

当前，环境保护日趋重要，推动智慧环保逐步向纵深发展，生态环境监测网络建设日益完善，为环境管理和决策的精细化、实时化提供有效支撑。深圳、江苏、衢州等地涌现了一批智慧环保典型样本。

深圳市创建的"深圳市环境地理信息平台"，实现了空气流动、污染物扩散一目了然，推动搭建单位方——深圳市人居环境委员会信息中心，成为全球环保信息化建设领域的领先者。该平台通过建立环境地理信息标准，将空间数据进行收集、整理，为移动执法、环境监管、在线监控等业务提供了统一的空间数据服务。此外，深圳"智慧环保"通过统一搭建空间数据集中管理和服务平台，为相关人员提供 7 大类、31 个专题图服务，如区域周围的环境敏感点和环保目标的分布情况、不同区域污染相互影响情况、环境质量动态模拟等，为环保信息的预报预警提供决策技术支撑。

江苏积极拥抱"互联网＋环境"，通过搭建智慧环保系统"1831"，实现了对各类企事业单位环保数据的全方位监控。"1831"中的"1"，代表着建设一个全省共享的生态环境监控平台；"8"代表着集成饮用水水源地、流域水环境、大气环境、重点污染源、机动车尾气、辐射环境、危险废物、应急风险源 8 个子监控

[1] 中国经营报：《定制巴士来袭滴滴巴士如何撬动千亿市场》，2015年10月26日，http://www.cb.com.cn/info/2015_1025/1151695_3.html

[2] 申绯斐：《2015年全国城市一卡通互联互通城市将达到70个》，2015年5月14日，http://www.rfidchina.org/tech/readinfos-104003-325.html

[3] 华兴时报：《"互联网+"洗牌车险格局》，2015年11月10日，http://news.xinhuanet.com/auto/2015-11/09/c_128407370.htm

系统；"3"代表着组建省、市、县三级生态环境监控中心；最后一个"1"代表着一套数据管理，实现对全省生态环境的现代化监管。"1831"生态环境监控系统可将水、声、辐射、汽车尾气等和环保有关的因素的高精度地图以及相关数据集呈现在地理信息系统中，真正实现了平台大统一、系统大集成、网络大整合、数据大集中、硬件大集群、软件大管理、安全大提升、服务大保障。纵观整个系统，江苏省的环境问题皆尽收眼底，哪个市县污染最严重在系统上一目了然，系统甚至可以细化到全省的每条道路、脉络甚至连斑马线看得清清楚楚。并且该系统对重点污染源、污水处理厂、大型燃煤电厂、危险废物处置单位、机动车环检机构、环境风险源等各类企业单位实施全方位自动监控，只要轻轻一击，如污水处理厂整个数据、信息将全部显示，实现监控的透明化。同样，其饮用水源地水质亦是在系统实时监控下，这些地下水源地不允许任何污染。只要水质出现问题，系统便可立即做出反应，及时将信息反馈给环保厅相关人员，以便在第一时间内解决问题。"1831"江苏省生态环境监控系统也实时监控民众普遍关注的PM2.5的变化，只需一次点击，PM2.5值的变化曲线立即显现，方便快捷。

衢州市环境监控信息中心推出了"爱环保"APP，将全市饮用水源质量、交接断面水质情况、出境水质量、环境空气质量指数等8大类30项环境数据整合，向居民实时公开发布。除此以外，还和居民推送环保知识，居民也可以投诉反映身边的环境污染问题。截至2015年9月，通过该APP，已有1200人参加了环保知识竞猜，200余人参加了环保公益活动，环境投诉举报共50余起。

第五节　智慧园区建设取得初步进展

2015年，智慧园区逐步从数字化阶段向智能化园区管理和运营转变，以园区企业和居民的切实需求为导向，全面整合各方资源，实现了信息服务的集约化供给，为园区经济发展提供了有力的技术支撑。目前，国内的苏州工业园区、上海漕河泾开发区等园区，在智慧园区建设方面取得了积极进展和良好成效。从区域来看，智慧园区建设正由东部沿海发达城市逐步向内陆城市拓展。截至2015年末，长三角、环渤海、珠三角地区的国家级高新区和国家级经济技术开发区中共有48个，占全国比重约为76%，其中国家级高新区有24个，国家级经济技术开发区 24 个 [1]。

苏州工业园区建成了包括数据中心、电子政务私有云、非凡城市 SIP 等软硬件平台架构，以云端接入的形成向园区企业提供公共服务。2015 年基本实现电子政务、社会资源、公众服务、企业应用的整合建设，成为国际领先的智慧型城区高科技园区。其中，非凡城市 SIP（Suzhou Industrial Park）是苏州工业园区在建设智慧园区过程中极具特色的一大举措。采用 APP 应用免费下载的方式，让受众体验到"新闻中心""投资指南""图片视频集""非凡城市形象"等四大板块功能，无论身处哪一个角落都能以图文形式直观感受到园区发布的资讯与服务。

上海市漕河泾开发区城市光网建设，早在 2012 年 7 月就完成了光纤网络全覆盖，成为我国首个全面铺设"城市光网、3G 和 Wi-Fi"三种网络的高科技园区。漕河泾开发区目前正大力着手推出一套企业创新服务信息化云平台，旨在让园区企业及企业员工办公更为便捷。在开发区内，一卡通将上班考勤、智能停车、门禁刷卡、餐饮消费等功能相集成，为园区的智慧化管理提供了有效支撑。

第六节　智慧社区促使公众开启数字化新生活

各地积极探索智慧社区建设，以期通过信息技术的运用，为小区住户打造一个便利、舒适、安全的现代生活环境，形成一种基于大规模数据只能处理的社区管理新形态。

2015 年 7 月，四川长虹作为服务提供商，推出了"智慧社区"解决方案。该方案通过旗下"四川长虹点点帮科技有限公司"与小区物业联手构建了物管平台，将水电、门禁、家政、保姆、停车等服务汇聚整合，为小区居民提供一站式社区服务。一是将蓝牙专利技术嵌入到社区门禁系统，面向用户刚性需求，为居民提供安全有效的门禁服务。二是联合物业管理公司，将社区周边的商业、社交、宅配、家政等服务资源进行有效整合，集成在智慧社区 APP 中，以满足居民的日常生活需求。三是以多方受益的商业模式，联合房地产公司、地产投资公司，共同参与到一体化智慧社区服务平台建设。

北京市按照《智慧北京行动纲要》的统一部署，全市智慧社区建设工作自

---

[1] 中投顾问产业研究中心：《中国智慧园区区域发展现状及建设趋势分析》，中国投资咨询网，http://www.ocn. com.cn/chanye/201512/euckj25113133-2.shtml

2012年4月启动以来，截至2016年1月，全市共建成1672个星级智慧社区，占全市社区总数的58%，超额完成《智慧北京行动纲要》提出的全市建成1500个智慧社区的目标任务。全市星级智慧社区共覆盖全市366万户、969万居民。全市共有43个街道实现智慧社区全覆盖。智慧社区在养老助残、文化教育、卫生计生、劳动保障就业、出行旅游、生活服务、政务服务等方面惠民效果日益显著。

上海从便民、利民、惠民出发，以居民需求为导向，围绕社区生活服务、社区管理及公共服务、智能小区和智能家居等方面，发挥地区优势特色，目前全市16个区县共确定了50家试点智慧社区，建成了浦东陆家嘴街道、闵行古美路街道、宝山友谊路街道、静安石门二路街道、长宁周家桥街道等一批示范社区，实现了社会管理的智慧化、公共服务的精细化、人的生活方式优化，形成了新型、生态、可持续的社区发展治理模式。在社区服务上，智慧社区综合服务平台、智慧城市卡、居民电子健康档案、健康管理平台等正在逐渐铺开；在社区管理上，电子台账、一门式软件、城管通大联勤、门禁管理、志愿者管理、党员e家等应用百花齐放；在智慧养老领域，智能化养老服务管理、"居家宝"安防、智慧养老云平台、"电子围栏"等应用纷至沓来；在推广方面，智慧社区体验周、智慧城市体验中心更是锦上添花[1]。

2015年12月21日，沈阳市印发了《沈阳市智慧社区建设实施方案(2016—2017年)》，指出以"惠民、兴业、善政"为目标，以"互联网"为创新引擎，以促进信息和资源共享为重点，着力构建便捷高效的社区管理和民生服务体系。拟计划到2017年，建成以社区服务综合信息系统为中心，突出政务服务、公共服务和商业服务，覆盖市、区县(市)、街道、社区四级联通的社区智慧管理服务体系，确保"小事不出社区、大事不出街道、难事妥善解决"。在政府引导下，引进社会力量和资本，建立智能化社会服务模式，形成可持续发展的社区治理体系和较为完善的社区服务体系，初步实现全市社区的智慧化。

广州市海珠区推出了"信息家园"，为居民提供家电远程遥控开关、家居安全视频监控、电视节目自主控制等住宅智能化管理，以及居家商品订购、家政服务等信息。截至2015年底，大约有3万家广州企业接入了"信息家园"。

---

[1] 上海浦东智慧城市研究院：《上海市智慧社区发展白皮书（2015）》，2015年12月10日。

第十四章 2015年中国电子商务发展情况

第一节 电子商务政策支持力度不断加大

党中央国务院高度重视电子商务发展。习总书记亲自前往郑州，考察跨境贸易电子商务服务试点。李克强总理在十二届全国人大二次会议上，从扩大跨境电子商务试点、鼓励进口、鼓励创新发展等方面多次强调要重视电子商务的发展。在国务院常务会议上，确定加快发展电子商务的措施，培育经济新动力。汪洋赴新疆参观了电子商务科技园区，探访新疆农产品的电商化之路。国务院发布了《关于大力发展电子商务加快培育经济新动力的意见》《关于改进口岸工作支持外贸发展的若干意见》《关于推进线上线下互动加快商贸流通创新发展转型升级的意见》等；商务部出台了《关于加快发展农村电子商务的意见》《关于实施支持跨境电子商务零售出口有关政策意见的通知》《互联网＋流通行动计划》，并计划制定《网上商业数据保护办法》《电子商务企业认定规范》《跨境电子商务服务规范》《移动电子商务规范和网络零售第三方交易平台规则管理办法》等一系列电商管理办法，促进电商产业规范化发展。国家工商总局和工信部联合发布《关于加强境内网络交易网站监管工作协作，积极促进电子商务发展的意见》；国家质检总局出台了《关于加强跨境电子商务进出口消费品检验监管工作的指导意见》《关于支持跨境电子商务零售出口的指导意见》。

浙江、广东、江苏、福建、山东、陕西、甘肃、四川、陕西、上海、北京、天津、重庆等省市纷纷出台和发布了促进电子商务发展的政策和意见，加大了对电子商务发展的政策支持力度。青岛、常州、中山、济宁、铜陵、南阳等城市也纷纷出台了电子商务的行动计划、实施意见等，加快推进区域电子商务的发展。

第二节　行业电子商务平台的建设和推广进入落地阶段

快递物流行业、食品医药行业和电子支付行业在政策的支持与监管下，进入了落地发展阶段。

国家有关部门对物流行业提高重视，密集下发了多个关于快递物流、寄送服务等办法和规定，从多角度对物流业进行规范，推动物流业健康发展，帮助其摆脱服务态度差和危险品寄递等问题，逐渐从传统物流向现代物流转化发展。国务院发布了《关于促进内贸流通健康发展的若干意见》，提出促进线上线下融合发展，提高物流社会化水平；国家邮政局发布了《寄递服务用户个人信息安全管理规定》，从制度上落实了对寄递企业和从业人员违法泄露用户信息的法律责任。此外，作为国内首个针对快递安全的地方规章，《北京市快递安全管理办法》正式施行，不久之后，深圳市也发布了《深圳市发展快递业管理规定》。

医药电子商务起步较晚，主要是由于药品的本质属性是商品，但也具有其特殊性，即其对安全性和有效性要求较高，尤其是对于 OTC 药品、医疗器械乃至保健品的要求。国家食品药品监督管理总局发布了《互联网食品药品经营监督管理办法（征求意见稿）》，提出放开处方药在电子商务渠道的销售，规定了互联网食品药品经营者应具备的资质、监管原则和法律责任等条目，为食品医药行业电子商务平台的建设和推广指明了方向。福建省食品药品监管局通过采取加强药品信息服务、交易服务网站资质管理，明确监管职责、完善工作机制，加强药品交易网站销售管理和强化监管并严格落实企业主体责任等措施，进一步加强互联网销售药品监管，规范企业经营。

电子支付保持高速发展势头，产品和服务朝着更加快捷、高效、便利的方向发展。2015 年，我国互联网支付行业整体保持平稳、高效运行。中国人民银行制定并发布了《电子支付指引（第 1 号）》，在规范电子支付业务，防范支付风险，保证资金安全，维护银行及其客户在电子支付活动中的合法权益方面制订了条款，为促进电子支付业务健康发展提供了政策保障。

第三节 在全国范围内催生了一大批电子商务集聚区

在大批产业园、创业园和软件园中也聚集了不同规模的网商和电商服务商。电子商务产业园能够带动地方经济发展、推动城市化建设、提升就业率、提升企业竞争力、整合产业链促进产业发展和培训新型产业孵化科技人才，各地方均大力发展电子商务产业园。由于不同地方电子商务发展水平不均衡，电子商务园区的分布在地区间呈现明显的差异，主要集中在浙江、广东、江苏、福建和山东等省，截至 2015 年 3 月，这五个省的电子产业园区数量约占全国总数量的 70%[1]。

电子商务园区建设呈现规模化趋势。近几年，由于良好的发展环境、多元主体投资和网商需求旺盛的原因，全国电子商务园区的建设都呈现规模化的趋势。其中，跨境电子商务园区和县域电子商务的涌现是电子商务规模化建设的两个亮点。截至 2015 年一季度，全国跨境电商已经超过了 20 个，主要分布在上海、杭州、广州、宁波、郑州和重庆等地，这与这些地市的国际经济、市场需求和政策环境支持是息息相关的。随着县域电子商务的走热，县域电子商务园区在全国范围内增长迅速。在县域电子商务较发达的地市，金华、泉州、台州和苏州等地，其所辖县或县级市的电商园区数量占全市数量已经超过了 50%。据阿里研究院统计，截至 2015 年一季度，全国共有超过 100 个县域电子商务园区。

电子商务园区的服务集成化已成为主流发展方向。随着电子商务园区的发展，越来越多的服务商进驻园区，向网商企业提供包括代运营、物流快递、电商培训、网络营销、网店摄影、网店装修、技术支持以及会展、法律、财务、人力资源等一站式便捷服务，也成为电商园区吸引网商进驻的重要因素之一。据调查[2]，电子商务园区所汇集的服务大致分为三类：商务服务，包括为网商开展电子商务提供的各种专业服务，主要由园区或入驻园区的服务企业提供；政务服务，主要是面向网商、服务商的相关政务服务，主要由政府相关部门提供；生活服务，主要是为入住的企业员工提供日常生活配套服务，主要由园区或入驻园区的服务企业提供。

---

[1] 阿里研究院：《中国电子商务园区发展报告（2014—2015）》，2015年4月。
[2] 阿里研究院：《中国电子商务园区发展报告（2014—2015）》，2015年4月。

电子商务园区生态化集聚是近年来发展的主要特征。在电子商务园区内，入驻企业自发或园区促成了很多企业间多样的联系，逐步形成独特的生态系统，相互间专业分工、协作共享、共同进化，包括经验分享、联合营销、集体采购、合作招聘、服务外包等。在园区入驻企业间形成浓厚的电商创业和经营氛围，有利于网商、服务商的成长，也有利于电商园区的良性发展。

第四节 O2O 与传统企业融合创新模式层出不穷

电子商务 O2O 模式发展迅速。一方面是传统企业主动触网，利用互联网拓展商业活动；一方面是互联网企业主导，带动传统企业触网。使得传统企业在内部运营、市场推广、服务提供和产品销售等方面和互联网越来越相融合。

传统零售商积极探索线上线下融合模式。各大传统商业企业纷纷建立官方购物网站，采用"自营"或"联营 + 自营"的模式，扩展线上销售渠道。飞牛网利用大润发全国 306 个门店，与喜士多便利店合作，推行 O2O"千乡万馆"项目，还借力便利店、社区服务中心、乡镇连锁小店、加油站、专卖店等探索多元化服务。银泰商场和重庆百货也分别建立了自己的网上商城，通过 O2O 模式拓展渠道，深化线上线下模式探索。各大购物商场也纷纷在商场内部铺设 Wi-Fi 环境，如王府井百货、杭州解百购物广场等，便于顾客连接互联网，将实体的消费体验与在线服务结合，为顾客带来更全面的消费体验和服务感受，大幅度提高商场营业额。

电子商务与生活服务的融合越来越深入，各类生活服务电商平台正在渗透到民众日常生活的方方面面。据统计，2014 年本地生活 O2O 市场规模达到了 2350.8 亿元[1]。打车服务领域竞争异常激烈，腾讯和阿里巴巴为争夺市场烧钱近 30 亿，专车服务在满足高品质、多样化、差异性需求之外，其监管问题也得到了交通部门的高度重视。生活销售平台向生活各个细分领域拓展，大众点评除餐饮行业外，还在酒店、旅游、电影、结婚等领域进行了布局，美团也将其业务范围从团购向"吃喝玩乐大平台"等多个消费领域拓展。家政服务领域涌现多个表现出色电商网站，如提供洗衣服务的"e袋洗"，提供家政服务的"阿姨帮"，提供婚庆服务的"七夕婚嫁网"等等，将零散的供应和实际的需求对接起来，方便

---

[1] 中国电子商务研究中心：《2014年本地生活O2O市场规模达2350.8亿元》，2015年4月27日。

了城乡居民的生活。

第五节　跨境电子商务步入发展快车道

近年来，我国中小外贸企业跨境电子商务在国际经济疲软的环境下，逆势而为，保持了30%的平均年增速。有关部门正在加紧制定完善促进跨境电子商务的配套政策措施，推动跨境电子商务快速纵深发展。

跨境电子商务市场加速拓展。交易市场模式和综合服务平台模式在跨境电商的商业模式中发展最快。交易市场模式不仅可以使买卖双方在网上进行信息交换，互通有无，还可以进行在线交易。敦煌网、阿里巴巴速卖通和环球市场等都属于这类网站。综合服务平台模式可以为买卖双方提供贸易需要的所有服务，包括物流、支付、保险、金融、清关等。一达通公司是典型的综合服务平台，该公司通过整合业务流程和业务数据信息，与政府监管部门和商业机构合作，除了为中小企业提供进出口交易后的外贸业务外包服务，还提供进出口融资、国际物流、收汇和退税等服务。

跨境电子商务试点示范推进顺利。自从将上海、重庆、杭州、宁波、郑州和广州作为电子商务通关服务试点以来，各地纷纷年出台政策措施，推动鼓励本地跨境电商发展。截至2015年12月，上海跨境电商业务涵盖美国、韩国等多个国家和地区，跨境电商品牌集聚规模效应初步显现。重庆跨境贸易电子商务公共服务平台数据显示，2015年跨境电商平台销售额达30亿元。截至2015年6月，宁波保税区累计引进跨境进口电商企业已达265家，物流企业4家(EMS、顺丰、中通、中国邮政)，仓储企业2家(富立、中海贸)。

第六节　移动电子商务呈现爆发式增长

移动网络用户数量大幅增加。截至2014年底，我国手机网民规模达5.57亿人，比2013年增加了5627万人[1]。手机网民规模首次超越传统PC网民规模，移动互联网时代全面开启，移动电子商务迎来发展契机（见图14-1）。

---

[1]　中国互联网络信息中心，《第35次中国互联网络发展状况统计报告（2015年1月）》，2015年2月。

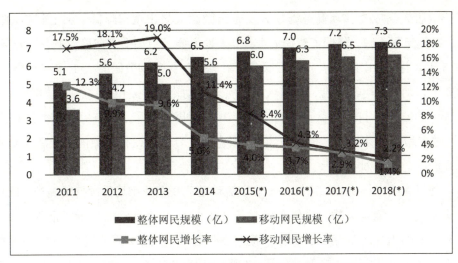

图14-1 2011—2018年中国整体网民及移动网民规模

资料来源：艾瑞咨询，2015年。

据统计，2014年我国移动购物交易额规模为8956.9亿元，年增长率达234.3%（见图14-2），远高于我国网络购物整体增速 (2014年我国网络购物市场交易规模为28145.1亿元，同比增长49.8%)[1]。2014年，我国移动购物交易额在网络购物整体市场中占比32.1%，较2013年占比增长近19个百分点。

图14-2 2011—2018年中国移动购物交易规模及增长率

资料来源：艾瑞咨询和易观国际，2015年。

---

[1] 资料来源：根据艾瑞咨询和易观国际统计数据综合分析所得。

微店微商成为移动商务新模式。微店微商大量出现，降低了网上开店的门槛，简化流程手续，降低了营销成本，极大地方便了中小卖家在移动端开展业务。2015年8月，利用现有的"安利云服务"微信服务号、安利数码港APP等移动渠道，建立了移动社交电商平台，销售人员可实现移动化的产品销售、客户服务、业务管理。2015年7月海尔微商平台上线，并在两周内开了30000家微店。2015年8月内衣品牌浪莎发布"微商宣言"，拟建设5万微店，把产品的线上售卖渠道权开放给全球的创业者。

阿里无线市场份额稳居第一，非主流移动购物企业市场份额持续提升。阿里无线通过"淘宝＋天猫"提供平台服务，在2014年度移动购物市场企业份额中以86.2%的占比稳居第一，第二、第三分别是占比4.2%的手机京东和2.1%的手机唯品会。苏宁易购、聚美优品、1号店、国美在线、当当等非主流的移动购物企业也在暗暗发力，布局移动端，市场竞争较激烈。

第七节　电子商务服务业已形成高效协同的服务体系

我国电子商务应用的大规模、高速度增长，极大地带动了电子商务服务业的发展与创新。目前，我国电子商务服务业已形成门类丰富、高效协同、持续创新的服务体系，在降低电子商务交易成本、促进企业成长转型、带动关联产业发展、创造就业机会等多方面显现出重要的经济和社会价值。

电子商务服务业规模全球领先。我国电子商务服务业在电子商务应用大规模、高速度、持续性增长的带动下，不断发展和创新。2014年，全国快递服务企业业务量累计完成139.6亿件，同比增长51.9%，超越美国位居全球第一[1]。面对如此大规模的电子商务服务市场需求，云计算、大数据作为信息基础设施的作用日益凸显。2015年"双十一"，天猫平台96%的订单通过云计算处理完成，产生的4.6亿包裹能够在9天内派送完成也是依靠大数据的高效处理。

电子商务交易服务业稳步增长。2014年，中国中小企业B2B电子商务市场应收规模达123.5亿元，同比增长32%[2]。企业间在线交易范围不断扩大，除阿里

---

[1] 国家邮政局：《国家邮政局公布2014年邮政行业运行情况》，2015年1月，http://www.gov.cn/xinwen/2015-01/15/content_2804590.htm
[2] 艾瑞咨询：《2014年中国中小企业B2B电子商务市场总营收规模为234.5亿元》，2015年1月，http://www.199it.com/archives/323968.html

巴巴、慧聪网、我的钢铁网推出在线交易之外，中国芒果交易网、贸发网等也开通了在线交易。网络零售服务商纷纷开展消费金融服务试点，天猫推出"天猫宝"和"分期购"、京东推出"京东白条"等，网络消费金融服务创新，将推动网络消费模式多样化。

电子商务支撑服务业高速增长。得益于智能手机的大规模普及和高频度应用，移动支付呈现超高速的增长态势，2014 年，我国第三方移动支付交易额达 59925 亿元，同比增长 291.3%[1]。电子商务认证服务业稳定增长，超过八成电子商务网站完成"可信网站"验证，电子认证服务的创新发展带动电子发票、电子保单的出现。

电子商务衍生服务业增长势头强劲。电子商务运营服务业快速增长，2014 年，我国商务运营服务商托管的网点交易额超过了 1600 亿元，其中移动运营服务快速增长，运营服务呈现"多平台"发展趋势。电子商务信息技术服务业按需付费的收费模式变革扩散，降低了电子商务信息系统的使用成本，服务商的服务模式和商业模式也相应发生了改变。电子商务数据分析服务呈现多样化发展，提供针对中小微网商的共性分析及针对大中网上的个性化需求分析。

---

[1] 艾瑞咨询：《2014年中国第三方移动支付市场交易规模达59924.7亿元》，2015年3月，http://www.199it.com/archives/331855.html

第十五章　2015年我国信息消费发展情况

第一节　信息消费市场基础日益庞大

我国具有全球最多的移动电话和互联网宽带用户，为信息消费市场拓展奠定了坚实的基础条件。据工信部数据显示，2015年我国移动电话用户总数达13.06亿户，移动电话用户普及率达95.5部/百人；4G移动电话用户总数达38622.5万户，在移动电话用户中的渗透率达到29.6%；互联网固定宽带接入用户总数为2.13亿户，光纤接入用户总数占宽带用户总数的56.1%，8M以上、20M以上宽带用户总数占宽带用户总数的比重分别达69.9%、33.4%；移动宽带用户总数达7.9亿户，占互联网用户总数的60.1%。据我国互联网络信息中心（CNNIC）数据显示，截至2015年12月，我国网民规模为6.88亿，互联网普及率为50.3%（见图15-1至图15-3）。

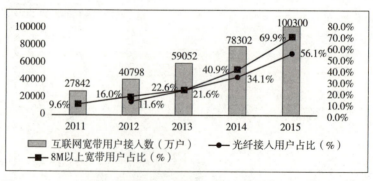

图15-1　2011—2015年互联网宽带接入用户发展和高速率用户占比情况

资料来源：工信部经济运行局，2016年1月。

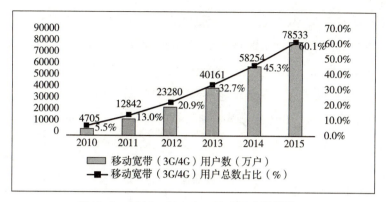

图15-2　2010—2015年3G/4G用户发展情况

资料来源：工信部经济运行局，2016年1月。

图15-3　2010—2015年我国网民规模和互联网普及率

资料来源：我国互联网络信息中心（CNNIC），2016年1月。

第二节　信息产品的供给能力日趋增强

　　信息产品尤其是智能终端，正成为信息消费的关键载体和主要创新平台。近年来，国内终端厂商积极参与智能终端市场创新，不断推出新的产品，国产终端产品出货量和渗透率均快速提升，国产终端产品的市场份额不断提高。相对来讲，PC的出货量和渗透率出现下降趋势。据工信部数据显示，2015年1—11月，全行业生产手机161197.4万台，同比增长2.9%；彩色电视机14597.8万台，同比增长6.4%，其中液晶电视13685.4万台，同比增长5.3%；微型计算机28477.6万台，同比下降 12.7%，其中笔记本电脑 16121.8 万台，同比下降 15.5%。

一是在智能终端方面。2014 年，我国智能手机出货量达到 4.5 亿部，同比增长 25.0%；平板电脑出货量为 6850 万台，同比增长 5.4%（见表 15-1、图 15-4）。受平板手机出货量猛涨和笔记本缓慢复苏等影响，平板电脑结束了高速增长期。从全球来看，2014 年全球智能手机出货量中，我国市场占据全球出货量的 31.15%，为最大比例，欧洲地区和北美地区次之。

表 15-1　2011—2014 年我国智能终端产销量及增长率概况

类别	2011年	2012年	2013年	2014年
手机产量（亿部）	11.3	11.8	14.6	16.3
手机产量增长率（%）	13.5	4.3	23.2	6.8
智能手机出货量（亿部）	1.18	2.58	3.6	4.5
智能手机出货增长率（%）	175.0	166.8	39.5	25.0
平板电脑出货量（万台）	5300	6000	6500	6850
平板电脑出货量增长率（%）	211.8	13.2	8.3	5.4

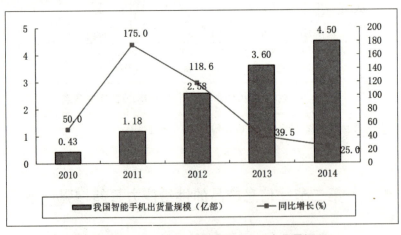

图15-4　2010—2014年我国智能手机出货量概况

2015 年我国国内智能手机市场总规模为 4.378 亿部，年增 3.3%，前五家的合计份额也从 41.7% 增长到了 56.9%，进一步积压了其他中小企业的生存空间。据市调机构 Strategy Analytics 统计，2015 年小米以 6750 万部的出货量、15.4% 的份额蝉联我国智能手机市场份额排名第一；华为势头更猛，出货量猛增 51% 达到 6220 万部，市场份额为 14.2%，排名第二；vivo、OPPO 出货量分别为 3670 万部、

3320 万部，占比为 8.4%、7.6%（见图 15-5）。

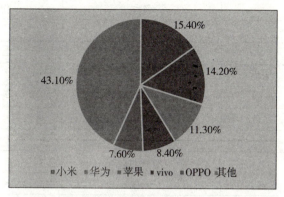

15.40%

14.20%

43.10%

11.30%

7.60% 8.40%

■小米 ■华为 ■苹果 ■vivo ■OPPO ■其他

图15-5 2015年我国智能手机厂商市场份额

二是在智能电视方面。我国作为全球最大的彩电产业生产基地，拥有不断完善的彩电工业体系。据奥维咨询数据显示，2014 年，国内彩电市场零售量为 4460 万台（见表 15-2），下半年销量为 2498 万台，占全年比重的 54%，同比上升 2%，其中智能电视下半年销售量为 1759 万台，渗透率为 70%。据 WitsView 数据显示，2014 年，我国品牌智能电视发展进一步提速，国内彩电企业份额有不同程度的上升，TCL、海信、创维、康佳、长虹均进入全球前十位，其中 TCL、海信上升最快，已位列全球第四、第五，市场占有率分别为 6.1% 和 6%。

表 15-2 2012—2014 年国内智能电视发展情况

年份	电视零售量（万台）	零售量同比增长（%）	智能电视零售量（万台）	智能电视渗透率（%）
2012	4271	0.1	1027	24
2013	4358	2.0	2153	49
2014	4460	2.3	3128	70

根据星图数据统计，2015 年第一季度国内平板电视网购市场份额占比排名前三的是夏普、创维、海信，市场占有率分别为 11.93%、11.87%、10.98%，其中创维、海信市场份额超过索尼和三星；从品牌来看，国产品牌有 6 个，国外品牌有 4 个，国内消费者对国内品牌的接受度日益提高；此外，TCL 占 5.56%，乐视占 5.40%，长虹占 4.93%，康佳占 4.42%（见表 15-3）。

表 15-3　2015 年一季度我国平板电视市场份额

排名	名称	份额（%）
1	夏普	11.93
2	创维	11.87
3	海信	10.98
4	索尼	8.89
5	三星	8.50
6	飞利浦	5.82
7	TCL	5.56
8	乐视	5.40
9	长虹	4.93
10	康佳	4.42

资料来源：星图数据，2015 年 4 月。

三是在计算机方面。2015 年全年我国微型计算机设备累计总产量 3.5 亿台，下滑 0.3%。其中笔记本电脑产量 2 亿台，下降 11.9%（见图 15-6、图 15-7）。

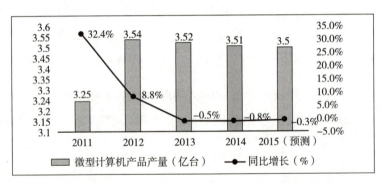

图15-6　2011—2015年我国微型计算机产品产量与增长率

图15-7　2011—2015年我国笔记本电脑产量与增长率

第三节　信息消费市场规模不断扩大

2015 年，我国信息消费市场总规模达到 16.55 万亿元，同比增长了 8.33%。其中，语音通信、互联网数据及接入等信息传输服务消费规模达 11251.4 亿元，同比增长 0.8%；软件、内容服务和应用服务等软件及信息服务的消费规模达 43249 亿元，同比增长 16.6%；手机、PC、平板电脑和智能电视机等信息产品的消费规模达到 111000 亿元，同比增长 7.6%（见表 15-4、图 15-8）。

表 15-4　2011—2015 年我国信息消费规模（亿元）及增速

年份	2011		2012		2013		2014		2015	
	规模（亿元）	增速（%）	规模（亿元）	增速（%）	规模（亿元）	增速（%）	规模（亿元）	增速（%）	规模（亿元）	增速（%）
信息传输服务	5650	16.90	6285	11.20	11689.1	8.70	11541.1	3.60	11251.4	0.80
软件及信息服务	18849	38.70	24794	31.50	30587	23.40	37000	20.20	43249	16.60
信息产品消费	4144	81.00	6759	63.10	93202	10.40	102988	10	111000	7.60
总计	28643	45.53	37838	35.27	135478.1	14.17	151529.1	11.20	165500.4	8.33

图15-8　2011—2015年我国信息消费规模和增速

在信息传输服务消费方面，据工信部数据显示，2015 年电信业务收入完成 11251.4 亿元，同比增长 0.8%。其中，非话音业务收入占比由 2014 年的 58.2% 提高至 68.3%；移动数据及互联网业务收入占电信业务收入的比重从 2014 年的 23.5% 提高至 27.6%。移动互联网接入流量消费高达 41.87 亿 G，同比增长 103%；手机上网流量达 37.59 亿 G，同比增长 109.9%，在移动互联网总流量中的比重达 89.8%（见图 15-9、图 15-10）。

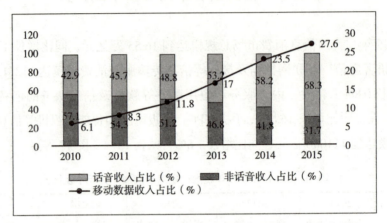

图15-9　2010—2015年话音业务和非话音业务收入占比变化情况

资料来源：工信部经济运行局，2016 年 1 月。

图15-10　2010—2015年移动互联网流量发展情况比较

资料来源：工信部经济运行局，2016 年 1 月。

在软件及信息服务消费方面，据工信部数据显示，2015 年我国软件产业保持平稳增长，实现软件业务收入 4.3 万亿元，同比增长 16.6%，增速较上年低 4.5 个百分点（见图 15-11）。

图15-11　2011—2015年我国软件产业规模及增速

资料来源：工信部经济运行局，2016年1月。

2015年，国内信息技术服务业保持平稳较快发展，增速相对高于软件产业。据工信部数据显示，我国信息技术服务业业务收入为2.2万亿元，占软件产业比重达到51.1%（见图15-12）。

图15-12　2011—2015年我国信息技术服务业规模及增速

资料来源：工信部经济运行局，2016年1月。

在信息产品消费方面，从细分行业来看，2015年1—8月，计算机行业实现销售产值13709亿元，同比增长7.15%；2015年1—5月，家用视听行业实现销售产值2991亿元，同比增长5.1%；2015年1—9月，我国通信设备销售产值16539亿元，同比增长13.5%。

第四节 电子商务成为信息消费增长重要内驱力

近年来，我国电子商务保持高速发展，正成为间接信息消费发展的重要引擎。网络购物从标准化产品逐步扩展到珠宝配饰、生鲜、家具百货等，线上零售的范围与线下大幅缩小，甚至保洁、洗车、美甲等服务也可以在线购买。2015年上半年，我国电子商务交易额达 7.63 万亿元，同比增长 30.4%。其中，B2B 交易额达 5.8 万亿元，同比增长 28.8%。网络零售市场交易规模达 1.61 万亿元，同比增长 48.7%[1]。2015 年上半年，我国网络零售市场交易规模为 16140 亿元，同比增长 48.7%。网购已经成为拉动消费的重要渠道，推动经济的发展。我国网络零售市场交易规模占到社会消费品零售总额比重不断攀升，2015 年上半年已达 11.4%，同比增长 31%。截至 2015 年 6 月，我国网购用户规模达 4.17 亿人，同比增长 19.1%（见图 15-13 至图 15-17）。

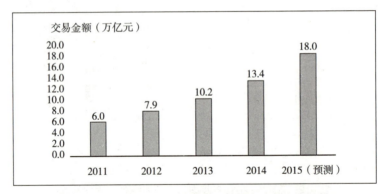

图15-13 2011—2015年我国电子商务市场交易规模

资料来源：中国电子商务研究中心，2015 年 9 月。

---

[1] 中国电子商务研究中心：《2015年(上)我国电子商务市场数据监测报告》，2015年8月。

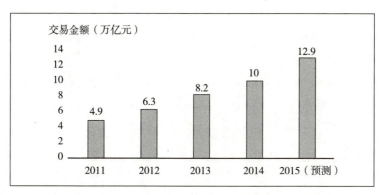

图15-14 2011—2015年我国B2B电子商务市场交易规模

资料来源：中国电子商务研究中心，2015年9月。

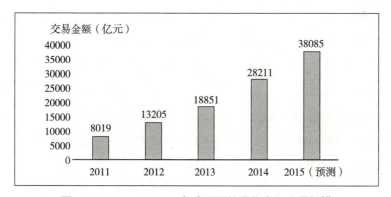

图15-15 2011—2015年我国网络零售市场交易规模

资料来源：中国电子商务研究中心，2015年9月。

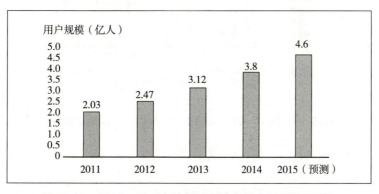

图15-16 2011—2015年我国网络购物用户规模增长情况

资料来源：中国电子商务研究中心，2015年9月。

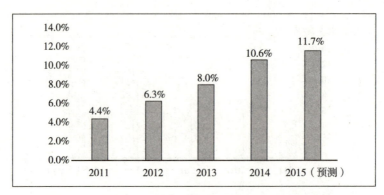

图15-17 2011—2015年网购规模占社会消费品零售总额比例

资料来源：中国电子商务研究中心，2015年9月。

移动电子商务成为电子商务新增长点。随着移动互联网的发展和智能终端的普及，为广大消费者提供了随时随地、方便灵活的购物渠道，也使企业能够利用移动互联网海量用户、随时随地和个性化等特点，分享经济、社群经济等不断发酵，激发出新的消费需求。2015年上半年，我国移动网购发展迅猛，交易规模高达8421亿元[1]。据中国互联网络信息中心(CNNIC)数据显示，2015年我国手机购物用户规模达到3.40亿，增长率为43.9%，手机网络购物的使用比例由42.4%提升至54.8%[2]（见图15-18、图15-19）。

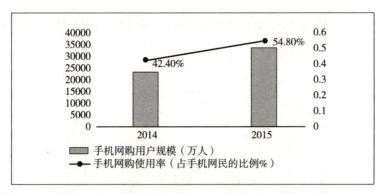

图15-18 2014—2015年我国移动网购用户规模及使用率

资料来源：中国互联网络信息中心(CNNIC)，2016年2月。

---

[1] 比达(BigData-Research)数据中心：《2015年上半年我国移动网购行业发展报告》，2015年8月。
[2] 中国互联网络信息中心(CNNIC)：《第37次中国互联网络发展状况统计报告》，2016年1月。

图15-19 2011—2015年我国移动网购交易规模

资料来源：中国电子商务研究中心，2015年9月。

随着跨境电商试点城市数量的增多，跨境电商迎来发展快车道。据我国电子商务研究中心监测数据显示，2015年上半年，我国跨境电商交易规模为2万亿，同比增长42.8%。在进出口比例方面，2015年上半年，我国跨境电商的进出口结构出口占比达到84.8%，进口比例15.2%。在模式结构方面，B2B优势凸显，占比高达91.9%，跨境电商B2C交易占比8.1%（见图15-20至图15-22）。

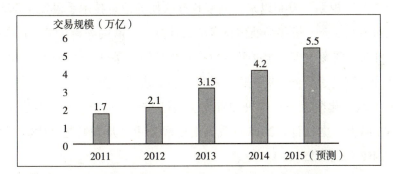

图15-20 2011—2015年我国跨境电商交易规模

资料来源：中国电子商务研究中心，2015年9月。

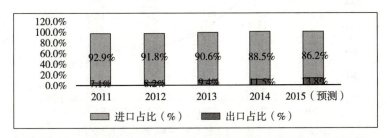

图15-21 2011—2015年上半年我国跨境电商交易规模进出口结构

资料来源：中国电子商务研究中心，2015年9月。

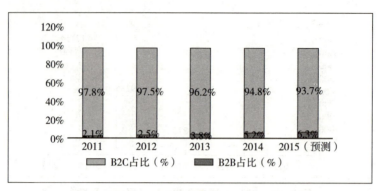

图15-22 2011—2015年上半年我国跨境电商交易规模B2B与B2C结构

资料来源：中国电子商务研究中心，2015年9月。

第五节 电子政务带动间接消费市场持续释放

2015年，我国电子政务整体发展迅速，市场规模持续扩大。自《国家电子政务"十二五"规划》发布以来，电子政务依托的信息技术手段发生重大变革，超高速宽带网络、新一代移动通信技术、云计算、物联网等新技术、新产业、新应用不断涌现，深刻改变了电子政务发展技术环境及条件，经济社会发展需求和技术创新为国家电子政务发展提供了难得的历史机遇。至"十二五"末，政务部门主要业务信息化覆盖率，中央和省级应超过85%，地市和县区分别平均达到70%、50%以上。据估计，2015年我国电子政务市场规模超过2218.1亿元，同比增长16.4%（见图15-23）。

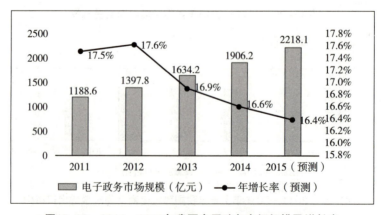

图15-23 2011—2015年我国电子政务市场规模及增长率

电子政务整体市场规模持续稳定增长的同时，我国电子政务市场的投入结构也发生着变化，当前呈现出政府对硬件投入比重逐年下降，软件和IT服务所占比重逐年上升的趋势。据统计，2015年财政行业信息化在硬件方面的投资为22.2亿元，占总投资的35.3%；软件投资达到25.1亿元，占总投资的39.9%。与此同时，服务投资快速增长，达到15.6亿元，占总投资的比重提高至24.8%（见图15-24）。

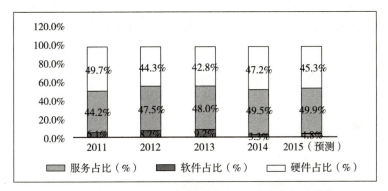

图15-24　2011—2015年我国财政行业信息化投资结构

政 策 篇

第十六章　2015年国家信息化发展政策环境

第一节　网络安全

网络安全一般是指网络系统的软硬件及其系统中的数据受到保护，避免遭受到破坏、更改和泄露，从而保证系统能够连续可靠地运行、网络服务不会中断。

没有网络安全就没有国家安全[1]，加强网络安全和信息化建设对国家的发展意义重大。习近平总书记在 2014 年 2 月 27 日召开的中央网络安全和信息化领导小组第一次会议上提出"没有网络安全就没有国家安全，没有信息化就没有现代化"。2015 年，国家出台的众多信息化政策文件都对网络安全给予了高度重视。2015 年 2 月 5 日，公安部会同国家网信办、工信部、环保部、工商总局和安监总局等部门共同发布《互联网危险物品信息发布管理规定》[2]。文件进一步加强对互联网危险物品信息的管理，规范危险物品从业单位信息发布行为，依法查处、打击涉及危险物品违法犯罪活动。《国务院关于加快构建大众创业万众创新支持平台的指导意见》[3]第 24 条提出要"保障网络信息安全。四众平台企业应当切实提升技术安全水平，及时发现和有效应对各类网络安全事件，确保网络平台安全稳定运行。妥善保管各类用户资料和交易信息，不得买卖、泄露用户信息，保障信息安全。强化守法、诚信、自律意识，营造诚信规范发展的良好氛围"。2015 年 9 月 5 日发布的《国务院关于印发促进大数据发展行动纲要的通知》[4]要求"强化安全保障，提高管理水平，促进健康发展"，并进一步指出要"加强大数据环境下的网络安全问题研究和基于大数据的网络安全技术研究，落实信息安全等级保

[1]　http://cpc.people.com.cn/xuexi/n/2014/1120/c385475-26061137.html，2014年11月20日。
[2]　http://www.miit.gov.cn/n11293472/n11293832/n12843926/n13917012/16454895.html，2015年2月16日。
[3]　http://www.gov.cn/zhengce/content/2015-09/26/content_10183.htm，2015年9月26日。
[4]　http://www.gov.cn/zhengce/content/2015-09/05/content_10137.htm，2015年9月5日。

护、风险评估等网络安全制度，建立健全大数据安全保障体系"、"建设国家网络安全信息汇聚共享和关联分析平台，促进网络安全相关数据融合和资源合理分配，提升重大网络安全事件应急处理能力；深化网络安全防护体系和态势感知能力建设，增强网络空间安全防护和安全事件识别能力"。《国务院关于积极推进"互联网+"行动的指导意见》[1]在保障支撑中提出，要"保障安全基础"。并具体指出要"制定国家信息领域核心技术设备发展时间表和路线图，提升互联网安全管理、态势感知和风险防范能力，加强信息网络基础设施安全防护和用户个人信息保护。实施国家信息安全专项，开展网络安全应用示范，提高'互联网+'安全核心技术和产品水平。按照信息安全等级保护等制度和网络安全国家标准的要求，加强'互联网+'关键领域重要信息系统的安全保障"。2015年8月4日，工信部发布《关于开展电信行业网络安全试点示范工作的通知》[2]，组织开展电信行业网络安全试点示范工作。工信部对于入选的试点示范项目，在其申请国家专项资金、科技评奖等方面，将按照有关政策予以支持。

关于网络安全的专门立法已经进入征求意见阶段。2015年6月，第十二届全国人大常委会第十五次会议初次审议了《中华人民共和国网络安全法（草案）》。当年7月6日，《网络安全法》（草案)[3]在中国人大网上全文公布征求社会意见。《网络安全法》（草案）共7章68条。在保障网络产品和服务安全方面，草案规定网络产品和服务提供者不得设置恶意程序，及时向用户告知安全缺陷、漏洞等风险，持续提供安全维护服务等；在保障网络数据安全方面，草案要求网络运营者采取数据分类、重要数据备份和加密等措施，防止网络数据被窃取或者篡改；在保障网络信息安全方面，草案明确了网络运营者处置违法信息的义务，赋予有关主管部门处置违法信息、阻断违法信息传播的权力。《网络安全法》（草案）的出台，标志着我国建设网络强国的制度保障迈出坚实的一步。

第二节　基础设施

网络基础设施是互联网发展的基石[4]，也是信息化建设的重要内容。网络基

---

[1] http://www.gov.cn/zhengce/content/2015-07/04/content_10002.htm，2015年7月4日。
[2] http://www.miit.gov.cn/n1146295/n1652858/n1652930/n3757020/c3764879/content.html，2015年8月4日。
[3] http://www.npc.gov.cn/npc/xinwen/lfgz/flca/2015-07/06/content_1940614.htm，2015年7月6日。
[4] http://politics.people.com.cn/n/2014/1119/c70731-26056913.html，2014年11月19日。

础设施主要包括：光纤宽带、城市 Wi-Fi、移动基站、家庭路由器等。网络基础设施和水电气一样，已经成了人们日常生活中必不可少的一种基础设施。

2015 年，《国务院办公厅关于加快高速宽带网络建设推进网络提速降费的指导意见》[1] 发布，这是专门鼓励发展网络基础设施的政策文件。《国务院办公厅关于加快高速宽带网络建设推进网络提速降费的指导意见》指出"宽带网络是国家战略性公共基础设施"，并提出"加快基础设施建设，大幅提高网络速率"，要求"加快高速宽带网络建设""提升骨干网络容量和网间互通能力""加强应用基础设施建设""深入推进电信基础设施共建共享"。文件提出的高速宽带网络建设目标是，"到 2017 年底，全国所有设区市城区和大部分非设区市城区家庭具备 100Mbps 光纤接入能力，直辖市、省会城市等主要城市宽带用户平均接入速率超过 30Mbps，基本达到 2015 年发达国家平均水平，其他设区市城区和非设区市城区宽带用户平均接入速率达到 20Mbps；80% 以上的行政村实现光纤到村，农村宽带家庭普及率大幅提升；4G 网络全面覆盖城市和农村，移动宽带人口普及率接近中等发达国家水平"。2015 年 8 月 25 日，《国务院办公厅关于印发三网融合推广方案的通知》[2] 发布。该文件要求"全面推进三网融合，推动信息网络基础设施互联互通和资源共享"。文件提出了将广电、电信业务双向进入扩大到全国范围，给出提升网络承载和技术创新能力以及加快发展融合业务和网络产业等六项工作目标。2015 年 9 月，住房和城乡建设部、工信部联合发布了《关于加强城市通信基础设施规划的通知》[3]，对推进城市通信基础设施规划建设工作做了进一步的部署。该文件提出的工作目标是加快构建宽带、融合、安全、泛在的下一代国家信息基础设施。工作任务是按照"统一规划、合理布局、远近结合、共建共享"的原则，结合城市规划改革创新，统筹各类通信基础设施规划，加强通信管线与其他管线的综合规划，推进通信基础设施建设和技术升级，提升通信网络覆盖范围和服务质量，促进通信基础设施又好又快发展。要求 2016 年底前，所有大城市、特大城市应完成通信基础设施专项规划编制工作，其他城市应于 2017 年底前完成专项规划编制工作。

除上述专门的建设基础设施的文件外，其他关于信息化建设的政策文件，基本也包括了基础设施建设的相关内容。《国务院办公厅关于促进农村电子商务加

[1]　http://www.gov.cn/zhengce/content/2015-05/20/content_9789.htm，2015年5月20日。

[2]　http://www.gov.cn/xinwen/2015-09/04/content_2924900.htm，2015年9月4日。

[3]　http://www.miit.gov.cn/n1146290/n4388791/c4325729/content.html，2015年9月25日。

快发展的指导意见》[1]提出，要"加快农村信息基础设施建设和宽带普及。促进宽带网络提速降费，结合农村电子商务发展，持续提高农村宽带普及率"。《国务院办公厅关于推进线上线下互动加快商贸流通创新发展转型升级的意见》要求"支持商圈无线网络基础设施建设"。《国务院关于积极推进"互联网+"行动的指导意见》提出的发展目标包括："基础支撑进一步夯实提升。网络设施和产业基础得到有效巩固加强，应用支撑和安全保障能力明显增强。固定宽带网络、新一代移动通信网和下一代互联网加快发展，物联网、云计算等新型基础设施更加完备"。《国务院关于印发〈中国制造 2025〉的通知》[2]要求"加强互联网基础设施建设"，"加强工业互联网基础设施建设规划与布局，建设低时延、高可靠、广覆盖的工业互联网"。

第三节　信息资源

信息资源是指人类社会信息活动中积累起来的以信息为核心的各类信息活动要素，如信息技术、设备、设施、信息生产者等的集合。信息资源对人们工作、生活至关重要，是国民经济和社会发展的重要战略资源。它的开发和利用是整个信息化体系的核心内容。

2015 年，《国务院关于印发促进大数据发展行动纲要的通知》《整合建立统一的公共资源交易平台工作方案》[3]等专门针对信息资源建设和利用的文件相继发布。2014 年末发布的《关于加强政府网站信息内容建设的意见》[4]提出"建好管好政府网站是各级政府及其部门的重要职责"，要求"进一步做好政府网站信息内容建设工作"。《国务院关于印发促进大数据发展行动纲要的通知》在总体目标中提出，"2017 年底前形成跨部门数据资源共享共用格局"，"2018 年底前建成国家政府数据统一开放平台，率先在信用、交通、医疗、卫生、就业、社保、地理、文化、教育、科技、资源、农业、环境、安监、金融、质量、统计、气象、海洋、企业登记监管等重要领域实现公共数据资源合理适度向社会开放"。在政策机制方面，要求"强化国家数据资源统筹管理"，"积极研究数据开放、保护等方面制

---

[1] http://www.gov.cn/zhengce/content/2015-11/09/content_10279.htm，2015年11月9日。
[2] http://www.gov.cn/zhengce/content/2015-05/19/content_9784.htm，2015年5月19日。
[3] http://www.gov.cn/zhengce/content/2015-08/14/content_10085.htm，2015年8月14日。
[4] http://www.gov.cn/zhengce/content/2014-12/01/content_9283.htm，2014年12月1日。

度，实现对数据资源采集、传输、存储、利用、开放的规范管理，促进政府数据在风险可控原则下最大限度开放，明确政府统筹利用市场主体大数据的权限及范围"，"鼓励产业链各环节市场主体进行数据交换和交易，促进数据资源流通，建立健全数据资源交易机制和定价机制，规范交易行为"。《整合建立统一的公共资源交易平台工作方案》提出，2016年6月底前，地方各级政府基本完成公共资源交易平台整合工作。2017年6月底前，在全国范围内形成规则统一、公开透明、服务高效、监督规范的公共资源交易平台体系，基本实现公共资源交易全过程电子化。在此基础上，逐步推动其他公共资源进入统一平台进行交易，实现公共资源交易平台从依托有形场所向以电子化平台为主转变。

《国务院关于加快构建大众创业万众创新支撑平台的指导意见》《国务院办公厅关于印发三网融合推广方案的通知》等也对信息资源开发利用提出了具体要求。《国务院关于加快构建大众创业万众创新支撑平台的指导意见》要求"加快公共科技资源和信息资源开放共享，提高各类公益事业机构、创新平台和基地的服务能力"。《国务院办公厅关于印发三网融合推广方案的通知》在工作目标中提出，"网络信息资源、文化内容产品得到充分开发利用，适度竞争的网络产业格局基本形成"，并在保障措施中提出要"大力开发信息资源"。《国务院关于积极推进"互联网+"行动的指导意见》要求"发挥互联网信息集聚优势，聚合各类物流信息资源，鼓励骨干物流企业和第三方机构搭建面向社会的物流信息服务平台，整合仓储、运输和配送信息，开展物流全程监测、预警，提高物流安全、环保和诚信水平，统筹优化社会物流资源配置"，"加快推进专利基础信息资源开放共享"，"加强信用记录、风险预警、违法失信行为等信息资源在线披露和共享，为经营者提供信用信息查询、企业网上身份认证等服务"，"按照重要性和敏感程度分级分类，推进政府和公共信息资源开放共享，支持公众和小微企业充分挖掘信息资源的商业价值，促进互联网应用创新"。《国务院关于大力发展电子商务加快培育经济新动力的意见》[1]提出，要"推进人口、法人、商标和产品质量等信息资源向电子商务企业和信用服务机构开放，逐步降低查询及利用成本"。《国务院关于促进云计算创新发展培育信息产业新业态的意见》要求"培育信息产业新业态，使信息资源得到高效利用"，"整合信息资源"，"推动政务信息资源共享和业务协同"。

---

[1] http://www.gov.cn/zhengce/content/2015-05/07/content_9707.htm，2015年5月7日。

第四节 信息技术

新一代信息技术是国务院确定的七个战略性新兴产业之一[1]。《国务院关于加快培育和发展战略性新兴产业的决定》中提出的新一代信息技术，主要包括下一代通信网络、物联网、三网融合、新型平板显示、高性能集成电路和以云计算为代表的高端软件等。按照 2015 年 5 月 8 日发布的《国务院关于印发〈中国制造 2025〉的通知》，新一代信息技术主要是指集成电路技术、信息通信技术、操作系统及工业软件技术等。一般认为，新一代信息技术涵盖技术面多、应用范围广，与传统行业结合空间大，在经济发展和产业结构调整中的带动作用远超出本行业的范畴。

在集成电路技术方面。继 2014 年 6 月国家发布《国家集成电路产业发展推进纲要》，工信部宣布建立国家集成电路产业投资基金后，2015 年 3 月国家又出台一项鼓励推动集成电路技术和产业发展的重大政策举措，财政部、国家税务总局、国家发改委、工信部共同发布《关于进一步鼓励集成电路产业发展企业所得税政策的通知》。通知公布的优惠政策内容为："符合条件的集成电路封装、测试企业以及集成电路关键专用材料生产企业、集成电路专用设备生产企业，在 2017 年（含 2017 年）前实现获利的，自获利年度起，第一年至第二年免征企业所得税，第三年至第五年按照 25% 的法定税率减半征收企业所得税，并享受至期满为止；2017 年前未实现获利的，自 2017 年起计算优惠期，享受至期满为止"。

在信息通信技术方面。《国务院办公厅关于印发三网融合推广方案的通知》提出，"宽带通信网、下一代广播电视网和下一代互联网建设加快推进，自主创新技术研发和产业化取得突破性进展，掌握一批核心技术，产品和业务的创新能力明显增强"。《国务院关于印发〈中国制造 2025〉的通知》要求"加快开展物联网技术研发和应用示范"。《国务院关于印发促进大数据发展行动纲要的通知》提出要"推动大数据与云计算、物联网、移动互联网等新一代信息技术融合发展"。《国务院关于促进云计算创新发展培育信息产业新业态的意见》是专门发展云计算的重要政策文件。文件提出"我国云计算发展目标是：到 2017 年，云计算在重点领域的应用得到深化，产业链条基本健全，初步形成安全保障有力，服务创

---

[1] 《国务院关于加快培育和发展战略性新兴产业的决定》（国发〔2010〕32号）。

新、技术创新和管理创新协同推进的云计算发展格局,带动相关产业快速发展。到 2020 年,云计算应用基本普及,云计算服务能力达到国际先进水平,掌握云计算关键技术,形成若干具有较强国际竞争力的云计算骨干企业。云计算信息安全监管体系和法规体系健全。大数据挖掘分析能力显著提升"。

在操作系统及工业软件技术方面。《国务院关于印发促进大数据发展行动纲要的通知》指出,要"围绕数据采集、整理、分析、发掘、展现、应用等环节,支持大型通用海量数据存储与管理软件、大数据分析发掘软件、数据可视化软件等软件产品和海量数据存储设备、大数据一体机等硬件产品发展,带动芯片、操作系统等信息技术核心基础产品发展,打造较为健全的大数据产品体系。大力发展与重点行业领域业务流程及数据应用需求深度融合的大数据解决方案"。《国务院关于积极推进"互联网+"行动的指导意见》提出要"着力在工控系统、智能感知元器件、工业云平台、操作系统和工业软件等核心环节取得突破"。《国务院关于印发〈中国制造 2025〉的通知》要求"开发安全领域操作系统等工业基础软件","加强设计领域共性关键技术研发,攻克信息化设计、过程集成设计、复杂过程和系统设计等共性技术,开发一批具有自主知识产权的关键设计工具软件,建设完善创新设计生态系统","针对信息物理系统网络研发及应用需求,组织开发智能控制系统、工业应用软件、故障诊断软件和相关工具、传感和通信系统协议,实现人、设备与产品的实时联通、精确识别、有效交互与智能控制"。

第五节　信息技术应用

信息技术应用是国家信息化建设的主阵地。目前,信息技术应用主要体现在智能制造、电子商务、电子政务和社会信息化等方面。

在智能制造方面。《国务院关于印发〈中国制造 2025〉的通知》在指导思想中提出要"以推进智能制造为主攻方向"。在"推进信息化与工业化深度融合"方面,要"加快推动新一代信息技术与制造技术融合发展,把智能制造作为两化深度融合的主攻方向;着力发展智能装备和智能产品,推进生产过程智能化,培育新型生产方式,全面提升企业研发、生产、管理和服务的智能化水平"。并指出,要"研究制定智能制造发展战略。编制智能制造发展规划,明确发展目标、重点任务和重大布局。加快制定智能制造技术标准,建立完善智能制造和两化融合管理标准体系。强化应用牵引,建立智能制造产业联盟,协同推动智能装备和产品研发、系统集成创新与产业化。促进工业互联网、云计算、大数据在企业研发设计、生产制造、经营管理、销售服务等全流程和全产业链的综合集成应用。加强智能制造工业控制系统网络安全保障能力建设，健全综合保障体系"，"加快发展智能制造装备和产品。组织研发具有深度感知、智慧决策、自动执行功能的高档数控机床、工业机器人、增材制造装备等智能制造装备以及智能化生产线，突破新型传感器、智能测量仪表、工业控制系统、伺服电机及驱动器和减速器等智能核心装置，推进工程化和产业化。加快机械、航空、船舶、汽车、轻工、纺织、食品、电子等行业生产设备的智能化改造，提高精准制造、敏捷制造能力。统筹布局和推动智能交通工具、智能工程机械、服务机器人、智能家电、智能照明电器、可穿戴设备等产品研发和产业化"，"推进制造过程智能化"。

在充电设施方面。2015 年 9 月 29 日发布的《国务院办公厅关于加快电动汽车充电基础设施建设的指导意见》（国办发〔2015〕73 号）[1] 提出，要"建设充电智能服务平台"。文件要求"大力推进'互联网＋充电基础设施'，提高充电服务智能化水平，提升运营效率和用户体验，进电动汽车与智能电网间能量和信息的双向互动。鼓励围绕用户需求，运用移动互联网、物联网、大数据等技术，为用户提供充电导航、状态查询、充电预约、费用结算等服务，拓展平台增值业务"，"构建充电基础设施信息服务平台，统一信息交换协议，有效整合不同企业和不同城市的充电服务平台信息资源，促进不同充电服务平台互联互通"。

在电子商务方面。2015 年 5 月 4 日，《国务院关于大力发展电子商务加快培育经济新动力的意见》正式发布。这是我国部署促进电子商务创新发展的最新重大政策举措。《意见》提出的主要目标是"到 2020 年，统一开放、竞争有序、诚信守法、安全可靠的电子商务大市场基本建成。电子商务与其他产业深度融合，成为促进创业、稳定就业、改善民生服务的重要平台，对工业化、信息化、城镇化、农业现代化同步发展起到关键性作用"。《意见》提出了七方面的政策措施，包括营造宽松发展环境，促进就业创业，推动转型升级，完善物流基础设施，提升对外开放水平，构筑安全保障防线，健全支撑体系等。《国务院办公厅关于促进农村电子商务加快发展的指导意见》提出"到 2020 年，初步建成统一开放、竞争有序、诚信守法、安全可靠、绿色环保的农村电子商务市场体系，农村电子商务与农村一二三产业深度融合，在推动农民创业就业、开拓农村消费市场、带动农村扶贫

---

[1]　http://www.gov.cn/zhengce/content/2015-10/09/content_10214.htm，2015年10月9日。

开发等方面取得明显成效"。文件从顶层设计和总体布局上，对农村电子商务发展做了规划，并为今后发展指明了方向。

在电子政务方面。《国务院办公厅关于运用大数据加强对市场主体服务和监管的若干意见》在"提高政府运用大数据的能力"部分，提出要"加强电子政务建设"。并指出，要"健全国家电子政务网络，整合网络资源，实现互联互通，为各级政府及其部门履行职能提供服务。加快推进国家政务信息化工程建设，统筹建立人口、法人单位、自然资源和空间地理、宏观经济等国家信息资源库，加快建设完善国家重要信息系统，提高政务信息化水平"，"加快研究完善规范电子政务，监管信息跨境流动，保护国家经济安全、信息安全，以及保护企业商业秘密、个人隐私方面的管理制度，加快制定出台相关法律法规"。《国务院关于促进云计算创新发展培育信息产业新业态的意见》在"探索电子政务云计算发展新模式"部分提出，要"鼓励应用云计算技术整合改造现有电子政务信息系统，实现各领域政务信息系统整体部署和共建共用，大幅减少政府自建数据中心的数量。新建电子政务系统须经严格论证并按程序进行审批"，"探索基于云计算的政务信息化建设运行新机制"。《国务院办公厅关于加快高速宽带网络建设推进网络提速降费的指导意见》提出"要坚持放管结合，强化事中事后监管，积极推进电子政务和政务公开，加快实现网上申请、受理、审核流转、公示审批结果等，着力提升工作效率，不断提高服务能力和管理水平，切实减轻企业负担，充分激发市场活力"。

在社会信息化方面。《国务院关于大力推进大众创业万众创新若干政策措施的意见》提出要"发展'互联网+'创业服务"。文件提出"加快发展'互联网+'创业网络体系，建设一批小微企业创业创新基地，促进创业与创新、创业与就业、线上与线下相结合，降低全社会创业门槛和成本。加强政府数据开放共享，推动大型互联网企业和基础电信企业向创业者开放计算、存储和数据资源。积极推广众包、用户参与设计、云设计等新型研发组织模式和创业创新模式"。继 2014 年 11 月 16 日教育部、财政部、国家发改委、工信部、中国人民银行联合发布《构建利用信息化手段扩大优质教育资源覆盖面有效机制的实施方案》后，教育部在《2015 年教育信息化工作要点》强调"以'三通两平台'为重要抓手，全面深化信息技术在教学、管理等方面的应用，全面完成'十二五'目标任务，为实现教育现代化和构建学习型社会提供有力支撑。大力提升信息技术安全保障能力，为教育信息化持续健康发展提供良好的网络环境"。

第十七章　2015年地方信息化发展政策环境

第一节　网络安全

2015 年，各地继续重视网络安全工作，在出台的一些信息化政策中，都对网络安全提出了政策要求，有的地方还有针对性安排了网络安全培训。

在网络安全培训方面。2015 年 5 月 12 日，四川省经济和信息化委员会办公室发布《关于举办四川省网络安全公众体验展的通知》。网络安全公众体验展的主要内容是落实"共建网络安全，共享网络文明"的宣传周精神，传播"安全方面最大的风险是没有意识到风险"理念，提升四川省网络安全水平。体验展包含三大主题：提升网络安全意识；感知身边的网络安全；促进信息安全产业发展。9 月 11 日，安徽省发布《关于举办企业网络和工控系统信息安全培训的通知》，决定举办企业信息网络和工控系统安全培训班。培训内容主要包括：信息安全等级保护及测评；工业控制系统的信息安全；省电子认证现状和展望；云计算趋势下的信息安全；网站安全运维与管理。培训对象为全省信息安全服务机构、重点工业企业信息管理部门负责人，各市（直管县）经信委相关科室负责同志。9 月 23 日，上海市发布《上海市经济信息化委关于举办第五届上海市信息安全活动周的通知》，在 10 月 23 日至 10 月 29 日，以"践行网络文明，共护网络安全"为主题，组织举办第五届上海市信息安全活动周，以加强全民网络安全意识、提高各领域各行业相关从业人员的网络安全技能水平、推动自主信息安全产业发展、保障新一轮智慧城市建设、打造一个安全稳定健康的网络环境。

在政策措施方面。2015 年 8 月 12 日，江苏省发布《省政府关于进一步推进信息基础设施建设的意见》（苏政发〔2015〕94号）[1]。文件由发展目标、主要任务、保障措施等三部分构成。在主要任务中提出要"加强网络信息安全保障体系建设"，指出要"建立健全省市两级信息系统安全监测预警体系，加快建设省级网络与信息安全应急指挥平台和省灾备中心异地分中心。加强对党政部门信息系统、涉及国计民生的重要信息系统以及工业控制系统的安全监管。加强数据安全、工控系统安全、移动互联网安全监测管理等关键网络防护和信息安全技术研发及产业化。加强网络信息安全专家、信息安全员、专业技术人才等队伍建设"。《中共江苏省委江苏省人民政府关于加快发展互联网经济的意见》（苏发〔2015〕13号）[2]在"优化发展环境"中提出要"保障信息安全"，并进一步要求"培育信息安全品牌和骨干企业，加强自主可控安全产品的推广应用。健全完善网络安全保障体系，实现互联网数据资源的安全存储与灾难备份，加快网络安全保障基础设施智能化和全覆盖。建立网络安全监控预警、应急响应联动机制，推动信息安全风险评估、等级保护和安全保密检查的制度化、规范化、常态化"。12月17日，湖南省发布《促进移动互联网与制造业融合培育发展新动力的实施方案》[3]。文件提出要"强化安全保障"，并要求"加快构建移动互联网信息安全保障体系，扩展延伸现有互联网安全监管措施，针对移动互联网技术和业务特点探索针对性更强的监管手段"，"结合移动互联网新技术、新业务，建立健全网络与信息安全评估机制"，"支持信息技术骨干企业开发工业控制软件、信息安全软件等关键产品，制定安全可靠工业控制系统技术标准，集成制造国产化的安全控制器及配套产品，打造安全可靠的分行业应用解决方案，提高安全保障能力"。

第二节　基础设施

2015年，福建、江苏、广东、安徽、四川等省份在相关信息化政策文件中对基础设施做了具体的安排和部署。

江苏省、广东省、安徽省等出台了专门的基础设施建设文件。江苏省《省政府关于进一步推进信息基础设施建设的意见》（苏政发〔2015〕94号）[4]提出的发

---

[1] http://www.jseic.gov.cn/xwzx/gwgg/gwfb/201510/t20151008_165218.html，2015年8月12日。
[2] http://www.jseic.gov.cn/xwzx/gwgg/gwfb/201507/t20150728_163437.html，2015年4月24日。
[3] http://www.hnjxw.gov.cn/xxgk_71033/tzgg/201512/t20151230_2867393.html，2015年12月17日。
[4] http://www.jseic.gov.cn/xwzx/gwgg/gwfb/201510/t20151008_165218.html，2015年8月12日。

展目标为"到 2020 年，总体建成'宽带、融合、泛在、共享、安全'的新一代信息基础设施。省辖市城区互联网宽带接入能力达到 1000M，农村互联网宽带接入能力普遍达到 100M；全省家庭宽带普及率达到 85% 以上；城镇、农村宽带平均接入速率分别达到 50M 和 20M；4G 网络实现城乡全覆盖，3G/4G 用户普及率超过 120 户 / 百人；高清互动电视用户占有线电视用户比例超过 50%"。主要任务包括：推进光纤宽带网络建设；推进无线宽带网络建设；加快下一代网络建设与应用；加快推动功能性信息服务平台建设；加强网络信息安全保障体系建设；加快推广应用信息终端和信息普遍服务。《广东省人民政府办公厅关于印发广东省信息基础设施建设三年行动计划（2015—2017 年）的通知》（粤府办〔2015〕56 号）[1]。文件由总体要求、建设任务、保障措施三部分构成。文件提出的建设思路是"充分发挥电信和广播电视运营商的主体作用，强化各级政府的统筹协调作用，调动全社会资源参与信息基础设施建设。坚持'统一组织、分级负责'的原则，突出光纤网络、移动通信基站、公共区域无线局域网（WLAN）等建设重点，加大建设投入，加强政策扶持，推动信息基础设施跨越式发展，努力打造珠三角世界级宽带城市群和全国信息化先导区"。建设目标为"2017 年底前，我省各主要宽带指标进入全国先进行列，珠三角地区建成全国首个宽带城市群，粤东西北地区固定宽带接入能力快速提升"。建设任务主要包括：加快光纤网络建设；加快移动通信基站建设；加快公共区域 WLAN 建设。《广东省人民政府关于加快推进城市基础设施建设的实施意见》（粤府〔2015〕56 号）[2] 提出"加快城市信息化基础设施建设"，主要包括：大力推进通信设施建设和推进光纤入户和三网融合。在安徽，"宽带安徽"建设联席会议办公室负责贯彻落实宽带发展保障措施，主要是"严格执行光纤到户国家标准"，"加大对宽带基础设施保护力度"[3]。下一步，重点抓好三个方面的工作：一是做好统筹协调、调度通报和督促检查等工作；二是进一步加快推进宽带网络基础设施建设，提高网络速率，降低宽带资费，提升服务水平。三是协调推进联席会议各成员单位重点宽带应用项目建设，推动形成宽带网络建设与宽带应用之间互促共进的良好发展局面。

福建省、四川省等在相关信息化政策文件中鼓励基础设施建设。《福建省人民政府关于加快互联网经济发展十条措施的通知》（闽政〔2015〕10 号）[4] 提出的

[1] http://www.gdei.gov.cn/ywfl/zcgh/201510/t20151030_123124.htm，2015年10月30日。
[2] http://zwgk.gd.gov.cn/006939748/201506/t20150611_585382.html，2016年6月4日。
[3] http://www.aheic.gov.cn/info_view.jsp?strId=14422188657289409&view_type=0，2015年9月9日。
[4] http://www.fjess.gov.cn/zcfg/14763.jhtml，2015年3月13日。

十条措施中，第六条是"完善基础设施"，具体包括：网络设施、数据中心、公共平台和物流网络等。在网络设施方面，文件要求"十三五"期间"开通国家级互联网骨干直联点和区域国际互联网转接点"；加强农村、欠发达地区和公益行业光纤网络覆盖和宽带接入；深入实施宽带中国战略，提升宽带网络速度，尽快实现上下行同速，支撑数字家庭、智慧城市等物联网深度应用；支持公共场所提供免费无线宽带服务；加快下一代广播电视网建设。《广东省人民政府关于贯彻落实〈中国制造2025〉的实施意见》（粤府〔2015〕89号）提出要"加快信息基础设施建设"，要"实施广东省信息基础设施建设三年行动计划，大幅扩容升级互联网骨干网和城域网，建设全光纤网络城市，推动珠三角建设全国首个宽带城市群。实施宽带乡村工程，在人口密集区域实现光纤到自然村。建设连接省市县的万兆级电子政务骨干网络。加快铁塔基站建设，推进铁塔基站共建共享。推动公益性公共区域和商业性公共场所WLAN服务全覆盖"。《广东省人民政府关于创新重点领域投融资机制鼓励社会投资的实施意见》（粤府〔2016〕12号）提出"鼓励社会资本加大信息基础设施投资力度。统筹全省高速宽带网络整体布局，加强铁塔、基站、管线、机房等资源共建共享，吸引社会资本投资下一代互联网及光网城市建设工程。推动国有电信运营企业引入战略投资者加快宽带网络等项目建设。积极吸引社会资本参与我省4G网络制式发展工作，加快推进4G全面商用进程。支持社会投资者参与'三网融合'相关公共服务平台投资建设，拓展交互式网络电视、手机电视等基于'三网融合'的增值服务。积极引入社会资本参与智慧医疗等智慧城市项目建设。鼓励社会资本发展以云计算技术为基础的公众服务云，提升互联网用户访问体验。探索政府和社会资本合作共建跨区域云计算数据中心"。《广东省人民政府办公厅关于加快发展生产性服务业的若干意见》（粤府办〔2015〕54号）[1]提出，要"大力发展生产性服务外包。依托重点服务外包园区，加大对通信、软件等基础设施的投入，提升网络国际联网和信息运输能力"。2015年11月11日，四川省印发《四川省促进云计算创新发展培育信息产业新业态分工方案》（川办发〔2015〕87号）。文件提出要"夯实宽带网络基础设施"，要求"加快宽带网络优化升级"。要"贯彻落实'宽带中国'战略，大力推进宽带乡村工程、中西部中小城市基础网络完善工程、下一代移动互联网基础设施、下一代广播电视网（NGB）等重点工程建设，推动建成光网四川"，"加快推进无

---

[1] http://www.gdei.gov.cn/ywfl/zcgh/201510/t20151012_122974.htm，2015年10月12日。

线宽带网络向全省覆盖，提高热点区域大流量移动数据业务承载能力，扩大公共Wi-Fi在产业园区、交通路网、商务中心区、教育密集区等重要区域和公共场所的覆盖规模"，"加强成都国家级互联网骨干直联点建设，促进网间带宽扩容"，"加快基础网络IPv6升级改造，推动成都下一代互联网示范城市建设"。

第三节　信息资源

各地对于信息资源的开发利用，也做了相应的政策安排。上海市和广东省发布了专门的信息资源政策。2015年5月6日，上海市发布《政务数据资源共享和开放2015年度工作计划》[1]。文件包括了总体思路、重点工作任务和工作要求三个部分。文件在总体思路中提出要"积极推动各级行政机关和依法行使行政职能的机构，共享和开放在履行职能过程中产生、获取的数据资源，促进政务数据资源科学配置和有效利用，降低行政成本，提高行政效能，提升公共管理和服务水平，更好地服务于'四个'中心和科技创新中心建设，支撑本市政府职能转变，建设面向未来的智慧城市"。在重点工作任务中提出"深化政务数据资源目录体系建设"，"进一步推动政务数据资源向社会开放"，"拓展完善本市三大基础数据库"等。《广东省人民政府办公厅关于印发广东省整合建立统一的公共资源交易平台实施方案的通知》（粤府办〔2016〕7号）[2]提出要"建立全省统一的公共资源交易平台体系，加快形成统一开放、竞争有序、公开透明的公共资源交易市场"。在指导思想上，提出要"以信息化建设为支撑，加快构筑全省统一的公共资源交易平台体系"。整合目标为"2016年6月底前，依托广东省公共资源交易信息化平台基本完成全省公共资源交易平台整合工作，并与省网上办事大厅互联互通；2016年12月底前，在全省建成规则统一、公开透明、服务高效、监督规范的公共资源交易平台体系，基本实现公共资源交易全过程电子化。"

江苏省和福建省则分别在社会信用和互联网相关政策中体现了加强信息资源开发利用的内容。《江苏省社会信用体系建设规划纲要（2015—2020年）》[3]在社会信用体系建设的主要原则中指出，要"加强对信用信息资源的整合，打破部门和条块分割，有效防止信息孤岛，推进行业和部门共同建设公共信用信息系统。

[1]　http://www.sheitc.gov.cn/xxfw/666562.htm，2015年5月6日。
[2]　http://www.gdei.gov.cn/ywfl/zcgh/201602/t20160202_123585.htm，2016年2月2日。
[3]　http://www.jseic.gov.cn/xwzx/gwgg/gwfb/201503/t20150316_159086.html，2015年3月2日。

开展信用信息记录建设，既要注重信用信息归集覆盖面和数量，更要注重信息质量和效用，保障信用信息系统健康持续运行，逐步实现信息系统互联互通和信用信息的共享应用"。《福建省人民政府关于加快互联网经济发展十条措施的通知》提出，要"开放数据资源"，"加快建设统一的数据资源网，推动公共信息资源向社会开放，鼓励增值开发利用"，"2015年，先行开放交通出行、医疗健康、教育文化、食品安全、空间位置、资格资质、经济统计、产品质量等与改善公共服务和支撑经济发展密切相关的数据资源，并逐步扩大开放范围数量，加速数据流动，同时优先向重点推广的各类平台开放。"

第四节　信息技术

上海市和湖南省出台了直接针对信息技术和集成电路发展的政策举措。2015年7月27日，上海市发布《关于开展2015—2016年度上海市集成电路高端装备制造企业认定的通知》，开展2015—2016年度集成电路高端装备制造企业认定工作。《通知》要求申报单位对照《上海市集成电路高端装备制造企业认定管理办法》第四条中明确的申报条件，按照《管理办法》第六条的规定进行申报材料准备。2015年9月21日，上海市发布《2015年软件和集成电路产业发展专项资金拟支持项目公示（第三批）》，开展了2015年度上海市软件和集成电路产业发展专项资金项目、2014年度集成电路设计企业首轮流片专项资助的申报和评审工作。本次拟支持金额合计为2558万元。此前，7月6日和7月30日公布的第一批和第二批支持项目，拟支持金额分别为4475万元和5019.8万元。9月8日，《湖南省信息产业和信息化专项资金管理办法》发布。文件在信息产业领域，支持"计算机与外设、集成电路、智能终端、数字家电、平板显示、应用电子、电子基础材料及元器件，以及物联网等新一代信息技术与产品的研发与产业化"，"软件和信息服务技术研发及产业化"。

江苏省、广东省和浙江省等在互联网经济和智能制造相关文件中鼓励信息技术发展。《中共江苏省委江苏省人民政府关于加快发展互联网经济的意见》在"做强关键产业"部分提出"提升新一代信息技术产业"。文件具体指出要"加快发展集成电路、物联网、下一代移动通信、未来网络等产业，促进软件产业向服务化、网络化、平台化转型，构建以云计算、大数据、移动互联网为重点的信息服务业体系。鼓励骨干企业牵头建设联合研发中心，增强自主创新能力，集中力量突破一批制约互联网发展的关键核心技术。加快软硬融合与品牌培育，研发创新一批能够成为互联网新入口的智能硬件，包括自主安全可控服务器、智能终端、可穿戴设备、智能汽车、智能家居设备、工业机器人等。密切跟踪并积极研发虚拟增强现实、人工智能、全息影像、3D 打印等技术"。《广东省智能制造发展规划（2015—2025 年）》[1] 在主要任务中提出，要发展"新一代信息技术"，并指出"重点发展关键电子和光电元器件、新一代无线宽带通信、工业大数据与云计算、制造物联网、移动互联网、短距离通信、新型显示等重点领域"。《广东省人民政府办公厅关于加快发展生产性服务业的若干意见》（粤府办〔2015〕54 号）[2] 提出，要"大力发展新一代信息技术服务。加快推进'互联网＋制造业'发展，鼓励引导将数字技术、智能制造技术广泛应用于产品设计和生产制造过程，2017 年前培育建设 10 个智能制造示范基地。实施工业云及工业大数据创新应用试点，促进工业互联网、云计算、大数据在企业研发设计、生产制造、经营管理、销售服务等全流程和全产业链的综合集成应用。鼓励互联网等企业发展移动电子商务、在线定制、线上到线下等运营模式，支持制造企业发展基于互联网的个性化定制、众包设计、云制造等新型制造模式，支持制造企业开展以移动电子商务等新兴信息技术应用为支撑、改造传统产业链、体现新经济和新业态发展的总集成总承包服务。鼓励信息技术服务企业根据客户需求进行系统设计和业务流程再造，提供软硬结合、管控一体的完整解决方案"，"鼓励软件企业开发一批具有自主知识产权的关键设计工具软件，到 2017 年，数字化研发设计工具普及率达到 65% 以上"。《中共浙江省委办公厅浙江省人民政府办公厅关于加快推进创新驱动发展战略实施工作的通知》[3] 提出，在信息经济领域，要"突破新型集成电路设计制造、量子通信、海量数据处理、云计算、智能感知与交互、3D 打印工艺与过程控制等关键核心技术"。

第五节　信息技术应用

各地信息技术应用政策主要体现在智能制造、智慧城市、电子商务、电子政

---

[1]　http://www.gdei.gov.cn/ywfl/zcgh/201507/t20150731_122544.htm，2015年7月23日。
[2]　http://www.gdei.gov.cn/ywfl/zcgh/201510/t20151012_122974.htm，2015年10月12日。
[3]　http://www.zjjjxw.gov.cn/zcfg/szfwj/2015/07/24/2015072400076.shtml，2015年7月3日。

务、社会信息化等方面。

在智能制造方面。《广东省人民政府办公厅关于加快发展生产性服务业的若干意见》（粤府办〔2015〕54号）提出，要"加快建设智能制造、海洋工程、轨道交通、节能环保、新能源、新材料、生物工程、汽车制造、航空制造等领域创新平台"，"加快推进'互联网＋制造业'发展，鼓励引导将数字技术、智能制造技术广泛应用于产品设计和生产制造过程，2017年前培育建设10个智能制造示范基地"，"推动移动互联网、云服务、物联网等先进技术在供应链管理中的应用，实现对原材料、零部件、半成品、产成品和产品消费全过程识别和跟踪。到2017年，培育一批专业服务水平高、集成服务能力强的供应链管理企业和10家供应链管理示范企业"。《广东省人民政府关于贯彻落实〈中国制造2025〉的实施意见》（粤府〔2015〕89号）提出，要"建设全国智能制造发展示范引领区"，要"加快实施《广东省智能制造发展规划（2015—2025年)》"，"选择智能装备和关键零部件研发制造、智能制造系统集成与应用服务产业较为集中的集聚区或园区，打造10个左右在全国具有较大影响力的智能制造示范基地"，"到2017年，智能装备产业增加值达3000亿元，机器人及相关配套产业产值达600亿元，制造业万人机器人数量达到50台；到2020年，智能装备产业增加值达4000亿元，机器人及相关配套产业产值达1000亿元，制造业万人机器人数量达到100台；到2025年，制造业智能化深度渗透，规模以上制造企业信息技术集成应用达到国内领先水平，基本建成全国智能制造发展示范引领区和具有国际竞争力的智能制造产业集聚区"。《广东省智能制造发展规划（2015—2025年)》[1]由发展背景、总体要求、主要任务、保障措施等四部分构成。文件提出，要"以国际智能制造先进水平为标杆，大力实施创新驱动发展战略，推动智能制造核心技术攻关和关键零部件研发，全面提升智能制造创新能力，推进制造过程智能化升级改造，实现'制造大省'向'制造强省'转变"。《中共江苏省委江苏省人民政府关于加快发展互联网经济的意见》提出"到2017年，智能制造水平明显提高，创建智慧工厂200座"，"全省新增工业机器人1万台，重点行业机器人密度达到国际先进水平"。2015年12月31日，重庆市印发《重庆市"互联网＋"行动计划》[2]，在主要任务中提出"'互联网＋'协同制造"，要求"以建设智能制造单元、智能车间、智能工厂为发展

---

[1] http://www.gdei.gov.cn/ywfl/zcgh/201507/t20150731_122544.htm，2015年7月23日。
[2] http://wjj.cq.gov.cn/xxgk/78452.htm，2015年12月31日。

方向，开展智能制造试点示范，运用物联网、智能机器人、增材制造等技术推进生产过程智能化"。

在智慧城市方面。《广东省人民政府关于加快推进城市基础设施建设的实施意见》（粤府〔2015〕56号）[1]提出"建设智慧城市管理系统"，并指出要"按照集约、智能、绿色、低碳的新型城镇化建设总体要求，运用新一代信息技术，推动城市管理和服务体系向智慧化、标准化和精细化发展。以解决城市基础设施建设管理的实际问题为切入点，积极发展民生服务智慧应用，重点推进城市公共管理信息服务平台及典型应用、智慧社区（园区）、城市网格化管理服务等领域的智慧应用建设，有效提高城市运行效率，促进城镇发展质量和水平全面提升"。

在电子商务方面。《上海市经济信息化委关于实施2015年度电子商务"双推"工程的通知》（沪经信生〔2015〕567号）[2]提出"实施2015年度推动电子商务企业创新发展、推动中小企业应用电子商务工程"（简称"双推"工程）。"双推"工程采用"政府贴一点、平台企业让一点、中小企业出一点"的方式，支持上海市中小企业在"双推"平台上开展电子商务应用，所发生的首期基础应用服务费由财政专项资助资金、平台企业、中小企业自身各承担一部分。以鼓励"双推"平台加快开拓本地服务市场，有效降低中小企业首期应用成本，带动上海市中小企业加快发展电子商务、互联网应用。《广东省人民政府办公厅关于加快发展生产性服务业的若干意见》（粤府办〔2015〕54号）提出，要"深化电子商务应用。鼓励大中型企业加强电子商务应用，发展网络营销实现品牌培育和市场扩张。鼓励中小微企业依托第三方电子商务服务平台开展业务，引导企业运用跨境电子商务手段开拓国际市场并给予资金扶持。推进国家跨境电子商务服务试点，建设国家电子商务示范城市、示范基地和示范企业。开展移动电子商务产业基地和创新基地试点示范，建设国家移动电子商务试点示范工程。鼓励工业电子商务支撑体系集成创新，开展国家、省、市工业电子商务区域试点，推动工业电子商务发展。推动工业企业供应链管理一体化电子商务应用。到2017年规模以上企业电子商务应用率达到90%以上"，"支持建设电子商务和物流信息服务平台。加快物联网等信息技术在物流领域的应用，布局建设一批综合性、专业性物流公共信息平台和货物配载中心，重点推进南方现代物流公共信息平台建设和运营，

---

[1] http://zwgk.gd.gov.cn/006939748/201506/t20150611_585382.html，2016年6月4日。
[2] http://www.sheitc.gov.cn/cyfz/668258.htm，2015年10月21日。

增强制造业供应链协同需求的物流响应能力。引导企业积极建设先进制造业行业性电子商务平台，依托我省产业集聚区重点建设一批集交易、电子认证、在线支付、物流和信用评估等服务于一体的第三方电子商务综合服务平台，为中小微企业开展业务提供支撑"。《中共江苏省委江苏省人民政府关于加快发展互联网经济的意见》提出"培育发展20个特色电子商务平台，重点B2B平台在线交易额超过2.5万亿元"，并提出聚焦发展"互联网+"商贸。文件具体提出要"深入推进电子商务细分领域发展，鼓励发展垂直类电商平台，积极培育大宗商品电商交易平台，引导线上线下互动融合发展。鼓励发展外贸综合服务平台和第三方跨境电子商务服务平台，支持省内大型电子商务企业'走出去'，加快推进国家电子商务示范城市建设，创建5家国家电子商务示范基地、10家国家电子商务示范企业。到2017年，全省网络零售额达到4000亿元，占社会消费品零售总额的12%。应用电子商务完成进出口贸易额力争达到当年进出口贸易总额的12%"。

在电子政务方面。2015年5月25日，上海市印发《2015年上海市政府信息公开工作要点》。文件要求"继续做好安全生产、就业、审计、科技管理和项目经费、价格和收费等领域信息公开，进一步扩大公开范围，细化公开内容"，推进行政权力、公共资源配置、公共服务、公共监管、重大工程建设项目等领域信息公开。同时要求"进一步加强制度和体系建设"，"拓展主动公开范围"，"优化信息公开平台和渠道"。8月8日，上海市发布《关于本市进一步推进政府效能建设的意见》。文件包括工作目标、主要任务、保障措施三个部分。在主要任务中，提出要"推进行政权力电子化、信息化"，"依据业务手册，建立、调整、升级和改造部门业务系统。在推进行政权力工作流程、法律文书、申报材料等电子化、信息化的同时，探索并逐步实现行政权力实体性规范的电子化、信息化。推进网上预审当场受理或当场发证。创新网上告知、公示、咨询、查询、反馈等网上服务方式"。并提出"共享行政权力数据"，"推进行政权力实施信息在行政机关之间依法共享。对依法通过共享方式从其他行政机关获取的行政权力信息，可以作为作出决定的依据，不再重复采集。行政机关要取消和删除重复的材料、重复的表式，不得要求申请人重复提供。要利用共享的行政权力信息，对所涉及的有关材料进行比较对照，核实真实性"。《中共江苏省委江苏省人民政府关于加快发展互联网经济的意见》在"聚焦发展重点"部分提出要"'互联网+'政务"。文件提出，要"加快建设省市县三级联动的网上政务大厅，实现与行政服务实体大厅融合。加快智慧江苏建设，实现城市基础设施和公共服务智能化。深化人口、法人、空间地理、信用等基础信息资源开发利用，加快推进政府系统信息共享和数据开放，建立政务信息共享交换平台和公共数据服务平台，促进政务在线协同和数据创新应用。加强和支持政府决策支持、社会信用服务、市场综合监管、食品药品安全监管、生态环境污染与资源监控、城乡规划和建设管理、公共安全、应急协同、安全生产等信息系统建设应用，提高科学管理水平。到 2017 年，基本形成纵横贯通全省的政务网络及政务服务体系，建成智慧政务运行高效区"。《重庆市"互联网 +"行动计划》主要任务中提出"'互联网 +'益民服务"，要求"创新政府服务模式"，"将市级行政权力清单、责任清单上网公布"，"加快推进网上行政审批，实现全市行政审批一站式服务、一窗式受理、一网式办理"。

在社会信息化方面。《广东省人民政府关于印发〈广东省促进健康服务业发展行动计划（2015—2020 年）〉的通知》（粤府〔2015〕75 号）[1] 要求"提高健康服务业信息化发展水平"。文件指出，要"按照我省'互联网 +'行动计划的统一部署，创新运用'互联网 + 健康服务业'发展模式推动互联网新技术、新理念与健康服务业融合发展，抢占产业发展制高点，提升产业综合竞争力"，"充分运用互联网、物联网技术，加快创建健康服务'大数据'应用系统，实现医疗服务、医疗保障、健康管理、药品监管和综合管理等系统联网和信息共享"。《广东省人民政府关于进一步做好新形势下就业创业工作的实施意见》（粤府〔2015〕78 号）[2] 提出"大力扶持电子商务创业"，并要求"加快建立规范、安全、诚信的电子商务发展环境，推进电子商务与其他产业深度融合，挖掘电子商务产业吸纳就业潜力。经工商登记注册的网络商户从业人员，同等享受各项就业创业扶持政策；未进行工商登记注册的网络商户从业人员，可认定为灵活就业人员，申请享受灵活就业人员扶持政策。在网络平台实名注册、稳定经营且信誉良好的网络商户创业者，可按规定申请创业担保贷款等扶持政策。健全电子商务信用信息交换共享机制，建立电子商务信用评价和失信行为惩戒机制"。在加快公共就业服务信息化方面，要"建立人社、财政、教育、工商、税务、公安等部门信息共享机制，加快实现信息实时交互验证"。《中共江苏省委江苏省人民政府关于加快发展互联网经济的意见》在"聚焦发展重点"部分提出要聚焦"'互联网 +'民生"，提出要

[1]　http://www.gdei.gov.cn/ywfl/zcgh/201508/t20150817_122637.htm，2015年7月28日。
[2]　http://www.gdei.gov.cn/ywfl/zcgh/201508/t20150817_122636.htm，2015年8月17日。

"围绕民生热点，构建公共服务信息平台，推动基本公共服务向社区、农村延伸。鼓励各类市场主体共同参与增值性、公益性开发和创新应用，支持发展智慧旅游、智慧健康、智慧养老、智慧交通、智慧法务、智慧教育、智慧家居等，积极发展区域化线上线下结合（O2O）、为百姓提供便捷实惠的优质服务。到2017年，建成更加普惠的智慧民生综合服务体系，促进全省城乡居民共享智慧化建设成果"。

此外，2015年8月25日，上海市发布《上海市经济信息化委关于开展2015年度第二批上海市信息化发展专项资金项目申报工作的通知》[1]，开展2015年度第二批上海市信息化发展专项资金项目申报工作。信息化发展专项资金可用于支持推进重点领域的信息化应用等方面。

---

[1] http://www.sheitc.gov.cn/xxfw/667717.htm，2015年8月25日。

热　点　篇

第十八章　2015年中国智慧城市热点事件

第一节　政府工作报告首次提出"要发展智慧城市"

2015年3月5日，李克强总理在十二届全国人大三次会议上所做的政府工作报告中谈到"提升城镇规划建设管理水平"[1]时，指出要"制定实施城市群规划，有序推进基础设施和基本公共服务同城化。完善设市标准，实行特大镇扩权增能试点，控制超大城市人口规模，提升地级市、县城和中心镇产业和人口承载能力，方便农民就近城镇化。发展智慧城市，保护和传承历史、地域文化。加强城市供水供气供电、公交和防洪防涝设施等建设。坚决治理污染、拥堵等城市病，让出行更方便、环境更宜居"。"智慧城市"这个词语第一次被写入总理政府工作报告，引起了社会各界的高度关注。

众所周知，近年来我国城市规划建设取得显著成就，基础设施明显改善，公共服务和管理水平持续提升，在促进经济社会发展、完善城市功能、增进民生福祉等方面发挥了重要作用。同时，城市规划建设暴露出一些突出问题，如城市规划前瞻性、公开性不够；城市建筑特色缺失，文化传承堪忧；城市建设盲目追求规模扩张，节约集约程度不高；公共产品和服务供给不足；环境污染、交通拥堵等"城市病"日趋严重。

智慧城市的概念由IBM公司首先提出。IBM经过研究认为，城市由关系到城市主要功能的不同类型的网络、基础设施和环境六个核心系统组成:组织（人）、业务／政务、交通、通信、水和能源。这六个核心系统不是独立分散，而是以一

---

[1]　http://www.gov.cn/guowuyuan/2015–03/16/content_2835101.htm，2015年3月16日。

种协作的方式相互衔接。而城市本身，则是由这些系统所组成的宏观系统。2009年，IBM与迪比克市合作，建立了美国第一个智慧城市。该城市方案是利用物联网技术，在一个有六万居民的社区里将水、电、油、气、交通、公共服务等各种城市公用资源连接起来，监测、分析和整合各种数据以做出智能化的响应和服务。随着众多的智慧城市建设实践，人们对智慧城市的认识经历了一个逐步渐进的过程。现在一般认为，智慧城市通过物联网、云计算、地理空间基础设施等新一代信息技术以及维基、社交网络、Fab Lab、Living Lab等工具和方法的应用，实现全面透彻的感知、宽带泛在的互联、智能融合的应用以及以用户创新、开放创新、大众创新、协同创新为特征的可持续创新。伴随网络的崛起、移动技术的融合发展以及创新的民主化进程，信息社会环境下的智慧城市是继数字城市之后信息化城市发展的高级形态[1]。由于智慧城市综合采用了包括射频传感技术、物联网技术、云计算技术、下一代通信技术在内的新一代信息技术，因此能够有效地化解"城市病"问题。这些技术的应用能够使城市更易被感知，城市资源更易于被整合，有利于城市的精细化和智能化管理，减少资源消耗，降低环境污染，解决交通拥堵，实现城市的可持续发展。

在全球范围内，很多城市都积极开展智慧城市建设，将城市中的水、电、油、气等公共服务通过网络有机连接起来，智能化作出响应，更好地服务于公众的学习、生活、工作、医疗等方面的需求。可以说，建设智慧城市已经成为历史的必然趋势，成为信息领域和城市化建设的战略制高点。2014年公布的《国家新型城镇化规划（2014—2020年）》提出，推进智慧城市建设，统筹城市发展的物质资源、信息资源和智力资源利用，推动物联网、云计算、大数据等新一代信息技术创新应用，实现与城市经济社会发展深度融合。同年8月27日，国家发改委、工信部、科技部、公安部、财政部、国土资源部、住建部、交通部等八部委联合印发《关于促进智慧城市健康发展的指导意见》，提出到2020年，建成一批特色鲜明的智慧城市，聚集和辐射带动作用大幅增强，综合竞争优势明显提高，在保障和改善民生服务、创新社会管理、维护网络安全等方面取得显著成效。

日前发布的《中共中央 国务院关于进一步加强城市规划建设管理工作的若干意见》[2]提出要"创新城市治理方式"，"推进城市智慧管理"，并进一步指出要"加

---

[1] http://si.qianjia.com/html/2013–10/09_217379.html，2013年10月9日。
[2] http://news.xinhuanet.com/2016–02/21/c_1118109546.htm，2016年2月21日。

强城市管理和服务体系智能化建设，促进大数据、物联网、云计算等现代信息技术与城市管理服务融合，提升城市治理和服务水平。加强市政设施运行管理、交通管理、环境管理、应急管理等城市管理数字化平台建设和功能整合，建设综合性城市管理数据库。推进城市宽带信息基础设施建设，强化网络安全保障。积极发展民生服务智慧应用。到2020年，建成一批特色鲜明的智慧城市。通过智慧城市建设和其他一系列城市规划建设管理措施，不断提高城市运行效率"。

第二节　住建部和科技部公布第三批国家智慧城市试点名单

2015年4月7日，国家住建部和科技部发布了《关于公布国家智慧城市2014年度试点名单的通知》[1]，确定北京市门头沟区等84个城市为国家智慧城市2014年度新增试点，河北省石家庄市正定县等13个城市为扩大范围试点，航天恒星科技有限公司等单位承建的41个项目为国家智慧城市2014年度专项试点。《通知》要求各地以科技创新为支撑，着力解决制约城市发展的现实问题，建设绿色、低碳、智能城市。试点城市要从城市发展的战略全局出发，加强顶层设计，促进"多规融合"；推进信息资源共享和社会化开发利用，强化信息安全；创新建设和运营模式，激发市场活力；明确责任和考核制度，落实相关保障措施。加上2013年8月5日对外公布2013年度国家智慧城市试点名单所确定的103个城市（区、县、镇）为2013年度国家智慧城市试点，以及住房城乡建设部此前公布的首批90个国家智慧城市试点，国家智慧城市试点已达290个。住建部是在2013年1月29日召开国家智慧城市试点创建工作会议，公布了首批国家智慧城市试点名单。住建部发布了《国家智慧城市试点暂行管理办法》和《国家智慧城市（区、镇）试点指标体系（试行）》，要求各省和试点城市要按照智慧城市试点的文件要求，切实、高效推进试点工作。在创建过程中，住房城乡建设主管部门加强组织、协调、监督和考核。

在智慧城市的试点示范下，国内越来越多的城市投身智慧城市建设。据报道，河北、甘肃、宁夏、成都、沈阳、新疆等省市区的政府工作报告中，智慧城市已经成为"高频词"，同时智慧城市也出现在一些地方委员的提案和建议中[2]。河北

---

[1]　http://www.mohurd.gov.cn/zcfg/jsbwj_0/jsbwjjskj/201504/t20150410_220653.html，2015年4月7日。
[2]　http://news.21csp.com.cn/c11/201602/11346634.html，2016年2月16日。

省《政府工作报告》提出，全省将继续提升管理水平，抓好智慧城市、海绵城市、绿色城市试点建设，为人民群众提供精细的城市管理和良好的公共服务。未来五年，全省各地积极转变城市发展方式，完善城市治理体系，提高城市治理能力，加强地下和地上基础设施建设，优化发展城市交通，保护历史文化遗产，着力解决"城市病"，建设和谐宜居、富有活力、各具特色的现代化城市。甘肃省《政府工作报告》指出，全省各地要创新城市基础设施投资、建设模式，用足用好国家棚户区改造、城市地下综合管廊、污水垃圾处理、海绵城市、智慧城市等政策，完善城市道路、公共交通、通信电力、供水排污、供气供热、垃圾处理、停车库场等城市基础设施建设。全省将积极推进新型城镇化建设，把投入重点放在基础设施、公共服务、生态环境等公益性和基础性领域。放开城市市政设施投资建设运营市场，吸引社会资本直接投资建设。同时加快兰州等7个"智慧城市"建设试点，推进城市管理现代化和智能化。宁夏回族自治区《政府工作报告》指出，全区各地将推动智慧城市、数字化城管建设，积极打造宜居宜业的城市环境。成都市《政府工作报告》指出，成都市将强化城市数字治理，加强智慧城市建设，推动信息技术在政务服务、城市管理、民生服务等领域创新应用，促进城市治理更高效、营商环境更优化、市民生活更方便。同时深化投融资体制改革，推广PPP模式，设立城市建设发展基金和新型城镇化基金，发行首批地铁"永续债"。济南市《政府工作报告》指出，济南市将加强城乡信息基础设施建设，实施200项智慧泉城建设工程，实现城乡光纤宽带全覆盖，加快"无线济南"建设。推进以城市水系、园林绿色、道路交通、建筑小区为重点的43个海绵城市建设项目。厦门市《政府工作报告》指出，2016年厦门市将大力发展新技术、新业态、新模式、新产业，加快智慧城市和下一代互联网示范试点城市建设，发展物联网产业，培育发展个性化定制、众包设计、云制造等新模式。南京市《政府工作报告》指出，持续推进智慧城市建设，大力发展电子商务、文化创意等新模式、新业态，加快培育服务消费、信息消费、时尚消费、品质消费等新的消费增长点，提升消费对经济增长的贡献度。武汉市《政府工作报告》指出，"十三五"时期，武汉市将深入实施《智慧城市总体规划》。落实国家大数据战略。实施"互联网＋"和物联网应用示范工程。实施智慧政府工程，建立以市民和企业为中心的政务公开服务体系，提供线下线上智能化、平台式服务。

第三节　国家旅游局提出建设一批智慧旅游城市

　　智慧旅游是智慧城市的重要内容和组成部分。智慧旅游的发展可以带动智慧城市建设。部分城市特别是把旅游作为支柱产业的城市，可以通过先行开展智慧旅游建设，在打下一定基础、产生一定效益之后，再进一步开展智慧城市的建设。2015年1月10日，国家旅游局印发的《关于促进智慧旅游发展的指导意见》[1]明确提出要建设一批智慧旅游城市。文件由总体要求、主要任务和保障措施三部分构成。文件认为，智慧旅游是游客市场需求与现代信息技术驱动旅游业创新发展的新动力和新趋势，是全面提升旅游业发展水平、促进旅游业转型升级、提高旅游满意度的重要抓手，对于把旅游业建设成为人民群众更加满意的现代化服务业，具有十分重要的意义。

　　在发展目标中，该文件提出，到2016年，建设一批智慧旅游景区、智慧旅游企业和智慧旅游城市，建成国家智慧旅游公共服务网络和平台。到2020年，我国智慧旅游服务能力明显提升，智慧管理能力持续增强，大数据挖掘和智慧营销能力明显提高，移动电子商务、旅游大数据系统分析、人工智能技术等在旅游业应用更加广泛，培育若干实力雄厚的以智慧旅游为主营业务的企业，形成系统化的智慧旅游价值链网络。在指导思想部分方面，国家旅游局将以满足旅游者现代信息需求为基础，以提高旅游便利化水平和产业运行效率为目标，以实现旅游服务、管理、营销、体验智能化为主要途径，加强顶层设计，完善技术标准，整合信息资源，建立健全市场化发展机制，鼓励引导模式业态创新，有序推进智慧旅游持续健康发展，不断提升我国旅游信息化发展水平。在基本原则部分文件指出，智慧旅游建设要坚持政府引导与市场主体相结合。政府着力加强规划指导和政策引导，推进智慧旅游公共服务体系建设；企业在政府规划、政策和行业标准引导下，以市场需求为导向，开发适应游客需求的产品和服务。防止政府大包大揽和不必要的行政干预；要坚持统筹协调与上下联动相结合。着眼于中国旅游业发展的整体和长远需要，着力加强信息互联互通，有效规避信息孤岛化、碎片化。

---

[1]　http://www.gov.cn/xinwen/2015-01/12/content_2803297.htm，2015年1月12日。

各地可结合实际需求，先行先试，创新智慧旅游服务管理手段；要坚持问题导向与循序渐进相结合。突出为民、便民、惠民的基本导向，防止重建设、轻实效，使游客充分享受智慧旅游发展的成果。充分认识智慧旅游建设的系统性和复杂性，通过成熟的技术手段，从最迫切最紧要问题入手，做深做透，循序渐进。文件最后提出了智慧旅游建设的 10 项主要任务，包括：夯实智慧旅游发展信息化基础、建立完善旅游信息基础数据平台、建立游客信息服务体系、建立智慧旅游管理体系、构建智慧旅游营销体系、推动智慧旅游产业发展、加强示范标准建设、加快创新融合发展、建立景区门票预约制度、推进数据开放共享等。

国内一些城市已经把智慧旅游作为智慧城市建设的重要内容。上海把建设智慧旅游作为智慧城市建设的一项重要举措，不断探索运用现代信息技术完善旅游公共服务体系、提高旅游管理服务水平、促进旅游产业融合创新、提升城市旅游品牌形象，为民众提供丰富多彩的旅游产品和服务[1]。上海进一步完善旅游公共信息服务网络，优化智慧旅游基础设施和应用环境，提升旅游市场监管和应急保障信息化水平，不断创新旅游消费支付和信息引导服务，不断增强旅游行业智慧化水平，初步形成"设施、信息、服务实质性联动"的智慧旅游发展路径。秦皇岛成为国家首批智慧城市试点城市后，在智慧城市一期项目实施中就安排了智慧旅游应用。洛阳市制订的《洛阳智慧城市发展规划（2014—2020年）》中，智慧旅游建设是重要内容之一。规划提出通过 5 年到 7 年的努力，把洛阳建设成为中原经济区极具特色的大数据战略引领中心、智慧政务示范中心、智慧旅游服务感知中心、智慧旅游管理创新中心、智慧经济集聚中心，使洛阳的信息社会发展水平走在中部地区前列，成为中国古都新韵智慧旅游城市最佳典范。规划建设期内，将实施"宽带洛阳"、云数据中心、智慧洛阳"一张图"、智慧交通系统、智慧旅游产业园等 32 大工程。根据规划，洛阳将建立全市统一的智慧洛阳门户（APP），提供与游客市民食、住、行、游、购、娱紧密相连的各领域智能化服务。游客可通过网页、移动终端、自助终端、服务热线、智能电视和社区服务站等渠道，随时随地查询旅游交通出行、休闲旅游、旅游咨询服务等信息；精确定位酒店、旅行社、景区、加油站、停车场、旅游购物点等场所。

---

[1] 上海经信委：《上海"智慧旅游"为智慧城市添彩》，2015年2月23日。

第四节　国办 14 号文助推城市智慧医疗服务

智慧医疗是智慧城市的健康保障。2015 年 3 月 30 日，国务院办公厅正式印发《全国医疗卫生服务体系规划纲要 (2015—2020 年)》[1]。文件认为，云计算、物联网、移动互联网、大数据等信息化技术的快速发展，为优化医疗卫生业务流程、提高服务效率提供了条件，必将推动医疗卫生服务模式和管理模式的深刻转变。《规划纲要》是国内各城市开展智慧医疗，建设智慧城市的重要指导文件。

建设智慧城市，开展智慧医疗服务，需要遵循《规划纲要》提出的主要目标和要求。文件在第三章第三节"信息资源配置"中提出，开展健康中国云服务计划，积极应用移动互联网、物联网、云计算、可穿戴设备等新技术，推动惠及全民的健康信息服务和智慧医疗服务，推动健康大数据的应用，逐步转变服务模式，提高服务能力和管理水平。加强人口健康信息化建设，到 2020 年，实现全员人口信息、电子健康档案和电子病历三大数据库基本覆盖全国人口并信息动态更新。全面建成互联互通的国家、省、市、县四级人口健康信息平台，实现公共卫生、计划生育、医疗服务、医疗保障、药品供应、综合管理等六大业务应用系统的互联互通和业务协同。积极推动移动互联网、远程医疗服务等发展。普及应用居民健康卡，积极推进居民健康卡与社会保障卡、金融 IC 卡、市民服务卡等公共服务卡的应用集成，实现就医"一卡通"。依托国家电子政务网，构建与互联网安全隔离，联通各级平台和各级各类卫生计生机构，高效、安全、稳定的信息网络。建立完善人口健康信息化标准规范体系。加强信息安全防护体系建设。实现各级医疗服务、医疗保障与公共卫生服务的信息共享与业务协同。在第六章第二节"上下联动"中提出"以形成分级诊疗秩序为目标，积极探索科学有效的医联体和远程医疗等多种方式。充分利用信息化手段，促进优质医疗资源纵向流动，建立医院与基层医疗卫生机构之间共享诊疗信息、开展远程医疗服务和教学培训的信息渠道"。

目前，杭州、郑州、天津等城市的智慧医疗建设走在全国前列。杭州"智慧医疗"

---

[1]　http://www.gov.cn/zhengce/content/2015–03/30/content_9560.htm，2015年3月30日。

上线以来，医院信息系统可以将预约号精确到具体的就诊时间段，方便患者根据自己的时间选择恰当的医生进行预约并就诊。超声、CT、核磁共振、胃镜等也分时段预约检查服务，缓解患者长时间在院候诊、排队等候检查等不良的就诊体验。据统计，目前杭州市属医院自助挂号机的平均使用率已达到76%，最高的市二医院达到94.72%；分时段就诊符合率平均达到68%。所有市属医院都设立了"自助服务区"，越来越多的市民现在更乐意选择自助服务。在杭州，已有250万参保人员开通市民卡"智慧医疗"诊间结算功能，累计627余万人次的门急诊患者享受到便利。"健康郑州"是郑州大力推进智慧医疗工程政策的重大举措。"健康郑州"项目主要包括三部分内容："健康郑州"网络专栏、新媒体集群与手机移动服务平台，即"健康郑州"网页版、"医学汇"官方微信订阅号、"中原名医推荐"官方微信服务号、"郑州卫生计生一点通"官方微信订阅号、"健康郑州"官方微博及"口袋医生"APP手机移动服务终端，其中"健康郑州"专栏和新媒体集群产品均已上线运行，郑州市民将很快享受到全方位的智慧医疗服务。天津大力推进"互联网＋智慧医疗"，医疗服务将进入3.0模式。未来天津市民通过下载移动APP，就可以实现智能分诊、预约挂号、预约报到、智能导诊、候诊提醒、诊间预约等智能信息化服务，就连上门配送药品，也会逐步实现。依托掌上智慧医院平台，天津将打造全国首个糖尿病配送药社保结算试点，首阶段面向全市约50万糖尿病用户推出药品配送服务，其后还将拓展慢性病药物配送服务。同时，医疗平台上的E护帮服务，会为有需求的患者提供全程就医指导。

第五节　交通部发文推进城市智慧交通发展

智慧交通让城市出行更便利。交通部一直致力于推动智慧交通的发展。2015年5月5日，交通部正式发布《关于促进交通一卡通健康发展加快实现互联互通的指导意见》。《指导意见》由总体要求、重点任务和保障措施等三部分构成，确定的近期目标是：优化和完善交通一卡通互联互通顶层设计，统一行业技术标准，建立全国安全、高效、分级的清分结算体系，建立较为完备的行业监管制度体系，到2020年基本实现各大城市群跨市域、跨省域的交通一卡通互联互通。远期目标为：提升综合运输服务能力，形成高效的运营机制，推动全国各交通运输方式一卡通用，积极开展与其他行业的互惠互利合作，最大限度方便群众出行和满足人民生产生活的需要。据介绍,目前交通部已组织京津冀三地有关部门开展了京津冀交通一卡通互联互通工作。按照"统一领导、有序实施、重点突破、合作共赢"的推进思路,制定涵盖发展规划、运营管理、业务规则等方面内容的区域互联互通政策管理体系。交通部一直在跟踪手机移动支付、二维码支付、图像识别支付、可穿戴智能设备支付等新技术,进行对移动支付的相关研究,开展交通一卡通移动支付的平台研发和技术标准制定工作。6月19日,交通部为进一步加快推进城市公共交通智能化应用示范工程建设,发布《关于进一步加快推进城市公共交通智能化应用示范工程建设有关工作的通知》。《通知》提出,要大力推进移动互联网、物联网、大数据、云计算等新一代信息技术在城市公共交通运营、服务、管理方面的深度应用,努力打造综合、高效、准确、可靠的城市公共交通信息服务体系,全面提高城市公共交通智能化水平。《通知》明确了示范工程建设进度,提出2015年年底前完成第一批10个试点城市的示范工程主体建设。2017年6月底前,完成37个示范城市的示范工程建设任务。12月的2016年全国交通运输工作会议提出"十三五"期间,到2020年基本建成安全便捷、畅通高效、绿色智能的现代综合交通运输体系。要着力推进智慧绿色平安交通建设。要打造智慧交通,扩大公交一卡通使用范围,拓展ETC应用领域,加强国家交通运输物流公共信息平台建设,吸引社会资源利用大数据开展服务,让运输服务更智慧。这为各地建设智慧城市打造智慧交通表明了方向。

京津冀正在合力探索和构建适合本地域发展要求的智慧交通系统。工信部、北京市政府和河北省政府共同签署"基于宽带移动互联网的智能汽车与智慧交通应用示范"框架合作协议,并发布《北京市2016—2020年行动计划》[1]。北京经济技术开发区将率先成为"智能汽车与智慧交通产业创新示范区"。应用示范将以汽车和交通产业为应用领域,以电动汽车、智能汽车为平台,以智能驾驶、智慧路网、车路协同等关键技术研发应用为牵引,部署4.5G/5G宽带移动互联网通信基础设施,协同构建安全、节能、高效、便捷的汽车服务新生活。示范区的最大特点是智能汽车与智慧交通同步进行。车辆之间、车辆与车位、道路信号之间有机衔接,借助4G/5G网络优势,实现交通大数据的实时收集、处理、存储和挖掘,科学调配道路资源和车辆通行。在此基础上,北京也将成为智慧路网示范工程和智慧管理示范中心。

---

[1] http://www.gov.cn/xinwen/2016-01/21/content_5034889.htm,2016年1月21日。

第六节 三部委联合印发《关于开展智慧城市标准体系和评价指标体系建设及应用实施的指导意见》

国家标准委联合中央网信办及国家发改委印发《关于开展智慧城市标准体系和评价指标体系建设及应用实施的指导意见》[1]（国标委工二联〔2015〕64号）。文件提出，以统筹规划、分步实施、示范推动、持续改进为基本原则，充分发挥国家智慧城市标准化工作协调机制的作用，集中研究机构、企业和专家的力量，推动智慧城市标准体系和评价指标体系的建设和实施，特别优先支持核心关键急需标准，基础通用标准，重点领域国际标准的研制。同时，鼓励地方积极参与智慧城市国家标准的应用实施、试点、示范工作，并在实施过程中发现问题、解决问题、积累经验，不断改进。

文件明确到2017年，将完成智慧城市总体、支撑技术与平台、基础设施、建设与宜居、管理与服务、产业与经济、安全与保障7个大类20项急需标准的制订工作，到2020年累计完成50项左右的标准。同时，从2015年起至2016年同步开展整体指标及成熟领域分项指标试评价工作，到2018年初步建立我国智慧城市整体评价指标体系，到2020年实现智慧城市评价指标体系的全面实施和应用。文件同时提出强化工作机制、加强宣贯培训、加大资金投入、重视人才培养、推进国际交流等措施保障工作任务有效落实。智慧城市标准化制定工作正式提上国家日程。

据国家标准化管理委员会负责人介绍，国家智慧城市标准化总体组主要开展了三方面工作[2]：一是建立国家智慧城市标准体系，推动标准应用及试点示范。2015年10月，国标委、中央网信办、国家发改委联合发布了《关于开展智慧城市标准体系和评价指标体系建设及应用实施的指导意见》，提出智慧城市标准的总体布局和重点领域；从建设与宜居、管理与服务、产业与经济、安全与保障等7个方面，提出了智慧城市的标准体系框架，重点推动参考模型、评价指标、数据融合等31项国家标准的立项。二是建立智慧城市评价指标体系，支撑智慧城

[1] http://www.istc.sd.cn/shop/article!view.action?id=402881fa50a8596a0150d1977922001c，2015年11月4日。
[2] http://www.jingji.com.cn/html/news/djxw/36767.html，2016年2月25日。

市试点示范工作的有序推进。按照智慧城市部际联席会议的部署，总体组充分征求各相关方的意见和建议，形成了共 4 个能力类、5 个成效类的一级分类和 36 个二级分类的指标体系；会同住建、公安、交通、测绘等部门，完善各个领域的分项评价指标，进一步明确了分项评价指标体系的计算方法及编写格式。三是积极参与国际标准化工作，深化与欧盟国家、国际城市间的标准合作，推动三大国际标准组织联合制定智慧城市基础通用类标准。"十三五"开局之初，在智慧城市评价指标体系建设上应加强三个方面的工作。一是进一步完善智慧城市的标准体系，加快制定核心和急需的标准，同步推进现有智慧城市相关技术和应用标准的制定、修订工作。二是按照城市规模、城市特征、发展阶段以及未来需求，进一步分析城市管理者、居民、企业、评价机构的利益诉求，制定科学、有效、全面的评价指标和评价方案。按照以评促建、以评促改的思路，分阶段开展整体指标及成熟领域分项指标的试评价，引导智慧城市健康有序发展。三是保持并扩大我国在智慧城市国际标准化领域的影响力，推动我国现有智慧城市标准提案获得发布，积极推动中欧、中法、中德、中英等国际标准化的交流沟通与合作。

第十九章　2015年中国移动互联网热点事件

第一节　移动运营商开始提速降费

2015年5月13日，国务院总理李克强主持召开国务院常务会议，研究要求建设高速宽带网络、促进提速降费[1]。会议提出了建设高速宽带网络、促进提速降费的五点要求，包括：一是鼓励电信企业尽快发布提速降费方案计划，实施宽带免费提速，使城市平均宽带接入速率提升40%以上，降低资费水平，推出流量不清零、流量转赠等服务。二是推进光纤到户和宽带乡村工程，加快全光纤网络城市和第四代移动通信网建设。今年新增1.4万个行政村通宽带，缩小城乡"数字鸿沟"。支持互联网国际出入口带宽扩容。用网络建设带动今年各类投资上万亿元。三是推进电信市场开放和公平竞争，年内宽带接入业务开放试点企业增加到100家以上。四是完善电信普遍服务，加大财政支持，加快农村等基础薄弱区域宽带设施升级改造。推动市政公共设施和社区等向宽带建设通行提供便利。五是加强宽带接入服务和资费监管，保护消费者权益，打击虚假宣传、窃取用户流量等行为。让高速畅通、质优价廉的宽带网络服务创业创新和多彩生活。随后，国务院办公厅印发《关于加快高速宽带网络建设推进网络提速降费的指导意见》[2]。文件指出，要加快基础设施建设，大幅提高网络速率。到2015年底，全国设区市城区和部分有条件的非设区市城区80%以上家庭具备100Mbps（兆比特每秒）光纤接入能力，50%以上设区市城区实现全光纤网络覆盖。要通过竞争促进宽带服务质量的提升和资费水平的进一步下降，依托宽带网络基础设施深入推

---

[1]　http://www.gov.cn/zhengce/content/2015–05/20/content_9789.htm，2015年5月20日。
[2]　http://www.gov.cn/gongbao/content/2015/content_2873747.htm，2015年5月16日。

进实施"信息惠民"工程。工信部对国务院常务会议精神进行了贯彻落实[1]。采取的主要措施包括：推动企业做好网络规划，督促企业落实网络建设投资，加快全光网络城市和4G网络建设；引导企业围绕经济社会发展需求和用户关切，制订并落实提速降费的各项措施；加强网速监测、信息公布等，打击假带宽，切实保障用户知情权；加强与相关部门的协调，会同有关部门推动各项支持政策细化实施，加强督导检查,确保国务院建设宽带网络、提速降费要求全面落地,有效落实。

在国务院召开常务会议后，中国移动、中国联通和中国电信三大运营商相继公布了各自的落实措施。2015年5月15日，中国移动宣布推出十二大提速降费新举措[2]。实施八项举措降低网费，推动流量资费下降，促进流量转赠、不清零等服务模式创新。主要包括：（1）推出10元1GB夜间流量套餐，低至0.01元/MB。在当年7月推出"夜间流量套餐"。客户每月仅花10元即可获得1GB夜间流量。（2）实行10元1GB假日流量套餐，低至0.01元/MB。（3）推出4G流量卡,50元含2GB全国流量,降幅50%。7月推出"4G流量卡",50元含2GB流量,流量资费降幅为50%。（4）推广"套外安心服务",套餐外资费最低降至0.06—0.1元/MB。至7月陆续推出"套外安心服务"模式。（5)开展"订1GB以上流量套餐,赠1GB夜间流量"活动。于7月统一开展"订购1GB以上流量包、赠送1GB夜间流量"促销活动。（6)变革资费结构,促进流量消费,推出话音短信不限量套餐。自5月17日起面向四星、五星客户开展话音短信不限量套餐预约，客户预约通过后可以办理话音短信不限量套餐。（7）降低国际及港澳台漫游流量资费，推出48个国家和地区流量包天资费，平均降幅超70%。（8）推出流量共享、流量不清零、流量交易等创新服务。推出流量交易平台http://data.10086.cn，可支持客户在线流量购买、流量转赠、流量红包分发等。继续扩大流量不清零、流量转赠、流量兑换等服务的推广范围。建设四大工程提升网络能力和网络速率：（1）打造4G精品网。增强4G业务广域和深度覆盖，计划2015年底4G基站总数超过100万，实现城市、县城和乡镇的连续覆盖，数据业务需求覆盖率达到95%。（2）做宽骨干传送网。2015年省际骨干传送网新增带宽43.3Tbps，新建省际骨干传送网光缆11012皮长公里。加快100G、超100G技术推广应用。（3）扩容和优化CMNET网。加大网络建设投入，2015年CMNET骨干网容量将达到33.8Tbps。（4）扩容

---

[1] http://www.miit.gov.cn/n11293472/n11293832/n11293907/n11368223/16708445.html，2015年7月10日。
[2] http://www.10086.cn/aboutus/news/pannounce/gs/201506/t20150604_59022.htm，2015年6月4日。

国际互联网出口带宽。大力推进互联出口扩容，CMNET 出口带宽 150G。中国联通提出了加大基础设施投入、提高网速、降低资费的具体方案[1]。在加快网络基础设施建设、提高网络速度方面。一是推进宽带网络光纤化改造，到 2015 年底使北方 10 省城市家庭宽带接入能力基本达到 20M，农村家庭基本达到 4M，力争在 2016 年底基本实现全网的光纤化改造。二是 2015 年中国联通将加快 4G 网络部署，使 3G/4G 移动宽带网络覆盖目标至 95% 以上人口。降低 4G 网络使用门槛，通过多种合约补贴帮助用户更换 4G 终端，享受 4G 高速上网服务。在降低上网费用方面。主要措施包括：降低移动宽带资费水平，降低全网移动用户数据流量综合单价 20% 以上；开展固定宽带和 4G 融合业务，推出智慧沃家融合套餐，使用户在资费水平不变的前提下，获得更多可用流量。中国电信也推出提速降费十大举措[2]。在宽带网络建设方面，2015 年投资 1000 亿元打造高速的光纤宽带网络和天翼 4G 移动网络。2015 年底将实现全国所有县城和东部发达乡镇天翼 4G 网络全覆盖，天翼移动网络速率将提高 10 倍以上。在降低资费方面，推出套餐和流量包优惠活动，2015 年流量资费平均降幅达到 30% 左右。每 GB 流量价格降至 25 元。6 月再次大幅降低国际漫游资费，部分国家和地区最高降幅 90%。推出流量不清零的跨月流量产品等。

第二节　滴滴快的合并加剧专车市场竞争

滴滴打车等打车软件以及专车的出现，改变了传统打车方式，建立培养出大移动互联网时代下引领的用户现代化出行方式。打车软件是为打车乘客和出租司机量身定做的应用软件，乘客可以通过 APP 快捷方便地实时打车或者预约用车，出租司机也可以通过 APP 安全便捷地接生意，同时通过减少空跑来增加收入。正是看到网络打车这种巨大的市场需求和商机，众多互联网企业和大量资本纷纷进军专车领域，打车软件、专车市场的竞争从进入公众视野，就没有停歇过，呈现日益加剧的态势。

2015 年 2 月 14 日，滴滴、快的宣布将以 100% 换股的方式正式合并[3]。这无

---

[1] http://www.chinanews.com/it/2015/05-15/7279579.shtml，2015年5月15日。
[2] http://www.zj.xinhuanet.com/adnews/index_adnews/2015-05/18/c_1115313454.htm，2015年5月18日。
[3] http://tech.qq.com/p/topic/20150214007456/，2015年2月14日。

疑给 2015 年竞争日趋激烈的专车市场平添了一个新的标志性事件。滴滴打车成立于 2012 年，当年 9 月 9 日软件正式在北京上线。资料显示，滴滴打车共获 4 轮投资，获得投资总金额高达 8 亿美元。得益于数轮融资的支持，滴滴打车不断加快软件版本升级和用户数量的拓展，滴滴打车确立了在国内专车市场竞争中的领先地位。截至 2014 年 3 月底，滴滴打车全国用户数量突破 1 亿用户，日均订单量超过 521.83 万，覆盖包括北京、上海、广州、深圳等约 180 个国内主要城市，使用滴滴打车的司机超过 90 万。快的打车是由杭州快智科技有限公司成立。快的打车软件是国内最大的手机打车软件之一。2015 年 1 月 15 日，快的打车完成由软银集团领投，阿里巴巴集团以及老虎环球基金参与的新一轮总额 6 亿美元的融资。据统计，在合并前，快的打车服务已覆盖全国 360 个城市，日均订单量过百万，用户数超过 1 亿，司机数量超过 135 万，市场占有率超过 50%。滴滴打车和快的打车这两家在同一市场差不多同时起步，发展思路近似，业务开拓都极为迅猛的公司，在腾讯和阿里两家互联网巨头分别入股后，分别拥有了微信支付和支付宝获取移动互联网用户的桥头堡，开始了移动支付方面的角力。双方的市场争夺也从打车软件延伸到专车市场，特别是商务用车市场。正是看到"专车领域面临着各种新的变化及更多新的力量，在包括代驾、拼车、公交、地铁等更广泛的移动出行领域，双方均面临着各种挑战与风险。作为行业的先行者，更需聚集移动互联网精英人才，独立地顺应市场与用户需求来发展"[1] "在城市移动出行领域的发展前景上，两家公司已经建立了共同的愿景；恶性的大规模持续烧钱的竞争不可持续；合并是双方的所有投资人共同的强烈期望；除了财务因素外，合并后可以避免更大的时间成本和机会成本，新公司可以马上加速开展很多新的业务"[2]，2015 年初，打车软件和专车市场迎来两家公司的合并。滴滴快的合并后，将成为国内移动出行领域单一最大企业。

滴滴快的合并也是迎战 Uber(优步)、神州专车、易到用车等其他强大竞争者的需要。根据 2015 年 12 月中国互联网络信息中心（CNNIC）发布的《专车市场发展研究专题报告》显示，目前国内专车市场已经形成了滴滴一号专车以 87.2% 的使用率稳居第一，Uber 后起直追，神州、易到等凭借各自优势占据部分细分市场的稳定格局[3]。Uber 是一家美国打车公司，建有按需服务的 O2O 网站。

[1]　http://view.inews.qq.com/a/NEW2015021401220400，2015年2月14日。
[2]　http://tech.qq.com/a/20150214/013950.htm，2015年2月14日。
[3]　http://www.cnnic.net.cn/hlwfzyj/hlwxzbg/，2015年12月31日。

该网站积聚了大量的在线的高端轿车司机。Uber 打车业务覆盖全球 55 个国家、300 多个城市。在中国大陆，Uber 在 2014 年 12 月获得网络巨头百度的投资，目前已经在上海、北京、天津、广州、深圳、杭州等国内 21 个城市开展业务。神州专车是国内领先的租车连锁企业神州租车联合优车科技推出的互联网出行品牌。2015 年 1 月 28 日，神州专车在全国 60 大城市同步上线，为客户提供"随时随地，专人专车"专车服务。神州专车采用"专业车辆，专业司机"的 B2C 运营模式。2015 年 7 月和 9 月，神州专车完成了 A、B 两轮共 8 亿美元融资，刷新了国内互联网公司前两轮融资额的纪录。易到用车成立于 2010 年 5 月，先后分别获得了由真格基金、晨兴创投、美国高通风险投资、宽带资本、携程、DCM 等机构的投资。2015 年 10 月，乐视汽车收购易到用车 70% 股权，成为其控股股东。易到用车提出的发展目标是，2016 年在流水方面超过 Uber，日订单量提到 100 万，超越 Uber 成为中国专车市场第二名[1]。可以想见，未来的打车软件和专车市场竞争只会更加激烈，领先者的市场地位将继续取决于其可持续的竞争能力和对市场的精准把握。

第三节　移动医疗市场迎来爆发式增长

国际医疗卫生会员组织 HIMSS 认为，移动医疗就是通过使用移动通信技术——如 PDA、移动电话和卫星通信来提供医疗服务和信息。具体到移动互联网领域，就是基于安卓和 iOS 等移动终端系统的医疗健康类 APP 应用，为公众提供各种医疗健康服务[2]。近年来，移动医疗成为移动互联网发展比较快的领域之一。推动移动医疗快速发展的主要推动力在于国内医疗服务行业严重的供需不平衡带来的强烈资源整合需求，以及互联网包括移动互联网技术的快速发展应用从外部对医疗健康行业的触动，促使移动医疗领域进入爆发式发展的轨道[3]。

2015 年，鼓励性政策的不断出台为移动医疗行业发展营造了良好的发展环境。2015 年《关于积极推进"互联网 +"行动的指导意见》《关于推进分级诊疗制度建设的指导意见》《关于推进和规范医师多点执业的若干意见》等政策相继

---

[1] http://www.iwshang.com/Post/Default/Index/pid/42808.html，2016年3月2日。
[2] www.himss.cn
[3] 冯珊珊：《移动医疗，下一个互联网金矿？》，《首席财务官》2015年第12期。

出台，为移动医疗市场快速发展创造了好的政策环境。"互联网＋医疗"特别是"移动互联网＋医疗"可以缓解信息不对称问题，提高医疗效率，减少医疗资源浪费，改善患者就诊体验，增强优质医疗资源的可及性。同时，患者大量"轻问诊""重复配药"等简单需求在手指轻划间即可获得满足，避免耗时耗力的排队、无效就诊等不必要的麻烦。借助移动医疗的平台展示和评价体系，患者可找到靠谱、满意的医生并建立起长期而深度的联系[1]。允许医生多点执业的政策使得医生的自由流动成为可能，有利于医生借助移动互联网工具随时随地跨地域提供更多更好的医疗服务，从而在一定程度上改善国内医疗资源配置不合理的困境，提高稀缺的医疗资源的利用效率。

大量资本青睐并进入移动医疗市场。在投融资数量上，据统计，截至2015年12月28日，互联网医疗领域共计发生投融资221件，比2014年增长45.4%[2]。截至2015年7月16日，健康界统计有25家移动医疗领域公司获得了投资者的注资。在投融资金额上，2015年前三季度，互联网医疗投融资额达到11亿美元以上[3]。仅一个在线及手机预约挂号服务网站——挂号网，2015年9月宣布完成3.94亿美元由高瓴资本、高盛集团领投，复星、腾讯、国开金融等共同参与的D轮融资。从2014年9月到2015年9月，仅腾讯一家公司就相继投资了丁香园、挂号网、卓健和医联，投资总额近2.5亿美元。

在政策利好加码和资本蜂拥进入的助推下，2015年中国移动医疗市场迎来迅猛的发展。根据iiMedia Research(艾媒咨询)公布的数据，在用户规模方面，2015年底中国移动医疗健康市场用户规模已增至1.38亿人，比2014年增长6600万余人，同比增长91.7%。相比之下，2014年用户规模增长率为50.0%。在市场规模方面，2015年移动医疗市场规模达到45.5亿元，比2014年增长54.2%。2014年市场规模增长率为33.5%[4]（见表19-1及图19-1、图19-2）。据预测，至2017年，中国移动医疗市场规模将以递增的速度达到125.3亿元。

---

[1] 《"互联网+医疗"想象空间巨大》，《南方日报》2015年3月19日。
[2] 艾媒咨询：《2015—2016中国移动医疗健康市场研究报告》。
[3] http://mt.sohu.com/20160301/n439029662.shtml，2016年3月1日。
[4] 艾媒咨询：《2015—2016中国移动医疗健康市场研究报告》。

表 19-1 2011—2015 年中国移动医疗规模及增速

	2011年	2012年	2013年	2014年	2015年
用户规模（亿人）	0.29	0.36	0.48	0.72	1.51
增速（%）	—	24.1	33.3	50.0	109.7
市场规模（亿元）	15.8	18.6	22.1	29.5	45.5
增速（%）	—	17.7	18.8	33.5	54.2

资料来源：根据 iiMedia Research(艾媒咨询) 报告整理。

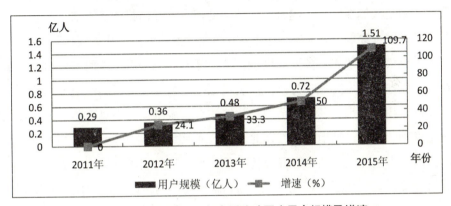

图 19-1 2011—2015年中国移动医疗用户规模及增速

资料来源：根据 iiMedia Research(艾媒咨询) 报告制图。

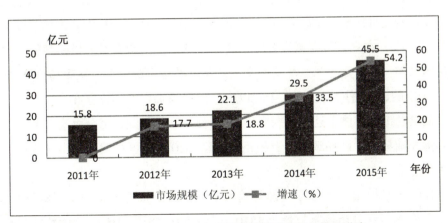

图 19-2 2011—2015年中国移动医疗市场规模及增速

资料来源：根据 iiMedia Research(艾媒咨询) 报告制图。

第四节 中国可穿戴设备市场规模增速达到 471.8%

2015 年全球范围内可穿戴设备保持强劲的发展势头。根据市场调查分析公司 Tractica 公布的最新报告，2013 年到 2020 年全球可穿戴设备的复合年均增长率将达到 25%[1]。2015 年，可穿戴设备已经不限于手表，开始"从头到脚"武装消费者，满足人们在健康、健身、现场活动记录、通信提醒等需求。尽管苹果和谷歌已经进军可穿戴设备领域，但由于可穿戴设备应用在"从头到脚"各个领域，而智能手机市场依赖单一类型的设备，从全球发展态势看，这两家公司难以实现绝对的领先地位。可穿戴式摄影摄像装置已经在与无人机配套的虚拟现实技术发展上发挥作用。未来，其应用范围将超越体育、旅游，从而对工业及公共安全领域产生深刻的影响。从地区来看，北美地区尤其是美国引领全球可穿戴设备发展潮流。其拥有全球最多的可穿戴设备企业，具备最热衷该领域的消费群。欧洲是全球可穿戴设备的第二大市场。据 Tractica 公司预测，以中国为代表的亚太地区将在未来十年内有望成为全球第二大可穿戴设备市场，中国可穿戴市场在 2019 年底将完全超过欧洲。

2015 年中国智能可穿戴设备市场规模达到 125.8 亿元。根据中国信息通信研究院发布的《可穿戴设备研究报告》，2015 年中国智能可穿戴设备市场规模增速达到 471.8%。在众多可穿戴设备中，高达 70.8% 的消费者对苹果品牌的可穿戴设备感兴趣。其次是小米、华为两个国产品牌的可穿戴设备。在市场价格方面，超过 50% 的消费者购买预算在千元以内，但中高端市场同样存在。目前，中国可穿戴设备市场整体上还处于探索期。预计从 2016 年起，部分垂直领域的巨大潜力将开始释放，可穿戴市场有望正式启动，2016 年可穿戴设备市场规模将达到 200 亿元。

智能手环销量占到可穿戴设备销量的近一半。根据 GfK 的全国统计数据，2015 年中国可穿戴市场零售量为 1810 万台，同比增长 321%。其中智能手环同比增长 252%，为 880 万，智能手表同比增长 531%，为 820 万台。GfK 认为，形

---

[1] http://www.clii.com.cn/zhhylm/zhhylmZuiXinFaBu/201511/t20151116_3882421.html，2015年11月16日。

成此市场格局的主要原因为：小米手环的火爆，加上 APPLEWATCH 的助推，深圳可穿戴产业链纷纷跟进抢占市场，共同带动中国可穿戴市场整体进入迅速扩张阶段。目前可穿戴终端搭载的操作系统分为 RTOS、裁剪 Android、AndroidWear、WatchOS、Tizen 等。四类产品的操作系统占比情况迥异，其中儿童手表及智能手环由于相对而言结构及功能较为简单、对于系统的资源消耗及耗电量相对较小，因此几乎全部搭载 RTOS；类手机智能手表 RTOS 占据 88% 的份额，另外两种分别为裁剪 Android 及三星的 Tizen 系统，其中国内三家初创公司占据裁剪 Android 近 70%，品牌集中度较高；而智能手表相对而言包含品牌最多且功能比较丰富，因此该品类覆盖所有的操作系统。随着联想等国际大厂搭载 AndroidWear 的产品正式上市，AndroidWear 在智能手表领域的占比会稳步上升。由于产业链各环节不完善，以及技术方面的不足，目前国内可穿戴产品的主要功能较少，最重要的几大功能为运动、健康、定位及支付功能等，其他诸如照相机、压力计等更多功能还在探索及完善中。

未来用户购买可穿戴设备的意愿强烈。腾讯 ISUX 用户研究中心访问 QQ 用户后发布的《2015 智能可穿戴市场白皮书》[1] 显示，国内智能可穿戴市场是个高速成长的市场，可穿戴设备认知率高，但渗透率低，需求半年增长 3 倍。其中，57% 的网民听说过可穿戴设备，比 2014 年 11 月提高 2 个百分点。分别有 52%、40% 和 15% 的人知道智能手表、智能手环和运动相机。8.4% 的网民用过可穿戴设备。渗透率半年增长近 3 倍。增长主要来自智能手环。未来一年用户购买可穿戴设备的意愿大幅增加，较半年前几乎增加一倍。

第五节　美团大众点评合并抱团角逐 O2O

O2O 即 Online To Offline（线上到线下），是指将线下的商务机会与互联网结合，让互联网成为线下交易的平台。O2O 概念非常广泛，既可涉及线上，又可涉及线下。O2O 的优势在于结合线上和线下的优势，通过网购导购把互联网与地面店完美对接，实现互联网落地生根，让消费者既可享受线上价格的优势，又可享受线下贴身的服务，同时实现不同商家的联盟。国务院总理李克强在 2015 年的政府工作

---

[1]　http://isux.tencent.com/2015-wearable-market-white-book.html，2015年7月1日。

报告中提及"要把以互联网为载体、线上线下互动的新兴消费搞得到红红火火"。这是李克强总理第一次提及鼓励O2O线上线下互动消费。O2O作为当前互联网行业最被看好的发展模式，又得到政府政策的支持，在今后一段时间必将迎来新的更快的发展。随着移动互联网的迅速普及，以及团购模式的快速兴起，O2O场景日益多元，渗透到各个传统行业。目前O2O涵盖了餐饮、票务演出、汽车服务、教育培训、家政服务、婚庆摄影等诸多生活领域。根据商务部2015年上半年的统计数据，O2O市场规模达3049.4亿元，同比增长80%。2015年全年O2O市场规模约为6100亿元。在O2O众多的细分领域中，餐饮外卖以14.1%的占比占据最高份额，这个领域也是互联网巨头争相烧钱的主战场。根据品途网发布的餐饮行业O2O发展报告，2014年中国餐饮行业O2O市场规模达到943.7亿元，比2013年增长51.5%。预计到2017年，中国餐饮行业O2O市场规模将突破2000亿。

2015年10月8日，美团和大众点评发布联合声明，正式宣布达成战略合作，双方已共同成立一家新公司。国内O2O市场规模虽大，但从竞争格局来看，O2O市场显然已是红海。美团和大众点评合并，既有外在强劲对手如百度、阿里、饿了么的紧逼，资本力量的推动，也有自身节约成本的考量。百度2015年第二季财报显示，该季度旗下在线旅游业务去哪儿、O2O业务百度糯米和百度外卖，三者合计交易额为405亿元。而据美团负责人透露，美团2015年上半年的交易额超过470亿元。这意味着对于百度而言，一个季度的电商交易额就能与美团半年的交易额相匹敌。在美团和大众点评宣布合并当日，百度糯米宣布补贴10亿元作为回应[1]。阿里巴巴将旗下外卖平台"淘点点"的团队与蚂蚁金服旗下支付宝整合构建"新口碑网"，注册资本60亿元，抛出10亿元邀请消费者带动线下店铺上网。在餐饮O2O领域，除了百度糯米外，美团在外卖业务上还要应对来自"饿了么"的挑战。根据易观智库发布的《2015年第一季度中国互联网餐饮外卖市场报告》显示，饿了么的市场份额超过40%，美团以34.20%的市场份额位居第二。资本在美团大众点评合并中起了很大作用。双方声明称交易得到阿里巴巴、腾讯、红杉等双方股东的大力支持。据公开信息显示，2010年红杉资本A轮投资2000万美元，是美团第一轮到第四轮的投资者；2003年成立的大众点评，2006年获得红杉资本100万美元投资，随后的C轮、D轮红杉资本都有跟投。据此，有分析认为红杉资本是此次合并事件的幕后推手。从节约成本上来说，O2O相关创业

---

[1] http://news.sina.com.cn/o/2015-06-19/101131969148.shtml，2015年6月19日。

公司在前期受到资本市场追捧，但行业竞争趋于同质化，竞争方式主要依靠烧钱扩张来获取用户。在资本遇冷的当下，大批 O2O 企业迅速倒下，行业正面临重新洗牌。持续的烧钱已不可行，采取合并抱团取暖的方式，终止补贴大战、降低烧钱速度，也是美团大众点评所能做的一种好的选择。

第六节　移动游戏市场规模超过 500 亿元

移动游戏市场已经进入发展相对平稳的成熟期[1]。在经过了 2013 年的高速增长之后，目前国内以手机游戏为主的移动游戏用户规模和使用率，均呈稳定增长趋势。据 CNNIC 第 36 次《中国互联网络发展状况统计报告》数据显示，截至 2015 年 6 月，我国使用手机上网玩游戏的用户规模达到 2.67 亿，较 2014 年底增长了 1876 万，占整体手机网民的 45%。Analysys 易观智库发布的《中国移动游戏市场季度监测报告 2015 年第三季度》数据显示，2015 年中国移动游戏市场规模将超过 500 亿元。在 2015 年第三季度，中国移动游戏市场规模达到 146.63 亿元，环比增长 13.7%，同比增长 101.8%，市场增速较第二季度小幅回升[2]。同时，根据 DataEye 发布的《2015 年中国移动游戏行业年度报告》数据，2015 年中国移动游戏市场规模为 514.6 亿元，比 2014 年增长 87.2%；在用户规模方面，2015 年中国移动游戏用户规模达到 3.96 亿，比 2014 年增长 10.9%[3]。

市场竞争格局维持不变。2015 年虽然出现《花千骨》《热血传奇》《大话西游》等为代表的热门游戏作品，但收益基本被腾讯、网易、天象互动等集研发运营于一身的游戏厂商瓜分，单纯的移动网络游戏发行商收益增长并不明显，移动网络游戏市场竞争格局变化不大。目前，一部分移动网络游戏发行商通过布局新兴蓝海细分市场，如移动电竞等新领域，与自身原有业务追求协同效应，以实现新的业务突破和收益增长点。

移动游戏发行商市场连续多个季度维持用户规模稳定。2015 年第三季度，乐逗游戏和胜利游戏分别以 28.3% 和 20.6% 的市场份额远远领先其他游戏厂商，市场中排名前十位的发行商合计占据总体市场 96% 的游戏用户。其中，乐逗游

---

[1]　CNNIC：第36次《中国互联网络发展状况统计报告》。
[2]　Analysys易观智库：《中国移动游戏市场季度监测报告2015年第三季度》。
[3]　DataEye：《2015年中国移动游戏行业年度报告》。

戏在第三季度的活跃及付费用户数继续增长。除了在休闲游戏领域保持霸主地位之外，乐逗游戏在二季度末推出的《苍穹变》等产品也表现出色，吸引了很多重要玩家,提高了用户 ARPU 值。另根据艾瑞的统计数据,截至 2015 年 12 月 19 日,一共有 55 款游戏冲入 Appstore 畅销榜 TOP10, 其中的 28 款是由腾讯发行。而在畅销榜的 TOP50, 有 40 款游戏常年在榜。意味着只有 10 个位置留给新游。

电竞游戏成为 2015 年游戏市场主旋律之一。在端游领域,电竞游戏统治了整个市场。在手游领域, 市场也给予移动电竞游戏很高的期待。2015 年在游戏行业巨头和资本的推动下, 移动电竞游戏蓬勃发展, 整个移动电竞游戏产业生态正在构建中。在产业端,包括游戏研发和发行厂商、电竞俱乐部、赛事、移动电竞平台、直播平台等移动电竞游戏产业各细分部分纷纷发力,一个相对完整移动电竞产业生态初步构成。在产品端,包括腾讯、网易、巨人以及英雄互娱在内的诸多游戏厂商推出了以 MOBA 和 FPS 为代表的竞技类手游。

CNNIC 报告还显示, 2015 年上半年新增的移动游戏用户主要群体依然是中青年用户,20—39 岁用户占到所有新用户的 83.4%。得益于智能手机的普及、3G/4G 网络基础设施的日益完善以及用户收入水平的提高, 我国网民在使用移动设备玩游戏时拥有更多游戏类型的选择, 更多的网民愿意为游戏支付更多的费用。

展 望 篇

第二十章　2016年中国信息化面临形势

第一节　新一代信息技术交叉融合趋势日趋明显

新一代信息技术融合创新步伐不断加快，感知、传输、存储、计算等技术加速融合创新，万物互联、语义分析、人工智能、虚拟现实将驱使信息化发展迈向更高层次。信息技术与制造、能源、材料、生物等技术交叉融合，引发多领域系统性、革命性、群体性技术突破，CPS、工业互联网、能源互联网等领域技术研发不断取得新突破，智能控制、人机交互、分布式能源、生物芯片等领域创新活动日渐兴起。互联网成为创新驱动发展的先导力量，促进多技术多系统的深度集成和融合，驱动产业创新模式更加高效协同，价值链持续扩展，市场交易成本大幅下降，数据、信息和知识管理成为决定性生产要素，新业态、新型商业模式竞相涌现，互联网价值挖掘、资源聚合、大众协同、万众创新的应用特性，使得以规模化生产、层级制组织、线性分工为特征的传统经济发展模式进入大重组、大洗牌和大转型时代。

第二节　世界各国围绕抢占信息化发展制高点的竞争愈演愈烈

国际金融危机后，世界各国更加关注信息化发展，谋划信息化发展蓝图，将构筑信息优势作为谋求发展主动权、提升经济长期竞争力的重大战略选择，围绕抢占未来信息化发展制高点的竞争愈演愈烈。发达国家全力巩固在信息技术领域的领先优势和主导地位，技术更新迭代加速，发展动力不断增强。新兴经济体和广大发展中国家抢抓全球产业链重塑的历史机遇，以信息化促进经济社会转型发展，提升综合竞争能力。与此同时，互联网加速融合渗透、信息化深入发展，推动国家战略利益和主权要求在网络空间不断延伸，维护网络主权，反对网络霸权成为国际关系的重要议题。可以预见，2016年乃至更长时期内，发达国家与发展中国家在技术、标准、人才等诸多方面竞争将日趋激烈，贸易壁垒将不断增多，全球产业链集成创新推动寡头垄断地位将不断强化。网络空间重要战略资源的获取、控制、利用的斗争将更趋激烈，制网权将成为大国博弈、重构国际新秩序的战略焦点。

第三节　供给侧改革给信息化发展带来新空间

习近平总书记2015年11月10日在中央财经领导小组会议上强调，在适度扩大总需求的同时，着力加强供给侧结构性改革。李克强总理17日在主持召开《"十三五"规划纲要》编制工作会议时再次强调，要在供给侧和需求侧两端发力促进产业迈向中高端。供给侧结构性改革的加速推进，重点是促进产能过剩有效化解，促进产业优化重组，降低企业成本，发展战略性新兴产业和现代服务业，增加公共产品和服务供给，着力提高供给体系质量和效益，更好满足人民需要，推动我国社会生产力水平实现整体跃升，增强经济持续增长动力。2016年是推进结构性改革攻坚之年，完成这一任务与信息化的使命不谋而合，也为信息化的应用和发展带来新的空间。通过信息化的深度应用和创新发展，挖掘新的增长潜力和空间，实现产业结构优化升级，优化产品供给方式，提高服务供给能力，提高经济发展质量和效益，催生新的经济增长点，推动经济发展向中高端水平迈进。

第四节　"互联网+"进入能量蓄积、亟待爆发的新阶段

2015年，国家积极部署"互联网+"，相继出台了一系列政策文件。随着一系列"互联网+"政策文件的实施，2016年"互联网+"的政策红利持续强劲释放，互联网将加速融入到经济社会各领域，推动大众创业万众创新、促进传统产业转型升级、支撑政府管理和公共服务模式创新，引发全行业的广泛创新和变革，成

为驱动经济社会创新发展的重要力量。互联网与制造业不断融合，加快制造业数字化、网络化、智能化步伐，重构新型制造体系，加快形成经济增长新动能以及精准、高效的供给体系。互联网与农业不断融合，智慧农业逐渐普及，农业电子商务蓬勃发展，深刻改变农业传统生产经营和流通格局，有效解决农资、农产品供需不对称的问题。互联网与服务业继续深度融合，分享经济覆盖范围从现有的餐饮、交通出行、酒店租赁等领域迅速扩展到教育、医疗、家政等与人们日常生活相关的领域，优化资源配置，改变人们的生活方式。

第二十一章　2016年中国信息化发展趋势

第一节　信息基础设施成为经济社会发展的关键基础设施

2016年，信息基础设施进入宽带普及提速新时期，光纤接入和高速宽带无线移动通信的创新发展将构建无缝连接的网络环境。高速光纤网络覆盖范围更加广泛，20Mbps及以上接入速率将成为发展重点。4G网络城乡覆盖范围进一步扩大，5G技术试验全面启动，夯实下一代移动互联网建设和应用基础。下一代互联网和新型网络架构加快部署，无线频谱与空间轨道资源的战略性、基础性地位日益凸显。物联网、云计算、大数据、工业互联网等信息化应用基础设施加快推进，泛在、高速、安全、融合的信息基础设施将成为经济社会发展转型的关键基础设施，有力支撑制造强国和网络强国的建设。

第二节　智慧城市发展步入建设、运营、服务模式务实探索期

2016年，随着"互联网+"、新型城镇化、"一带一路"建设等国家战略的催化作用，以及信息技术的创新发展和深度应用，给我国智慧城市的发展模式创新与应用价值深化带来新的机遇。

第一，智慧城市投资运营模式更加多元化，更多的企业、运营商、智慧城市方案提供商将在智慧城市建设中分得一杯羹，投资运营模式也更加多元化、多渠道化、多层次化。互联网企业将以行业应用和云服务为切入点，通过打造开放的合作模式推动智慧城市建设，同时，政府也将通过购买服务等多种方式引导鼓励

企业和社会资本参与智慧城市建设。PPP 模式、BT 模式、BOT 模式、资产收益证券化融资模式、融资租赁模式、产业投资基金模式等多种模式将会逐步得到应用，在一定程度上保障智慧城市建设的资金来源。第二，数据应用将成为智慧城市创新发展的战略资源。智慧城市的快速建设带来数据量的爆发式增长，大数据像血液一样遍布智慧交通、智慧医疗、智慧生活等智慧城市建设的各个领域，数据成为智慧城市的重要资产。有效利用大数据技术进行数据的生产、挖掘、分析、服务，成为智慧城市发挥效能的关键。第三，智慧城市建设将更加注重安全可靠。在新一代信息技术和新应用支撑下发展起来的智慧城市，信息系统日益走向综合集成，信息资源逐步走向开放、集中和协同共享，带来的网络与信息安全问题更加复杂、更具破坏性。因此，政府将继续强化在网络基础设施及信息资源方面的安全力度，着力将基础设施分级分类，进一步加大对国家基础数据的保护力度，研究制定企业、机构在网络经济活动中保护国家基础数据的相关措施和管理办法；在智慧城市信息化项目建设实施和应用方面，把信息安全保障问题贯穿在规划立项、需求分析、详细设计、开发实施、验收上线、运行维护等全生命周期；在信息化项目建设过程中，将进一步加快安全可靠的国产化软硬件产品替代和推广应用速度。对于目前不能够实现技术自主的信息系统，开展信息安全等级保护和信息安全风险评估。

第三节　大数据应用将全面渗透经济社会各领域

2016 年，大数据在经济社会发展中的基础性、战略性、引领性地位将日益突出。大数据应用将成为新常态下经济提质增效、公共服务优化、创能能力提升的新引擎，为国民经济和社会发展提供更有力的支撑。

大数据应用将逐步深入到经济社会各领域。在国家战略重视和市场需求强烈的双重拉力下，政府数据开放将从文件阶段步入落地阶段，更多省市将设立大数据管理机构，建设数据开放平台，研究制定大数据战略落地实施政策，为政府数据开放和有效流动提供有力支撑，非涉密的政府数据将会加快开放给公众和第三方数据服务商。政府部门将更加主动引入社会力量，通过有序开放政府数据资源以及政府购买服务、协议约定、依法有序提供等方式，推动政务大数据的发展与应用。在工业领域，通过全链条、全生产线、全周期的数据化创造更智能、更高效的产品和服务能力，推动传统制造模式向数据驱动的智能制造模式转变。在服务业领域，越来越多的企业将跳出原有的产业价值链，通过数据收集、整理、分类和应用，精准掌握消费者使用爱好，创新出极具生命力的服务模式和商业模式。传统商贸服务业将基于大数据分析开展精准营销。信息技术服务商将利用大数据开展个性化、定制化服务。此外，大数据与金融业、文化创意、医药等产业深度融合，进而衍生出互联网金融、数据服务、数据化学、数据材料、数据制药、数据探矿等一系列新兴产业。大数据将给人们生活带来翻天覆地的变化。智慧交通、智慧医疗、智慧家居、智慧安防等，这些基于大数据智慧化应用将给人们带来更体贴、更周到和更个性的生活服务，拓展人们的生活空间，人类生活将更加便捷和智慧。数据交易机制和定价机制将加快探索，交易中心模式将逐步走向成熟，数据交易行为将走向成熟。

第四节　电子政务将成为推进国家治理体系和治理能力现代化的重要力量

2016 年，中央和地方政府越来越多地基于网络空间实施政务主动服务，现实世界的信息流、资金流、服务流将大幅向网上迁移。政府公共服务逐步向在线一体化集成，多渠道优化融合的演变，基于电子政务云平台的在线一体化集成服务体系加速形成，为企业和个人提供方便、快捷的政务服务。电子政务通道由 PC 端向手机、平板、可穿戴设备等移动终端迁移，政务微博、微信及 APP 等新媒体与政府网站以信息互通、服务互补加速发展。同时，基于互联网的政务服务将进一步向社区和农村下沉，人们可以像在网上购物一样享受到无处不在的政务服务。电子政务将在服务党的执政能力建设、提高社会治理能力、推动政府职能转变、健全市场监管和服务体系、促进民主法治建设等方面发挥日益重要的作用。

第五节　数字化生活将大幅提升社会民生领域普惠化水平

2016 年，网络化、数字化教育与终身学习理念不断融合，引发教学方式和学习模式的变革，开辟出通达全球的知识传播通道，推动优质教育资源均衡配置和开放共享，促进形成人人受益的数字学习环境。智慧医疗将成为和谐社会建设的重要突破口。基于信息通信技术的远程医疗、移动医疗、网上预约等灵活、便捷的医疗服务，大大满足人民群众多层次、多样化的医疗卫生服务需求，提高医疗卫生资源的公平性、可及性，降低了患者的医疗费用；移动互联网、可穿戴设备等新技术的创新应用，有效满足多元服务需求，推动医疗救治向涵盖医疗卫生、营养保健、健身休闲等内容的健康服务转变。以市民为中心的便捷化、智能化公共服务体系加速构建，整合协调供水、供气、供电、供热、电信、有线电视、银行、城建等多部门资源，为城乡居民提供及时、简单、便捷的生活服务。

第六节　中国制造加速向智能制造转型

2016年，随着国家和各地政府有关智能制造、"互联网+"制造政策文件的落地实施，政策端将不断释放政策红利。我国智能制造顶层设计将进一步完善，《智能制造发展规划（2016—2020）》将编制发布，《智能制造工程》即将发布实施，60个智能制造试点示范项目将稳步推进，智能制造专项将继续把智能制造新模式应用和综合标准化试验验证作为重点支持方向。各级政府也将围绕智能制造制定发展规划，并加大对推进区域智能制造发展的政策支持力度。一系列国家和地方政府规划政策和行动计划的实施落地将推动智能制造向纵深方向发展，制造业线上线下将进一步深度融合，不断创新资源配置方式。工业软件加速云化，将凭借成本和资源优势成为中小工业企业使用软件的主流模式。工业大数据为制造业带来的巨大价值将日益凸显，大规模生产、分享和应用数据成为改变传统生产方式、创新商业模式、提升企业核心价值的重要驱动力。互联网与工业融合创新将日益加速，将涌现更多基于互联网的新型生产模式，越来越多的制造业企业意识到互联网对生产制造全过程、全产业链和产品全生命周期的改造提升作用，加速向基于互联网和数据驱动的新型生产模式转变。跨境电子商务将实现井喷式发展，成为制造业拓展海外市场、走向国际的重要通道。

第七节　基于互联网的创业创新体系加速重构

2016年，基于互联网的创业创新活动不断突破地域、组织、技术的界限，基础研究、应用研究、技术开发和产业化边界日益模糊，创业创新体系不断向网络化、协同化、平台化演进。首先，创新载体将从单个企业向跨领域多主体的协同创新网络转变，整合政府、企业、协会、科研院所等优势资源的跨领域、协同化的创新网络平台在新一轮产业变革中的作用将日益凸显。其次，创新流程将从线性链式向协同并行转变，技术研发、产业化和推广应用环节并行推进，大大缩短新技术从研发到市场推广应用的周期。再次，创新模式将由单一的技术创新向技术、商业模式联合创新转变，技术创新与商业模式融合创新和交叉互动越来越成为创新的主流模式。最后，创新体系将从内部组织向开放系统、从小众向大众转变。各类创客空间以及众创、众包、众筹等综合服务平台蓬勃发展，促进线上与线下互动、孵化与投资的高效对接，推动形成低门槛、广覆盖、有活力的创业创新生态系统。

第八节　网络治理将开启新局面

2015年，从国际看，我国积极参与国际互联网治理事务，在网络空间治理中的国际影响进一步加大。1月，全球互联网治理联盟投票选出20名委员会成员，负责议决联盟重大事项，着力推动网络空间治理国际化进程，我国国家网信办主任鲁炜和阿里巴巴董事局主席马云入选；6月，全球互联网治理联盟首次全体理事会选举阿里巴巴董事局主席马云等三人为联盟理事会联合主席。11月，CNNIC获得ICANN认证的"第三方注册服务机构数据托管"资质。同时，在与美、英等国领导人的会谈中，习近平总书记也多次阐述中国的全球网络空间治理理念，积极促进全球网络空间治理体系变革。12月，习近平主席出席第二届世界互联网大会时提出各国应加强沟通、扩大共识、深化合作，沟通构建网络空间命运共同体，并提出推进全球互联网治理体系变革的"五点主张"。这是我国对参与全球网络空间治理最全面、最系统的一次阐述，将对推动全球网络空间治理结构良性变革产生深刻影响。2016年，我国将更积极、更深入地参与国际网络空间治理，在双边、多边以及国际层面大力向世界阐述中国的治理理念，推动全球网络空间的各行为体求同存异，尽快达成共识。另一方面，从国内看，网络空间治理趋于制度化规范化。一系列国家网络空间治理法律法规将加快出台步伐，网络空间可信任体系加速构建，立体化的互联网治理体系将初步形成，标准协商机制逐步建立，网络技术标准将在实践中逐步达成共识。政府、行业组织、企业间多方协同治理机制将逐步完善，法律法规体系建设稳步推进，对个人、企业网络行为合法性合规性等的法律界定更加清晰，保护隐私信息、敏感数据的机制更加健全。

附　录

附录一：2015年中国互联网基础资源

一、分省域名数、分省.CN域名数、分省.中国域名数

省份	域名		其中：.CN域名		.中国域名	
	数量（个）	占域名总数比例（%）	数量（个）	占.CN域名总数比例（%）	数量（个）	占.中国域名总数比例（%）
广东	4971380	16.0	2494617	15.3	40310	11.4
北京	4857287	15.7	2496687	15.3	124818	35.4
浙江	2087873	6.7	1099503	6.7	18046	5.1
上海	2047614	6.6	925805	5.7	14995	4.3
福建	2006013	6.5	899579	5.5	11793	3.3
山东	1993458	6.4	1419776	8.7	16103	4.6
湖北	1331569	4.3	969740	5.9	5366	1.5
江苏	1303497	4.2	464561	2.8	19313	5.5
四川	1044052	3.4	333665	2.0	11603	3.3
河南	1032483	3.3	435841	2.7	5113	1.4
黑龙江	721259	2.3	582049	3.6	7857	2.2
河北	603877	1.9	216158	1.3	5908	1.7
湖南	585873	1.9	273709	1.7	3675	1.0
安徽	488784	1.6	198219	1.2	3480	1.0
辽宁	481901	1.6	211081	1.3	10223	2.9
广西	376388	1.2	226363	1.4	2886	0.8
江西	356249	1.1	171808	1.1	3555	1.0
天津	349484	1.1	101637	0.6	2614	0.7
重庆	335075	1.1	113812	0.7	6529	1.9

（续表）

省份	域名		其中：.CN域名		.中国域名	
	数量（个）	占域名总数比例（%）	数量（个）	占.CN域名总数比例（%）	数量（个）	占.中国域名总数比例（%）
陕西	324972	1.0	120887	0.7	4434	1.3
海南	267044	0.9	36571	0.2	515	0.1
山西	215073	0.7	81210	0.5	2744	0.8
云南	169587	0.5	71331	0.4	5380	1.5
吉林	147495	0.5	50925	0.3	2836	0.8
甘肃	136857	0.4	36102	0.2	665	0.2
贵州	136166	0.4	67693	0.4	1696	0.5
新疆	86795	0.3	39440	0.2	1057	0.3
内蒙古	86570	0.3	32469	0.2	1886	0.5
宁夏	38130	0.1	9885	0.1	528	0.1
青海	25522	0.1	5557	0	200	0.1
西藏	11486	0	4370	0	275	0.1
其他	2393807	7.7	2165650	13.2	16382	4.6
合计	31013620	100.0	16356700	100.0	352785	100.0

二、分省网站数

省份	网站数量（个）	占网站总数比例（%）
广东	670539	15.9
北京	514532	12.2
上海	371696	8.8
浙江	262049	6.2
福建	247506	5.9
山东	226118	5.3
江苏	214247	5.1
河南	166217	3.9
四川	158218	3.7
河北	119178	2.8
辽宁	111056	2.6
湖北	86625	2.0

（续表）

省份	网站数量（个）	占网站总数比例（%）
湖南	59015	1.4
安徽	55581	1.3
山西	49713	1.2
陕西	48896	1.2
重庆	44396	1.0
天津	44097	1.0
广西	36876	0.9
黑龙江	36795	0.9
江西	30979	0.7
吉林	24921	0.6
云南	18727	0.4
海南	14993	0.4
内蒙古	14499	0.3
贵州	13021	0.3
甘肃	9364	0.2
新疆	8672	0.2
宁夏	5051	0.1
青海	2605	0.1
西藏	1076	0.0
其他	562035	13.3
合计	4229293	100.0

附录二：2015年中国政府网站绩效评估排名

一、部委网站评估排名（前30名）

排名	名称	健康指数	信息公开指数	办事服务指数	互动交流指数	回应关切指数	网站功能指数	优秀案例指数	总分
1	商务部	0.87	0.69	0.68	0.74	0.74	0.72	0.90	84.6
2	质检总局	0.88	0.65	0.65	0.73	0.79	0.65	0.85	83.3
2	税务总局	0.87	0.67	0.61	0.72	0.76	0.71	0.90	83.3
3	林业局	0.84	0.65	0.63	0.76	0.69	0.73	0.90	82.3
4	交通运输部	0.88	0.68	0.62	0.74	0.69	0.48	0.85	80.2
5	工信部	0.83	0.64	0.63	0.72	0.79	0.67	0.60	78.7
6	工商总局	0.83	0.58	0.58	0.69	0.59	0.60	0.90	76.2
7	食品药品监管总局	0.82	0.58	0.59	0.65	0.61	0.60	0.90	75.7
8	农业部	0.81	0.56	0.60	0.72	0.58	0.60	0.85	74.8
9	发改委	0.85	0.59	0.56	0.68	0.60	0.47	0.75	73.5
10	海关总署	0.84	0.59	0.58	0.68	0.56	0.41	0.80	72.7
10	公安部	0.84	0.64	0.57	0.71	0.61	0.41	0.60	72.7
11	水利部	0.84	0.54	0.56	0.67	0.59	0.38	0.85	72.0
12	科技部	0.85	0.56	0.60	0.69	0.61	0.51	0.50	71.6
13	国土资源部	0.82	0.55	0.63	0.64	0.60	0.47	0.55	70.1
14	安全监管总局	0.80	0.52	0.52	0.64	0.59	0.38	0.85	69.4
15	卫生计生委	0.80	0.50	0.51	0.72	0.57	0.36	0.80	68.5
16	财政部	0.80	0.57	0.60	0.66	0.59	0.35	0.50	67.8
17	文化部	0.80	0.58	0.52	0.63	0.61	0.35	0.50	67.1

（续表）

排名	名称	健康指数	信息公开指数	办事服务指数	互动交流指数	回应关切指数	网站功能指数	优秀案例指数	总分
18	证监会	0.80	0.61	0.53	0.68	0.54	0.32	0.50	66.9
19	教育部	0.82	0.52	0.57	0.65	0.49	0.40	0.50	66.0
20	邮政局	0.80	0.50	0.55	0.73	0.60	0.27	0.50	65.5
21	体育总局	0.83	0.48	0.57	0.58	0.44	0.47	0.50	64.9
22	环境保护部	0.80	0.52	0.57	0.65	0.47	0.35	0.50	64.5
23	气象局	0.82	0.49	0.56	0.59	0.41	0.37	0.50	63.1
24	地震局	0.78	0.48	0.46	0.61	0.54	0.40	0.50	62.9
25	测绘地信局	0.82	0.48	0.48	0.57	0.39	0.41	0.50	61.9
26	民航局	0.78	0.48	0.58	0.46	0.39	0.45	0.50	61.3
27	新闻出版广电总局	0.82	0.49	0.48	0.42	0.35	0.45	0.50	60.5
28	住房城乡建设部	0.81	0.42	0.49	0.48	0.35	0.47	0.50	59.8
29	民政部	0.78	0.44	0.48	0.48	0.35	0.44	0.50	58.9
30	保监会	0.77	0.48	0.46	0.43	0.41	0.35	0.50	58.4

二、省级政府网站评估排名（前20名）

排名	名称	健康指数	信息公开指数	办事服务指数	互动交流指数	回应关切指数	网站功能指数	优秀创新案例	总分
1	北京	0.89	0.85	0.73	0.83	0.63	0.78	0.90	89.4
2	上海	0.88	0.83	0.70	0.82	0.65	0.76	0.90	88.3
3	四川	0.82	0.86	0.71	0.81	0.65	0.78	0.90	87.3
4	广东	0.85	0.81	0.76	0.78	0.60	0.72	0.90	86.4
5	浙江	0.83	0.78	0.79	0.75	0.54	0.72	0.90	84.8
6	福建	0.75	0.78	0.76	0.76	0.63	0.71	0.85	82.5
6	海南	0.77	0.74	0.76	0.75	0.64	0.72	0.85	82.5
7	湖北	0.83	0.71	0.68	0.76	0.60	0.72	0.85	81.7
8	湖南	0.86	0.74	0.58	0.75	0.63	0.66	0.75	80.5
8	安徽	0.80	0.72	0.67	0.76	0.64	0.73	0.75	80.5
9	江苏	0.86	0.63	0.68	0.71	0.63	0.65	0.70	78.7
10	江西	0.84	0.62	0.66	0.68	0.58	0.67	0.75	77.5
11	贵州	0.81	0.66	0.64	0.62	0.58	0.62	0.85	76.9

（续表）

排名	名称	健康指数	信息公开指数	办事服务指数	互动交流指数	回应关切指数	网站功能指数	优秀创新案例	总分
12	广西	0.85	0.61	0.61	0.58	0.43	0.72	0.85	75.2
13	内蒙古	0.83	0.62	0.59	0.63	0.63	0.64	0.65	74.9
14	陕西	0.80	0.63	0.61	0.70	0.60	0.63	0.55	73.7
15	河北	0.79	0.59	0.55	0.66	0.58	0.58	0.65	71.2
16	云南	0.77	0.58	0.53	0.53	0.52	0.58	0.70	68.5
17	山东	0.75	0.58	0.46	0.62	0.39	0.56	0.75	66.7
18	甘肃	0.77	0.55	0.48	0.60	0.49	0.55	0.50	65.1
19	辽宁	0.77	0.55	0.46	0.61	0.43	0.51	0.55	64.4
20	天津	0.76	0.51	0.45	0.56	0.48	0.52	0.60	63.6

三、副省级城市政府网站评估排名（前13名）

排名	名称	健康指数	信息公开指数	办事服务指数	互动交流指数	回应关切指数	网站功能指数	优秀创新案例	总分
1	深圳	0.84	0.87	0.67	0.71	0.79	0.70	0.85	85.9
2	青岛	0.85	0.86	0.62	0.74	0.76	0.71	0.80	84.4
3	成都	0.81	0.86	0.63	0.64	0.83	0.64	0.90	83.3
4	广州	0.81	0.80	0.65	0.74	0.79	0.64	0.70	81.5
4	武汉	0.82	0.77	0.60	0.65	0.81	0.67	0.90	81.5
5	济南	0.82	0.81	0.59	0.72	0.74	0.63	0.75	80.4
6	西安	0.81	0.72	0.62	0.74	0.70	0.63	0.80	79.5
6	南京	0.82	0.76	0.62	0.70	0.70	0.62	0.75	79.5
7	厦门	0.77	0.79	0.59	0.70	0.76	0.61	0.70	77.7
8	杭州	0.80	0.75	0.48	0.58	0.66	0.54	0.50	70.7
9	哈尔滨	0.75	0.74	0.48	0.56	0.58	0.51	0.45	67.1
10	大连	0.76	0.64	0.46	0.59	0.64	0.52	0.50	66.7
11	沈阳	0.77	0.64	0.44	0.51	0.54	0.46	0.50	64.3
12	宁波	0.74	0.68	0.41	0.52	0.51	0.49	0.55	63.8
13	长春	0.71	0.60	0.42	0.56	0.51	0.42	0.45	60.7

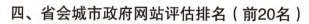

四、省会城市政府网站评估排名（前20名）

排名	名称	健康指数	信息公开指数	办事服务指数	互动交流指数	回应关切指数	网站功能指数	优秀创新案例	总分
1	成都	0.81	0.86	0.63	0.64	0.83	0.64	0.90	83.3
2	长沙	0.82	0.83	0.62	0.70	0.76	0.60	0.90	82.4
3	广州	0.81	0.80	0.65	0.74	0.79	0.64	0.70	81.5
3	武汉	0.82	0.77	0.60	0.65	0.81	0.67	0.90	81.5
4	济南	0.82	0.81	0.59	0.72	0.74	0.63	0.75	80.4
5	西安	0.81	0.72	0.62	0.74	0.70	0.63	0.80	79.5
5	南京	0.82	0.76	0.62	0.70	0.70	0.62	0.75	79.5
6	福州	0.81	0.80	0.58	0.65	0.70	0.58	0.80	78.4
7	合肥	0.78	0.82	0.62	0.65	0.65	0.57	0.75	77.7
8	贵阳	0.79	0.79	0.53	0.61	0.73	0.57	0.60	74.2
9	太原	0.80	0.81	0.50	0.57	0.70	0.56	0.55	73.2
10	南宁	0.74	0.81	0.61	0.57	0.58	0.66	0.45	72.6
11	南昌	0.78	0.78	0.46	0.59	0.70	0.61	0.50	71.0
12	杭州	0.80	0.75	0.48	0.58	0.66	0.54	0.50	70.7
13	哈尔滨	0.75	0.74	0.48	0.56	0.58	0.51	0.45	67.1
14	昆明	0.74	0.69	0.49	0.52	0.61	0.46	0.50	66.2
15	沈阳	0.81	0.64	0.40	0.51	0.54	0.46	0.50	64.3
16	海口	0.71	0.64	0.43	0.56	0.53	0.46	0.50	62.8
17	郑州	0.71	0.65	0.39	0.52	0.58	0.46	0.50	61.6
18	长春	0.71	0.60	0.42	0.56	0.51	0.42	0.45	60.7
19	石家庄	0.72	0.56	0.38	0.53	0.53	0.44	0.50	59.7
20	兰州	0.67	0.55	0.37	0.54	0.51	0.42	0.45	57.0

后 记

新一轮科技革命和产业变革的大潮正在孕育形成新的发展态势，信息化是抢占新一轮发展先机的动力引擎，是全局性、战略性的变革力量。信息技术在各行业各领域迅速普及、广泛渗透、深度融合，不断催生新的经济增长点，深刻改变经济运行形态和人们的生产生活方式。信息化深入发展推动形成高效率、跨时空、多功能的网络空间，经济社会进入基于信息网络的大创新、大变革时代。当前，我国正步入经济新常态，经济从高速增长转为中高速增长，经济结构不断优化升级，从要素驱动、投资驱动转向创新驱动。在新的历史条件下，信息化是推动经济社会转型升级的强大动力，将在国民经济和社会建设中起到支撑、引领和驱动创新作用，加快发展信息化已经成为主动适应、引领、把握新常态的关键举措。为摸清我国信息化发展现状，帮助政府部门准确把握信息化发展的趋势和规律，赛迪智库信息化研究中心组织专门团队，组织撰写了《2015-2016年中国信息化发展蓝皮书》。

参加本课题研究、数据调研及观点提炼的人员有：杨春立、许旭、汤敏贤、袁晓庆、王伟玲、赵争朝、肖拥军、潘文、姚磊、王蕤、刘鹏宇、刘若霞、鲁金萍、张朔、高婴劢、徐靖、卢竹等。本书的出版还得到了院软科学处的大力支持，在此一并表示诚挚感谢。

本书的内容和观点虽然经过广泛而深入的讨论，在编写过程中也经过多次修改和提炼，但由于涉及领域宽、研究难度大，有些实践还待时间考验，加之编者的理论水平、眼界和视野所限，难免存在不少缺点和不足，敬请广大读者批评指正。

赛迪智库

面 向 政 府 服 务 决 策

思想，还是思想
才使我们与众不同

《赛迪专报》　　　《两化融合研究》　　　《财经研究》

《赛迪译丛》　　　《互联网研究》　　　《装备工业研究》

《赛迪智库·软科学》　　《网络空间研究》　　　《消费品工业研究》

《赛迪智库·国际观察》　《电子信息产业研究》　《工业节能与环保研究》

《赛迪智库·前瞻》　　《软件与信息服务研究》　《安全产业研究》

《赛迪智库·视点》　　《工业和信息化研究》　《产业政策研究》

《赛迪智库·动向》　　《工业经济研究》　　《中小企业研究》

《赛迪智库·案例》　　《工业科技研究》　　《无线电管理研究》

《赛迪智库·数据》　　《世界工业研究》　　《集成电路研究》

《智说新论》　　　《原材料工业研究》　　《政策法规研究》

《书说新语》　　　　　　　　　　　　《军民结合研究》

编 辑 部：赛迪工业和信息化研究院

通讯地址：北京市海淀区万寿路27号院8号楼12层

邮政编码：100846

联 系 人：刘颖　董凯

联系电话：010-68200552 13701304215

　　　　　010-68207922 18701325686

传　　真：0086-10-68209616

网　　址：www.ccidwise.com

电子邮件：liuying@ccidthinktank.com

研究，还是研究
才使我们见微知著

信息化研究中心	工业化研究中心	规划研究所
电子信息产业研究所	工业经济研究所	产业政策研究所
软件产业研究所	工业科技研究所	军民结合研究所
网络空间研究所	装备工业研究所	中小企业研究所
无线电管理研究所	消费品工业研究所	政策法规研究所
互联网研究所	原材料工业研究所	世界工业研究所
集成电路研究所	工业节能与环保研究所	安全产业研究所

编 辑 部：赛迪工业和信息化研究院
通讯地址：北京市海淀区万寿路27号院8号楼12层
邮政编码：100846
联 系 人：刘颖　董凯
联系电话：010-68200552 13701304215
　　　　　010-68207922 18701325686
传　　真：0086-10-68209616
网　　址：www.ccidwise.com
电子邮件：liuying@ccidthinktank.com